CLV

Wilhelm Busch

# Isus destinul nostru

Predici după înregistrări
pe bandă de magnetofon

clv
Christliche
Literatur-Verbreitung e. V.

1. Auflage 1990
2. Auflage 1991
3. Auflage 1991

Druck und Verarbeitung: Ebner Ulm

ISBN 3-89397-139-4

## *Isus destinul nostru*

„Isus destinul nostru“ - aceasta a fost tema generală aleasă de pastorul Busch pentru o mare evanghelizare organizată la Essen, Germania, în 1938.

Cu multă plăcere a lucrat el printre tinerii din Essen, dar ca predicator pasionat al Evangheliei era mereu pe drumuri. Pe multe persoane le-a chemat la Isus în numeroasele conferințe pe care le-a ținut în orașe și sate, în est și în vest, în Europa și în toată lumea.

Ce fericit era cînd vedea mulțimile adunîndu-se ca să-i asculte predicile! El era convins că Evanghelia lui Isus e mesajul cel mai extraordinar din toate timpurile.

Oamenii veneau cu miile ca să-l asculte. Și totuși, fiecare din ascultătorii lui avea impresia că Wilhelm Busch i se adresa lui personal. Era una din trăsăturile caracteristice ale predicării lui. Grație benzii magnetice, el n-a încetat să vorbească individual cu fiecare cititor al cărții lui, continuîndu-și astfel sarcina de mesager al lui Isus Cristos, Cel răstignit și înviat.

„Isus destinul nostru“ - aceasta a fost tema generală a întregii lui vestiri a Evangheliei. Vrei să asculți acest mesaj? E deajuns să te așezi în duh printre ascultătorii lui, și nu vei întîrzia să descoperi că „Isus destinul nostru“este un subiect de o importanță capitală pentru lume și pentru viața noastră.

Editorii

## *Cuprins*

## *Pe Dumnezeu Îl vreau, dar la ce mi-ar trebui Isus ?*

Vedeți: Un pastor bătrîn ca mine, care a lucrat toată viața lui în marile orașe, aude repetîndu-se de-a lungul anilor aceleași refrene. Iată unul: „Cum poate Dumnezeu să îngăduie aceasta?“ Un altul sună: „Cain și Abel au fost frați. Cain l-a omorît pe Abel. De unde a putut Cain să-și găsească nevastă?“ Iar unul din cele mai iubite refrene era acesta: „Domnule pastor, dvs. vorbiți totdeauna despre Isus. Asta-i fanatism. Prea puțin interesează ce religie ai. Important e să ai respect față de Cel Preaînalt, Cel nevăzut“.

E clar ca lumina zilei, nu-i așa? Goethe, ilustrul meu compatriot - era din Frankfurt ca și mine - spusese deja ceva asemănător: „Sentimentul e totul; numele nu e decît sunet și fum...“. Că spunem Alah, Buda, destin sau „Ființa supremă“, asta n-are nici o importanță. Ceea ce contează e să crezi în ceva. Și ar fi fanatism să vrei să precizezi acel ceva. Asta o cred cel puțin jumătate din voi, nu-i așa? O revăd încă în fața mea pe doamna aceea în vîrstă care îmi spunea: „O, pastore, ne sufocați cu vorbăria despre Isus. Nu a spus El Însuși: ‚În casa Mea sînt multe locuințe? Toată lumea va găsi acolo un loc!‘“ Prieteni, iată o foarte mare greșeală!

Mă aflam odată în Berlin pe aeroportul „Tempelhofer Feld“. Înainte de a ajunge la avion, a trebuit să fim supuși încă o dată controlului pașapoartelor. Înaintea mea era un domn masiv - îl revăd încă - semăna cu un dulap, cu o pătură enormă sub braț, care a întins grăbit pașaportul către funcționar. Atunci acesta a spus: „O clipă! Pașaportul este expirat!“ Domnul a răspuns: „Ei, nu fiți așa de chițibușar. Esențialul e să am un pașaport!“ „Deloc“, a spus funcționarul cu un ton ferm și hotărît. „Esențialul e să aveți un pașaport în regulă“.

La fel e și cu credința. Ce contează la urma urmei nu e faptul că am o credință, că cred orice. Căci toți cred ceva - fiecare în felul lui. Recent îmi zicea cineva: „Cred că dintr-un kilogram de carne de vită se poate face o supă bună". Şi asta e un soi de credinţă, chiar dacă e una mai subţire - înţelegeţi ce vreau să spun? Nu, ce contează nu e să ai o credinţă oarecare, ci adevărata credinţă, cea care te face să trăieşti cînd în jurul tău totul este întuneric, care te ajută cînd eşti pe cale să cazi în ispită, care te sprijină în clipa morţii. Moartea este un test bun al autenticităţii credinţei tale.

Ori, nu există decît o singură credinţă adevărată, singura care îţi îngăduie să trăieşti şi să mori corect. Este credinţa în Domnul Isus Cristos, Fiul lui Dumnezeu. Isus Însuşi a zis: „În casa Tatălui Meu sînt multe locuinţe". Dar există o singură uşă care duce acolo: „Eu sînt uşa. Dacă intră cineva prin Mine, va fi mîntuit".

Isus e uşa! Ştiu bine că oamenii nu vor să audă aceasta. Despre Dumnezeu sînt gata să discute ore întregi. Unul şi-L închipuie într-un fel, altul altfel. Dar Isus nu este un subiect de discuţie. Vă repet: Numai credinţa în Isus, Fiul lui Dumnezeu, e cea care salvează şi mîntuieşte, cea care te face să trăieşti şi să mori în pace.

Cît de absurdă pare această credinţă oamenilor, o va arăta o mică întîmplare care vă va face să zîmbiţi. Asta s-a întîmplat în Essen, acum mulţi ani. Mergînd prin oraş, întîlnesc doi oameni care se opriseră pe trotuar, probabil mineri. Unul din ei mă salută: „Bună ziua, domnule pastor!" Apropiindu-mă, îl întreb: „Mă cunoaşteţi?" Atunci începe să rîdă şi îi explică celuilalt: „Este pastorul Busch. Un băiat simpatic!" „Mulţumesc", spun eu. Dar el continuă: „Numai că - din păcate are o păsărică!" Indignat, mă supăr un pic: „Ce am, o păsărică? Cum adică am o păsărică?" Atunci el repetă: „Pastorul Busch este într-adevăr un băiat simpatic! Numai că vorbeşte totdeauna despre Isus!" „Omule!" i-am răspuns eu bucuros, „asta nu-i nici o păsărică! Într-o sută de ani veţi fi în veşnicie. Atunci totul depinde dacă L-aţi cunoscut pe Isus sau nu. Asta va hotărî unde veţi merge - în cer sau în iad. Spuneţi-mi: Îl cunoaşteţi pe Isus?" „Vezi", se adresează el rîzînd celuilalt, „iar începe!"

Tocmai asta vreau s-o fac şi acum. Există un cuvînt în

Biblie pe care aş dori să-l folosesc ca motto. Iată-l: „Cine are pe Fiul lui Dumnezeu, are viaţa". Poate aţi auzit vorbindu-se despre Isus la catehism, dar nu-L aveţi personal în viaţa voastră. „Cine are pe Fiul lui Dumnezeu are - auziţi, Îl are! - „acela are viaţa" - aici şi în veşnicie! „Cine nu are pe Fiul lui Dumnezeu, nu are viaţa". Asta spune Cuvîntul lui Dumnezeu! Cunoaşteţi zicala: „Cine are, are!" Exact asta vrea să spună acest verset biblic. De aceea aş vrea să vă conving - în interesul vostru - să-L primiţi pe Isus şi să-I daţi viaţa. Căci, fără El, viaţa e nenorocită.

Acum o să vă spun de ce nu contează decît Isus, de ce credinţa în El e singura credinţă adevărată. Sau mai degrabă, daţi-mi voie să mă exprim într-un mod mai personal: aş vrea să vă spun de ce trebuie să-L am pe Isus şi să cred în El.

**1. Isus e revelaţia lui Dumnezeu**

Cînd îmi spune cineva: „Eu cred în Dumnezeu! Dar la ce mi-ar trebui Isus?", atunci îi răspund: „Aceasta e prostie. Dumnezeu este un Dumnezeu ascuns. Şi fără Isus nu ştim absolut nimic despre El!"

Desigur că oamenii pot să-şi fabrice un Dumnezeu: „bunul Dumnezeu" sau „Dumnezeu drăguţul" de pildă, care nu va lăsa să cadă un neamţ brav, chiar dacă bea doar cinci halbe de bere în fiecare zi. Dar asta nu înseamnă Dumnezeu! Alah, Buda - nu sînt decît proiecţii ale dorinţelor noastre. Dar Dumnezeu? Fără Isus nu ştim nimic despre Dumnezeu. Isus Îl revelează, Îl descoperă. În Persoana lui Isus a venit Dumnezeu la noi.

Aş vrea să ilustrez aceasta în felul următor: Imaginaţi-vă o pînză groasă de ceaţă. Înapoia acestei pînze e Dumnezeu. Cum oamenii nu pot trăi fără El, încep să-L caute. Ei încearcă să pătrundă prin pînza de ceaţă. Aceasta fac diferitele religii. Toate religiile sînt o căutare a oamenilor după Dumnezeu. Ele au toate în comun faptul că s-au rătăcit în ceaţă şi nu L-au găsit pe Dumnezeu.

Dumnezeu este un Dumnezeu ascuns. Un om cu numele de Isaia L-a înţeles şi a strigat din adîncul inimii: „Doamne, noi nu putem veni la Tine. Ah, dac-ai despica cerurile, dac-ai risipi ceața și ai veni la noi!“ Și închipuiți-vă: Dumnezeu a auzit acest strigăt! El a risipit ceața și a venit la noi - în Isus. Cînd îngerii de pe cîmpiile Betleemului au strigat în cor: „Astăzi vi S-a născut un Mîntuitor. Slavă lui Dumnezeu în locurile preaînalte!“, Dumnezeu a venit la noi. Iar acum Isus spune: „Cine M-a văzut pe Mine, a văzut pe Tatăl“.

Fără Isus n-aș ști nimic despre Dumnezeu. El este singura Persoană prin care pot să capăt siguranță asupra lui Dumnezeu. Cum ar putea îndrăzni cineva să spună: „Sînt în stare s-o scot la capăt fără Isus!“?

Trebuie să vă spun toate acestea doar pe scurt și să las multe la o parte. Aș putea să vă spun atîtea lucruri despre Isus. Dar acum vreau doar să arăt cele mai importante puncte la întrebarea: „La ce mi-ar trebui Isus?“

**2. Isus e dragostea eliberatoare a lui Dumnezeu**

Trebuie să vă explic aceasta. Acum cîtva timp am avut o discuție cu un ziarist care mi-a luat un interviu și m-a întrebat: „De ce țineți de fapt asemenea conferințe?“ I-am răspuns: „Le țin pentru că mi-e teamă că oamenii o să ajungă în iad“. Atunci a rîs și a replicat: „Ei, dar asta nu există!“ Și atunci i-am spus: „Se va vedea. Într-o sută de ani veți vedea dacă dvs. ați avut dreptate sau Cuvîntul lui Dumnezeu. Spuneți-mi“, l-am întrebat eu, „vi s-a întîmplat să vă temeți de Dumnezeu?“ „Nu!“ a răspuns el. „De ‚bunul Dumnezeu‘ n-ai de ce să-ți fie teamă!“ Atunci i-am explicat: „Nu vă dați seama ce spuneți. Dacă v-ați face o idee justă despre Dumnezeu, ați ști că nu există nimic mai teribil ca Dumnezeul sfînt și drept, Judecătorul păcatelor noastre. Credeți că o să închidă ochii asupra păcatelor dvs? Dvs. vorbiți despre ‚bunul Dumnezeu‘. Biblia vorbește cu totul altfel despre El. Ea spune mai degrabă: „Grozav lucru este să cazi în mîinile Dumnezeului celui viu“.

Ți s-a întîmplat să te temi de Dumnezeu? Dacă nu, atunci nici măcar n-ai început să vezi clar teribila realitate a Dumnezeului Celui sfînt și a vieții tale păcătoase. Dar cînd începi să te temi de Dumnezeu, atunci nu vei întîrzia să-ţi pui întrebarea: „Cum o să pot sta înaintea lui Dumnezeu?" Cred că e cea mai mare prostie a epocii noastre să nu se mai teamă de mînia lui Dumnezeu, ba chiar este efectul unei împietriri îngrozitoare cînd un popor nu mai ia în serios pe Dumnezeul Cel viu şi mînia Lui împotriva păcatului.

Profesorul Karl Heim a povestit odată cum în cursul unei călătorii în China a ajuns la Pekin. Acolo a fost dus pe un munte unde se afla un altar numit „altarul cerului". I s-a explicat că cu ocazia „nopţii împăcării", acest munte e plin de sute de mii de oameni purtînd toţi lampioane. Apoi împăratul se urcă şi el acolo - pe vremea aceea China era guvernată încă de împăraţi - şi aduce jertfa de împăcare pentru poporul lui. Cînd profesorul Heim ne povestea asta, a continuat: „Aceşti păgîni au ştiut ceva despre mînia lui Dumnezeu şi că omul are nevoie de împăcare".

Iar europeanul cultivat crede că poate vorbi liniştit de „bunul Dumnezeu" şi că acesta Se mulţumeşte să vadă pe oameni plătindu-şi impozitele bisericeşti! Să începem mai degrabă să ne temem de Dumnezeu! Căci toţi am păcătuit! Tu nu? Bineînţeles că da! Cînd vom fi învăţat din nou să ne temem de Dumnezeu, ne vom pune întrebarea: „Unde este atunci salvare de mînia lui Dumnezeu? Cine ne va izbăvi de ea?" Atunci ni se vor deschide ochii şi vom înţelege că Isus e dragostea izbăvitoare a lui Dumnezeu. „Dumnezeu vrea ca toţi oamenii să fie mîntuiţi". Dar El nu poate fi nedrept. El nu poate închide ochii asupra păcatului. De aceea ne-a dat El pe Fiul Său - spre mîntuire, spre împăcare.

Haideţi cu mine la Ierusalim. Acolo, în afara oraşului, este un deal. Vedem aici mii de oameni. Iar peste capetele tuturor se înalţă trei cruci. Omul de pe crucea din stînga este un păcătos ca şi noi. Cel din dreapta la fel. Dar priviţi la Cel din mijloc. Omul acesta, încoronat cu spini, nu e altul decît Fiul Dumnezeului Celui viu!

„O frunte-nsîngerată/ Naintea Ta mă-nchin
O, frunte chinuită/ sub ramura de spin".

De ce atîrnă El acolo? Această cruce e altarul lui Dumnezeu. Iar Isus e Mielul lui Dumnezeu care poartă păcatul lumii și o împacă cu Dumnezeu. Vedeți: cîtă vreme nu L-ați găsit pe Isus, stați sub mînia lui Dumnezeu, chiar dacă nu o știți, chiar dacă o negați. Numai cel care a venit la Isus se bucură de pacea lui Dumnezeu. „Pedeapsa care ne dă pacea a căzut asupra Lui".

Aș vrea să vă ilustrez aceasta printr-un exemplu banal: În primul război mondial am fost artilerist. Pe atunci aveam tunuri cu apărători. Într-o zi ne-am aflat în linia întîi fără nici un batalion de infanterie în față. Și tocmai atunci am suferit un atac de tancuri. Ca grindina loveau gloanțele infanteriei inamice în apărătorile tunurilor noastre. Dar acestea erau așa de groase încît noi eram la adăpost în spatele lor. Și în acea clipă m-am gîndit: „ar fi deajuns să scot mîna ca ea să fie ciuruită de gloanțe și să fiu astfel pierdut, căci mi s-ar scurge tot sîngele. Dar aici, în spatele apărătorii, sînt în siguranță!"

Și vedeți, cam așa a devenit Isus pentru mine. Eu știu că fără Isus aș fi nimicit de judecata lui Dumnezeu. Fără Isus, orice aș face, n-aș avea niciodată pace în inimă. Fără Isus, n-aș putea muri niciodată fără să simt o spaimă îngrozitoare. Fără Isus, m-ar aștepta pierzarea veșnică. Și nu e nici o umbră de îndoială că există această pierzare veșnică, așteptați un pic și veți vedea! Dar cînd m-adăpostesc în spatele crucii lui Isus, sînt în siguranță ca și în spatele apărătorii tunului. Și pot să știu că El este Cel care mă împacă cu Dumnezeu, Mîntuitorul meu. Da, Isus e dragostea izbăvitoare a lui Dumnezeu.

Ascultați-mă bine: „Dumnezeu vrea ca toți oamenii să fie mîntuiți". De aceea L-a dat pe Fiul Său, pentru izbăvirea, pentru împăcarea ta cu Dumnezeu.

Și acum nu te lăsa pînă nu ai această pace a lui Dumnezeu, această mîntuire!

La ce mi-ar trebui Isus?

### 3. Isus e singurul care poate rezolva cea mai mare problemă a vieții noastre

Știți care e cea mai mare problemă a vieții noastre? Ah, desigur, oamenii mai în vîrstă se gîndesc la fierea, la rinichii sau la altă parte bolnavă a corpului lor. Grozave probleme! La cei mai tineri e „fata" sau „băiatul". Altfel, fiecare cu problema lui. Dar, credeți-mă, cea mai mare problemă a vieții noastre este vinovăția noastră înaintea lui Dumnezeu!

Zeci de ani am lucrat printre tineri. Și tot mereu eram în căutarea de noi ilustrații ca să fac pe tineri să înțeleagă aceasta. Aș vrea să folosesc aici una din imaginile pe care le-am folosit atunci. Le-am zis: „Închipuiți-vă că am avea de la natură un inel gros de fier în jurul gîtului. Și de fiecare dată cînd păcătuim se sudează la el o za de lanț. Am un gînd murdar, e o za. Dacă sînt obraznic cu mama mea, e o altă za. A trecut o zi fără să mă fi rugat, ca și cum Dumnezeu n-ar exista, și e o nouă za. Am fost necinstit, am mințit, și mai e o za.

Încercați să vă închipuiți lungimea lanțului pe care l-am trage după noi - cel al vinei noastre, desigur. Chiar dacă acest lanț nu se vede, vinovăția noastră înaintea lui Dumnezeu este o realitate. Și ea e enormă! Și o tîrîm peste tot cu noi. Adesea mă întreb de ce nu pot fi oamenii mai veseli și mai mulțumiți. Lucrurile nu merg totuși prea rău. N-ar trebui să fie fericiți? Dar nu sînt. Și nu pot fi, pentru că trag pretutindeni după ei lanțul greu al vinei lor. Și de el nu-i poate scăpa nimeni, nici un pastor, un preot sau vreun înger. Nici chiar Dumnezeu nu li-l poate scoate, pentru că e drept: „Ce seamănă omul, va și secera".

Dar aici este acum Isus. El e singurul care poate rezolva cea mai mare problemă a vieții noastre, pentru că El a murit pentru vina mea. El a plătit-o cînd a murit. De aceea este El în stare să-mi ia lanțul vinei. El e singurul care o poate face!

Aș vrea să vă spun din experiență că este o eliberare să-ți știi păcatele iertate. E cea mai mare eliberare care se poate experimenta. Și asta nu numai în fața vieții, ci și a morții. Pentru voi, cei bătrîni, e ceva să mori și să-ți știi păcatele iertate, și e altceva să intri în veșnicie cu toată povara vinei tale. E groaznic să te gîndești la asta!

Cunosc oameni care au spus toată viața lor: „Eu sînt bun. Eu fac ce este drept". Iar într-o zi mor și sînt siliți să dea drumul mîinii iubite. Ei descoperă atunci că barca vieții lor e dusă de curentul veșniciei - spre întîlnirea cu Dumnezeu. Ei n-au putut lua nimic cu ei: nici casa, nici contul în bancă, nici livretul C.E.C. Doar vina lor. Și se vor înfățișa astfel înaintea lui Dumnezeu! Este îngrozitor! Dar asta e soarta oamenilor. Iar dacă zici: „Așa mor toți!", ei vor muri efectiv așa cu toții. Dar tu nu ai nevoie să mori așa! Isus dă iertarea păcatelor. Este cea mai mare eliberare pe care ai putea-o experimenta - și asta încă de acum!

Aveam 18 ani cînd am experimentat ce este iertarea păcatelor. Lanțul meu s-a rupt și a căzut! Cum spune cîntarea: „Păcatele tale sînt iertate/ Prin Domnul Isus Cristos/ O ce cuvînt de viață/ Pentru duhul tău chinuit!" Îți doresc să afli și tu acest cuvînt de viață. Vino la Isus chiar azi! El te așteaptă. Spune-I: „Doamne, viața mea e ratată. Am comis o grămadă de greșeli, dar n-am vrut niciodată s-o mărturisesc. Dimpotrivă, am vorbit totdeauna bine despre mine însumi. Acum Îți aduc greșelile mele. Și vreau să cred că sîngele Tău îmi șterge toată vina". Ce lucru minunat este iertarea păcatelor!

În secolul XVII trăia în Anglia un om cu numele de Bunyan. Mulți ani a fost el în temniță din pricina credinței. Acest fel de situație a fost în toate timpurile. În afară de Cuvîntul lui Dumnezeu, închisoarea e lucrul cel mai stabil care poate exista în lumea aceasta. Acolo, în celula sa, Bunyan a scris o carte minunată care este actuală și astăzi. În ea viața unui creștin este comparată cu o călătorie plină de aventuri și primejdii. Ea începe astfel: Un om trăiește în orașul Lumea (sau cetatea Pierzării). Deodată devine neliniștit și spune cam așa: „Ceva nu-i în ordine. N-am pace și sînt nefericit. Trebuie să plec de aici". El vorbește despre toate acestea cu soția lui și ea îi zice: „Nervii tăi sînt la pămînt. Ai nevoie de odihnă". Dar asta nu-l ajută cu nimic. Neliniștea rămîne. Într-o bună zi se hotărăște: „Nu e nimic de făcut. Trebuie cu orice preț să părăsesc orașul". Și apoi pleacă fugind. Dar nu ajunge departe că simte apăsarea unei poveri pe umeri. Ar vrea să scape de ea, dar nu poate. Cu cît înaintează, cu atît îl apasă mai tare. Pînă atunci nu-şi simţise aşa povara. I se părea foarte firesc s-o poarte pe umeri. Dar cînd s-a îndepărtat de oraşul Lumea, povara i s-a făcut şi mai grea. În cele din urmă de-abia mai poate să meargă. Iar apoi urcă chinuit o potecă de munte. Nu-şi mai poate duce povara. Atunci ajunge la o cotitură a drumului şi vede deodată ridicîndu-se o cruce înaintea lui. Aproape fără cunoştinţă se prăbuşeşte în faţa crucii, se prinde de ea şi-şi ridică ochii în sus. Chiar în clipa aceasta simte cum îi cade povara de pe umeri şi o vede dispărînd zgomotos în prăpastie.

Este o frumoasă ilustrare a experienţei făcute de cel ce se apropie de crucea lui Isus Cristos:

„Aici ridic privirea şi văd/în duh Mielul lui Dumnezeu./ Cum a sîngerat El/şi a murit pe cruce pentru mine./ Atunci trebuie să recunosc cu ruşine:/două minuni au loc aici,/,Minunea iubirii Lui imense/şi a păcatului meu mult!'"

Eu am iertarea păcatelor, pentru că Mîntuitorul meu a plătit în locul meu. Lanţul vinei mele a fost scos. Am scăpat de povară. Da, numai Isus ne poate da un asemenea dar: iertarea păcatelor noastre! La ce mi-ar trebui Isus? Trebuie să vă mai spun încă un lucru care mă face să cred în Isus.

## 4. Isus e Păstorul cel bun

Fără îndoială că toţi aţi simţit în unele clipe ale existenţei voastre cît de groaznic de singur se poate simţi cineva şi cît de lipsită de sens pare atunci viaţa. Şi atunci vă vine deodată gîndul: „Îmi lipseşte ceva. Dar ce?" O să vă spun: Vă lipseşte Mîntuitorul cel viu.

Tocmai v-am povestit că Isus a murit pe cruce pentru a ne ispăşi vina. Reţineţi fraza: „Pedeapsa care ne dă pacea a căzut asupra Lui". Apoi a fost pus într-un mormînt săpat în stîncă, iar la gura lui a fost rostogolită o piatră mare. Şi pentru ca să fie cu totul liniştit, guvernatorul roman a pecetluit piatra şi a pus o gardă de legionari romani să-l păzească. Îmi închipui că erau printre ei bărbaţi viguroşi şi puternici care luptaseră în toate ţările lumii: în Galia

(Franța actuală), în Germania, în Asia și în Africa. Erau acoperiți de cicatrici. Ei se aflau deci acolo în zorii dimineții a treia, cu scutul sub braț, cu lancea în mîna dreaptă și cu coiful pe cap. Te puteai încrede într-un legionar roman că o să păzească bine. Dar deodată totul devine luminat ca ziua. Biblia spune: „Un înger din cer a dat piatra la o parte". Și Isus a ieșit din mormînt! Era un spectacol atît de înspăimîntător că soldații au leșinat. Cîteva ceasuri mai tîrziu Isus întîlnește o fată necăjită. Biblia spune că Isus scosese din ea șapte draci. Fata aceasta plînge. Atunci Isus Se apropie de ea. Iar fata nu leșină. Dimpotrivă, se bucură recunoscînd pe Domnul Isus înviat, și strigă: „Învățătorule!" Ea e mîngîiată căci știe că Isus, Păstorul cel bun e viu și e lîngă ea!

Vedeți voi, din aceeași pricină mă țin eu de Isus. Am nevoie de cineva care să mă ia de mînă. Viața m-a aruncat în ape adînci. Din cauza credinței mele am fost aruncat în închisorile naziste. Atunci au fost ceasuri cînd mă gîndeam: „Încă un pas, și o să te cufunzi în întunericul nebuniei - și nu vei putea să scapi de acolo". Și atunci a venit Isus! Totul a reintrat în ordine. Pot să aduc mărturie. Am trăit o seară în închisoare în care ai fi zis că s-a dezlănțuit iadul. Sosise un transport de deținuți care trebuiau transferați într-un lagăr de concentrare. Acești oameni nu mai aveau nici o speranță. Printre ei erau criminali și nevinovați, evrei. Într-o sîmbătă seara a pus stăpînire pe ei disperarea și au început toți să urle în același timp. Nu vă puteți închipui scena. O clădire plină toată de oameni pradă deznădejdii, care urlă și bat în pereți și în ușile celulelor. Gardienii încep să se enerveze, trag lovituri de revolver în plafon și fug de la o celulă la alta, dînd lovituri în dreapta și în stînga. Iar eu șed în celula mea și mă gîndesc: „Așa va fi iadul". Se poate greu zugrăvi o asemenea situație. Dar în acea clipă îmi vine gîndul: „Isus! Doar e aici!" Credeți-mă, tot ce vă povestesc eu sînt lucruri trăite de mine. Apoi, în celula mea, am rostit încetișor: „Isus! Isus! Isus!" Și în trei minute s-a făcut tăcere. Am strigat la El, vedeți, și nimeni nu m-a auzit în afară de El - iar demonii au trebuit să bată în retragere! Pe urmă, în ciuda interdicţiei, am cîntat cu voce tare:

„Isuse, bucuria mea/ Păşunea inimii mele/ Isus, podoaba mea/ Cît de lung, adesea/ Mi-e inima înspăimîntată/ Şi te doreşte pe tine!“ Şi toţi deţinuţii au ascultat această cîntare. Gardienii n-au suflat un cuvînt, chiar cînd am continuat apoi: „Pot să treacă valuri/ Să se zguduie pămîntul/ Tu eşti ocrotitorul meu.“ Prieteni, atunci am putut să experimentez ce înseamnă să ai un Mîntuitor viu.

După cum am amintit deja, toţi va trebui să trecem odată printr-o clipă extrem de grea, cea a morţii. Cineva mi-a reproşat într-o zi: „Voi pastorii totdeauna le inspiraţi frică oamenilor prin faptul că le vorbiţi despre moarte“. La care am răspuns: „Nu e nevoie să inspir teamă cuiva, pentru că din fire la toţi ne e teamă de moarte!“ Şi ce mîngîiere, ca în clipa morţii să poţi ţine mîna bunului Păstor! Dar mi se zice - şi e adevărat: „Omul de azi are mai puţină teamă de moarte decît de viaţă. Viaţa e mai rea pentru el decît moartea“. Totuşi, prieteni, vă asigur că Isus vă va ajuta şi să trăiţi!

Nu mă pot împiedica să vă mai povestesc încă o istorioară de care m-am slujit adesea ca ilustraţie. Este de necrezut, dar adevărată totuşi. Făcusem cunoştinţă în Essen cu un industriaş, o persoană bine dispusă care îmi spunea binevoitoare: „Domnule pastor, aveţi dreptate să-i încurajaţi pe tineri să se poarte bine. Poftiţi o bancnotă de o sută de mărci pentru lucrarea dvs“. Însă cînd i-am spus: „Dar dvs?“ „Nu, nu, domnule pastor, ştiţi, eu mi-am făcut o concepţie personală despre lume...“. Vedeţi genul de oameni: cumsecade, dar la fel de departe de Dumnezeu ca răsăritul de apus.

Într-o zi, a trebuit să conduc un servici de căsătorie, ceea ce nu e prea vesel într-o biserică uriaşă şi goală. Au venit tinerii miri, însoţiţi de vreo zece persoane. Aceştia păreau ca pierduţi în uriaşa biserică. Industriaşul meu bine dispus era unul din martori! Bietul om îmi făcea cu adevărat milă. El stătea acolo, îmbrăcat cu un frac foarte elegant, cu pălăria-cilindru în mînă şi habar n-avea cum să se comporte într-o biserică. I se citea pe faţă că tocmai își zicea: „Trebuie să îngenunchez? Sau să fac semnul crucii? Sau ce e corect?“ Am încercat să-l ajut puțin luîndu-i pălăria din mînă și punînd-o la o parte. Apoi s-a cîntat o cîntare pe care desigur că n-o cunoștea, dar s-a făcut cel puțin că se alătură celorlalți. Puteți să vă imaginați acest domn? Un om capabil să se poarte perfect în oricare cerc monden! Iar apoi s-a petrecut ceva foarte curios. Mireasa se ocupase de copii la Școala duminicală, astfel că în cursul ceremoniei vreo treizeci de fetițe au intonat pentru ea o cîntare de la galerie. Cu glăscioarele lor dulci de copii au intonat un cîntecel simplu, pe care poate că-l cunoașteți:

„Eu sînt oaia lui Isus/ Fericit mă simt nespus
Sufletu-mi voios tresaltă/ Prins de-o bucurie-naltă
Căci de Domnul sînt iubit/ Și de Isus mîntuit“.

M-am uitat dintr-o parte la omul meu și m-am gîndit brusc: „Ce se întîmplă cu el? Se simte rău?“ El era zguduit, își acoperise fața cu mîinile și tremura. Mi-am spus: „I s-a întîmplat ceva. Trebuie să chem repede un medic!“ Dar am observat apoi că omul plînge în hohote. Iar copiii continuau să cînte: „El Păstorul bun și sfînt/ Îmi alege pe pămînt/ O pășune minunată/ Ce nu piere niciodată/ Iar de apă cînd mi-e dor/ El mă duce la izvor/ Cum să nu mă veselesc/ Fericit dacă trăiesc?“ Și acest om, acest mare industriaș, ședea acolo pe bancă și plîngea! Am înțeles dintr-o dată ce s-a întîmplat în biserica rece. El trebuie că și-a zis deodată: „Copiii aceștia au ceea ce eu nu am: ei au un Păstor bun. Dar eu sînt un biet om singuratic, un om pierdut!“

Voi bărbaților - și femeilor - , nu veți merge departe dacă nu veți putea zice ca acești copii: „Sînt fericit că fac parte din turma lui Isus Cristos, că Îl am ca Mîntuitor și ca Păstor“. Nu, nu veți merge departe. Faceți tot ceea ce trebuie ca s-o puteți spune la rîndul vostru! De ce cred eu în Isus? Pentru că El e Păstorul cel bun, cel mai bun Prieten, Mîntuitorul meu viu.

La ce mi-ar trebui Isus? Aș vrea să vă mai arăt în încheiere un lucru:

**5. Isus e Prințul vieții**

Cu ani în urmă am organizat o tabără în pădurea Boemiei. După plecarea tinerilor, a trebuit să aștept toată ziua ca să vină cineva să mă ia cu mașina, și am fost nevoit să-mi petrec noaptea într-un vechi pavilion de vînătoare care aparținuse pe vremuri unui rege. Acum nu mai locuia aici decît un pădurar. Casa era pe jumătate în ruină. Nu exista lumină electrică. Dar era o imensă sufragerie cu un cămin în care se făcuse puțin foc. Mi s-a pus o lampă cu petrol pe masă și mi s-a urat: „Noapte bună!" Afară urla furtuna. Ploaia cădea torențial printre brazii care înconjurau casa. Era cel mai potrivit loc pentru o istorie cu tîlhari. Și tocmai atunci n-aveam nimic de citit la mine. Iată însă că pe marginea căminului am găsit o broșurică. Am început imediat s-o citesc la lumina lămpii. Niciodată nu mai citisem ceva atît de înfiorător. Un medic își pusese în scris toată mînia lui împotriva morții. Pagină după pagină, se putea citi cam așa: „O, tu moarte, dușmanul omenirii! Am luptat o săptămînă întreagă ca să-ți smulg o viață de om și cînd credeam c-am reușit, te-ai ridicat rînjind la căpătîiul patului lui și l-ai înjunghiat, și totul a fost zadarnic. Eu pot vindeca oameni, dar știu că la sfîrșit totul e zadarnic, cînd vii cu mîna ta scheletică. O moarte, ești o înșelătoare, o dușmancă!" Pagină după pagină era numai ură împotriva morții! Apoi a venit pasajul cel mai îngrozitor: „O, moarte, punct final, semn de exclamație!" Citez literal: „Blestem! Dacă n-ai fi decît un semn de exclamație! Dar cînd mă uit la tine, te preschimbi într-un semn de întrebare. Și mă întreb: Este moartea un sfîrșit, ori nu este? Iar dacă nu, ce vine după aceea? O, moarte, nenorocit semn de întrebare!"

Asta este! Și pot să vă asigur că cu moartea nu s-a sfîrșit totul! Isus, care știa ce spune, a zis: „Largă este calea care duce la pierzare și îngustă e calea care duce la viață!" Zarurile sînt aruncate aici pe pămînt. De aceea mă bucur că am un Mîntuitor care încă de acum îmi dă viață, care e viața și care duce la viață. Iată de ce îmi place atît de mult să-L vestesc altora.

Vedeți: În primul război mondial ne-am luptat săptămîni întregi la Verdun, unde s-a dat una din cele mai grozave bătălii. Între cele două linii de apărare erau grămezi de cadavre. Toată viața mea n-am putut scăpa de mirosul acestor cadavre. Și de fiecare dată cînd mă aflu în fața unui monument dedicat eroilor „care au căzut pentru patrie", respir din nou mirosul de la Verdun, mirosul cadavrelor. Și de fiecare dată cînd îmi zic: „Într-o sută de ani noi toți nu vom mai fi aici", atunci simt din nou în nări această duhoare a morții. Nu o simțiți și voi?

Dar în această lume a morții, este Unul care a înviat din morți! Și El ne spune: „Eu trăiesc și voi veți trăi. Credeți în Mine! Veniți la Mine! Întoarceți-vă la Mine! Deveniți proprietatea Mea! Și Eu vă voi duce la viață!" Nu e minunat aceasta? Cum se poate trăi în această lume de moarte fără acest Mîntuitor minunat care este viața și care duce la viață?

În zilele acestea am citit o scrisoare veche pe care profesorul Karl Heim a tipărit-o. Este scrisoarea unui soldat căzut în al doilea război mondial în Rusia, un creștin. În ea se spune cam așa: „Ce se petrece în jurul nostru e ceva groaznic! Cînd trag rușii lui Stalin cu armele lor sîntem toți cuprinși de panică. Și ce frig! Și toată zăpada asta! Este înspăimîntător! Dar mie nu mi-e deloc teamă. Dacă ar trebui să mor, ar fi ceva minunat. Dintr-odată aș intra în slavă. Viscolul ar lua sfîrșit, L-aș vedea pe Domnul meu față în față și strălucirea Lui m-ar învălui. Nu, n-aș avea nimic împotrivă să cad aici pe cîmpul de luptă". Scurtă vreme după aceea a căzut. Citind această scrisoare, nu m-am putut împiedica să gîndesc: „Ce lucru uimitor că un bărbat tînăr nu are nici o teamă de moarte, doar pentru că Îl cunoaște pe Isus!"

Da, Isus e Prințul, e Domnul vieții! Și El dă alor Săi siguranța vieții veșnice!

Cu ocazia unui Sinod în Leipzig, s-a dat o recepție la Primărie. Somitățile administrative și demnitarii bisericii erau adunați acolo. S-au ținut discursuri care nu se angajau la nimic, ca nu cumva să calce pe cineva pe bătătură. Heinrich Giessen, care era pe atunci secretar general al Sinodului Evanghelic German, trebuia să încheie ceremonia. Nu uit niciodată cum Heinrich Giessen s-a ridicat în picioare şi a spus: „Ne întrebaţi, domnilor, ce fel de oameni sîntem noi. O să vă spun într-o frază: Noi sîntem oameni care se roagă: Doamne, fă-mă evlavios ca să pot intra în ceruri!“ Apoi s-a aşezat. Era de necrezut cît de mult au fost tulburaţi dintr-o dată oamenii.

În timpul războiului de treizeci de ani, Paul Gerhardt a compus aceste versuri:

„Pe drumul vieţii sînt de-acum un pelerin
Căci nu mai vreau să stau în acest cort străin
Eu merg pe străzi ce duc spre patria de sus
Unde Tatăl meu iubit mă aşteaptă nespus“.

Vă doresc ca şi voi să vă puteţi urma aşa drumul prin lume. La ce ţi-ar trebui Isus? Totul, absolut totul atîrnă de legătura ta cu El!

## *De ce sînt pe pămînt?*

Totul se învîrte în jurul acestei întrebări: De ce sînt în această lume? Care este sensul vieții mele?

Un industriaș din Essen mă cheamă foarte agitat într-o zi la telefon: „Domnule pastor, veniți!“ Mă duc imediat la el. La sosire, mă întîmpină cu cuvintele: „Fiul meu s-a împușcat cu un foc de revolver“. Îl cunoșteam pe băiat. Era student. Avea tot ce-i poftea inima. Era sănătos, bine clădit, chipeș, tînăr și bogat. Poseda de mult propriul lui automobil. Și nici nu fusese vreodată implicat într-o afacere dubioasă. Și acest tînăr își trage un glonte în gură! Într-o scrisoare, pe care a lăsat-o în urmă, stă scris doar: „Nu văd ce rost are să mai trăiesc mai departe. De aceea pun capăt vieții mele, căci e fără sens!“ O mărturie tulburătoare, nu-i așa ?

Vedeți: Chestiunea sensului vieții este extraordinar de importantă, e primordială. Cu atît mai mult cu cît nu avem decît o viață de trăit. V-ați gîndit vreodată ce înseamnă faptul că avem de trăit o singură viață?

Cînd am mers la școală, nu eram un as la matematică. Profesorul nu arăta nici o înțelegere pentru modul meu de a rezolva problemele. Iar cînd îmi făceam temele, atunci - fără să recunoască talentul meu pentru rezolvări greșite - simțea uneori o plăcere deosebită să-mi mîzgălească caietul cu cerneală roșie. Era groaznic la vedere. Cînd un asemenea caiet era plin de corecturi roșii, adesea îl aruncam, chiar dacă nu era complet scris și-mi cumpăram unul nou, frumos și curat. Atunci puteam să încep din nou de la zero. Dacă s-ar putea face tot așa și cu viața! Puteți să mă credeți: milioane de ființe omenești, în clipa morții, își zic: „Ah, de-aș mai putea începe încă o dată de la început! Aș face lucrurile cu totul altfel!“

Poți să-ți cumperi un caiet nou și să începi totul de la zero, dar nu poți să faci la fel cu viața. Noi nu avem decît o singură viață de trăit. Cît de îngrozitor trebuie să fie s-o fi ratat, pentru că am trăit-o rău! Noi n-avem decît o singură viață. Dacă am pierdut-o, e pentru veșnicie! Ceea ce am să vă spun trebuie luat în modul cel mai serios. Este o chestiune de viață sau de moarte!

Azi dimineață a trecut o lungă cireadă de vite prin fața hotelului în care stau. Cum tocmai cugetam la ceea ce urma să spun la conferință, m-am gîndit: „Ce fericite sînt aceste vaci că n-au nevoie să se întrebe pentru ce sînt pe această lume. Pentru ele, lucrul e clar: să dea lapte, iar la sfîrșit să dea carne. Înțelegeți ce vreau să spun: animalul nu trebuie să cugete la sensul vieții. Prin aceasta se deosebește omul de animal. Din nefericire, există o mulțime de oameni care trăiesc - și care mor - fără să-și fi pus măcar o dată întrebarea: „În fond, care e scopul vieții mele?“ Ei nu se deosebesc de animal. Astfel, granița dintre om și animal e repede trecută. Da, un om nu e cu adevărat om decît cînd se întreabă: „De ce sînt pe pămînt? De ce sînt om? Care e scopul vieții mele?“

**1. Răspunsuri superficiale și pripite**

Acum, prieteni, la întrebarea: de ce trăiesc? există îngrozitor de multe răspunsuri superficiale și pripite. Cu mulți ani înainte mi s-au pus toate acestea întrebări superficiale și pripite dintr-odată. Era în 1936, deci în plină perioadă hitleristă. Niște studenți din Münster mă rugaseră să le vorbesc despre tema: „Care e sensul vieții noastre?“ M-au făcut să înțeleg de la început că nu vroiau să audă o expunere, ci să discute cu mine pe această temă. „Bine“, am spus, „atunci dați-i drumul! Care e sensul vieții noastre? De ce trăim?“

Deoarece discuția - cum am mai spus - avea loc în perioada hitleristă, s-a ridicat imediat un tînăr și a explicat: „Eu sînt aici pentru poporul meu. E cam ca frunza cu copacul. Frunza nu e nimic, copacul e totul. Eu trăiesc pentru poporul meu!“ La aceasta i-am răspuns: „Frumos. Dar ia spune-mi, copacul, respectiv poporul, pentru ce este pe pămînt, ce rost are?“ Pauză! Asta n-o știa. În loc să rezolve problema, o împinsese înapoi. Am reluat: „Prieteni, nu trebuie să dați acest gen de răspunsuri care nu fac decît să împingă înapoi problema!“

„Acum: care este sensul vieții noastre? De ce sîntem pe pămînt?“ întreb eu din nou. Atunci un altul a explicat:

„Eu sînt în lume ca să-mi fac datoria!“ „Omule!“ am spus eu, „tocmai aici e problema: care e datoria mea? Pentru mine, eu cred că datoria mea este să vă vestesc Cuvîntul lui Dumnezeu. Mathilde Sudendorff crede că datoria ei este să nege existența lui Dumnezeu. Ce este datoria?“ Un înalt funcționar mi-a spus odată: „Domnule pastor, între noi fie zis, de dimineață pînă seara nu fac decît să semnez documente. Dar știu că dacă într-o zi ar fi puse toate pe foc, lumea ar merge mai departe. Sufăr că trebuie să fac o activitate așa lipsită de sens“. Ce înseamnă datoria? Mii de SS-iști au omorît în al treilea Reich sute de mii de oameni. Iar cînd sînt trași la judecată, ei spun: „Ne-am făcut datoria. Ni s-a poruncit să facem așa“. Credeți că datoria unui om este să omoare pe alți oameni? Eu unul nu pot s-o cred. Am spus deci studenților: „Tocmai aici e problema: care e datoria mea? Cine poate să mi-o spună? Iată-ne din nou în impas!“

Acum tinerii aceștia au luat un aer gînditor. Apoi s-a ridicat unul și a declarat cu mîndrie: „Eu aparțin unei vechi familii nobile. Pot să trasez linia strămoșilor mei pînă în urmă cu șaisprezece generații: nobili de spița cea mai pură. Nu ai avea cu ce umple o viață, dacă vrei să perpetuezi un așa nobil neam? Nu i-am putut răspunde decît: „Îmi pare rău. Dacă nu se știe pentru ce au trăit aceste șaisprezece generații, nu văd de ce s-ar merita să adaugi o a șaptesprezecea!“

Vedeți bine; există așa multe răspunsuri superficiale și pripite. La noi se citește adesea în ziare, cînd se fac anunțuri de deces, formula aceasta care te înfioară: „Doar muncă a fost viața ta/ La nimic nu te-ai gîndit/ Pentru ai tăi te-ai cheltuit/ Datoria ți-ai împlinit“. De fiecare dată cînd citesc aceste rînduri, mă revolt. Nu pot să nu mă gîndesc: „Asta-i un anunț de deces pentru un cal!“ Nu-i așa? Un cal nu face decît să muncească. Dar nu cred că un om se află pe lume ca să muncească din greu. Ar fi jalnic. Dacă numai acesta ar fi sensul vieții noastre, mai bine ne-am sinucide de la vîrsta de zece ani. „Doar muncă a fost viața ta...“ Asta mă înfioară! Nu, nici acesta nu e sensul vieții noastre.

Un alt student îmi explică în cursul discuției noastre: „Vedeți, vreau să devin medic. Și dacă pot salva vieți omenești, nu e asta o frumoasă rațiune de a trăi?“ Atunci i-am replicat: „Bine! Dar dacă nu știi de ce trăiește omul, atunci n-are nici un sens să salvezi vieți omenești. Mai bine ai da oamenilor o injecție ca să moară imediat“. Să nu interpretați rău ceea ce am spus adineauri. Și mai ales nu mergeți și povestiți că eu încurajez eutanasia! Ce vroiam să spun este că răspunsul dat nu era, la urma urmei, o soluție la problema noastră, problema sensului vieții.

Înconjurat de toți acești studenți, am luat cunoștință cu groază de faptul că tocmai omul cultivat din vremea noastră trăiește mai departe fără să știe în fond pentru ce o face.

Permiteți-mi să fac o observație. Poate vă supără felul meu de vorbire. Aș putea folosi și propoziți extrem de prelucrate, cu multe neologisme, dar atunci ați adormi precis într-o jumătate de oră. Fiindcă mă tem de aceasta vorbesc așa cum se vorbește pe stradă. Cred că înțelegeți? Mulțumesc!

Vedeți, cînd ai trăit toate aceste lucruri, eu le-am amintit numai, ești tentat să răspunzi, ca unii studenți din Münster: „Viața nu are de fapt nici un sens adînc. E o pură întîmplare că m-am născut, nu trebuie să se mai caute după un motiv. Să ne bucurăm la maximum de viață: iată ce putem face cel mai bine“. Aceasta este poate ispita cea mai puternică care poate veni peste un om cînd îi trece deodată prin minte: viața mea e absurdă. N-are nici un sens. Dacă părinții mei nu s-ar fi căsătorit, nu aș fi fost conceput și nu m-aș fi născut. E cu totul întîmplător că exist. În fond viața mea e cu totul absurdă. Iar dacă acest om are greutăți în viață, nu e decît un pas pînă la sinucidere. „De ce să continui să trăiesc? Dacă totul nu e decît hazard și absurditate, atunci mai bine să sfîrșesc cu ea!“

Știți că numărul de sinucideri în Germania Federală e mai mare ca numărul de accidente mortale rutiere? Știți că circa 50% dintre victime sînt tineri sub treizeci de ani? Este dovada cea mai tulburătoare că în epoca noastră nu mai găsim sensul vieții.

Adesea am vorbit cu oameni care mi s-au plîns: „Viața e așa de absurdă. O voi ruina prin plăceri și distracții, sau îi voi pune capăt prin sinucidere". Atunci am întrebat: „Dar dacă viața ar avea totuși un sens?! Și dvs. ați trăi ca și cum n-ar avea? Ajuns la capătul vieții, ce credeți că vi s-ar întîmpla?"

Există în Biblie un cuvînt care poate să ne înspăimînte. El spune așa: „Căci oamenilor le este rînduit să moară o singură dată, iar după aceea vine judecata". Vedeți: trebuie să cunoști acest cuvînt al Bibliei, ca să-ți pui în mod foarte serios întrebarea: „De ce sînt pe pămînt?" Cum să murim și să ajungem în fața judecății lui Dumnezeu, dacă ne-a scăpat însuși sensul vieții? E clară acum chestiunea? Atunci merg un pas mai departe:

**2. Cine poate să ne dea un răspuns ?**

Cine în lumea aceasta poate să-mi dea un răspuns la întrebarea pe care mi-o pun: „De ce trăiesc?" Cine? Biserica? Nu! Preotul sau pastorul? Nu! El este în aceeași situație ca și mine. Savanții? Filozofii? Nici ei nu pot da un răspuns la întrebarea: „De ce trăiesc?"! Numai Unul singur poate să ne spună de ce trăim: anume Cel căruia Îi datorăm viața, Cel care ne-a creat: Dumnezeu.

Voi lua un exemplu foarte simplu: Intru într-o zi într-un apartament. Un băiat stă pe scaun și meșterește ceva cu un conductor electric și cu niște becuri.. Îl întreb: „Spune-mi, ce mașină infernală ești pe cale să fabrici? Ce va ieși de aici?" El încearcă să-mi explice, dar mărturisesc că nu pricep nimic. Eu m-am gîndit: „Nimeni nu poate ghici ce va ieși de aici. Doar cel ce îl construiește poate să-i cunoască scopul și utilitatea".

La fel e și cu viața noastră: numai Cel ce ne-a creat poate să spună pentru ce ne-a creat! Asta înseamnă că răspunsul la întrebarea: „De ce trăiesc?"îl primim doar prin revelație, prin descoperire. Dumnezeu trebuie să ne-o spună! Dacă n-aș fi deja un cititor asiduu al Bibliei, această întrebare m-ar obliga să o citesc. Căci n-aș suporta să nu știu de ce trăiesc în acestă lume blestemată. Expresia „lume blestemată" vi se pare cumva prea tare? Ea se află în Biblie. Ar fi deajuns să petreceți șase luni cu un pastor dintr-unul din marile noastre orașe ca să înțelegeți ce vreau să zic cînd pretind că lumea stă sub un blestem groaznic. Și n-aș suporta să trăiesc în ea dacă n-aș avea răspunsul dat prin revelația lui Dumnezeu. Da, în Biblie ne dă Dumnezeu răspunsul la întrebarea noastră asupra sensului vieții. De aceea este Biblia de o importanță capitală. Cunosc oameni care își iau un aer de superioritate și spun: „Ei, dar noi nu citim Biblia!" Nu pot decît să le răspund: „Pentru mine aceasta înseamnă, și pot să v-o dau și în scris, că nu ați cugetat niciodată cu adevărat serios la întrebarea: de ce trăiesc?"! Dar prostia este o boală foarte răspîndită - și dacă ar durea, lumea întreagă ar fi plină de vaiete. Vreau să vă dau răspunsul Bibliei într-o frază: Dumnezeu ne-a creat ca să devenim copiii Lui!

După cum unui tată îi place să se regăsească în fiul lui, la fel Dumnezeu a făcut pe om „după chipul Său". Dumnezeu vrea ca noi să devenim copiii Lui, care să-I vorbească și cărora să le vorbească, care să-L iubească și pe care să-i iubească. Vă rugați voi oare? E o grea încercare pentru un părinte cînd copilul lui nu vorbește ani de zile cu el! Iar un om, care nu se roagă, nu vorbește cu Tatăl lui ceresc! Vedeți: Dumnezeu ar vrea ca noi să fim copiii Lui, care să vorbească cu El, pe care să-i iubească și care să-L iubească. Din pricina aceasta sîntem pe lume. Înțelegeți-mă bine: nu vorbesc de biserică, de dogme, de religie, ci vorbesc despre Dumnezeul cel viu. El te-a creat ca să devii copilul Lui! Ești tu deja copilul Lui?

Acum mai fac un pas. Noi trebuie să devenim copii ai lui Dumnezeu - căci de la natură nu sîntem copiii lui Dumnezeu. La începutul Bibliei se spune: „Dumnezeu a făcut pe om după chipul Său". Iar apoi Biblia relatează despre o foarte mare catastrofă. Omul fusese creat ca să fie deplin liber, capabil să aleagă - și omul s-a ridicat împotriva lui Dumnezeu. A mîncat din fructul oprit. Era modul lui de a zice lui Dumnezeu: „Vreau să fiu autonom! Pot să trăiesc fără Tine!" Înțelegeți: Adam nu s-a îndoit niciodată de existența lui Dumnezeu, dar a vrut să scape de autoritatea Lui: „Vreau să-mi conduc viața cum doresc eu!"

Trebuie să vă povestesc aici o istorioară. Deunăzi m-a întrebat cineva pe stradă: „Pastore Busch, dvs. vorbiți totdeauna despre Dumnezeu. Dar eu nu-L văd. Spuneți-mi cum pot să-L găsesc!" Atunci i-am răspuns: „Luați aminte la ce o să vă spun! Imaginați-vă că există o mașină care face ca timpul să dea înapoi și că cu ajutorul ei putem derula timpul pînă la începutul istoriei omenirii. Mă plimb într-o seară prin grădina Eden. Cunoașteți fără îndoială istoria căderii. Ei bine, în dosul unui tufiș îl întîlnesc pe Adam, primul om. ‚Bună seara, Adam!' îl salut eu.. ‚Bună seara, pastore Busch!' îmi răspunde el. ‚Te miri să mă vezi aici?' îi zic eu și-i explic: ‚Din greșeală, printr-o eroare de funcționare a decorurilor teatrului acestei lumi am ajuns în grădina Edenului!' ‚Da', spune el' ‚pari gînditor. La ce meditezi?' Atunci îi răspund lui Adam: ‚Știi, tocmai mă gîndeam la o întrebare pe care mi-a pus-o un om, anume: Cum pot să găsesc pe Dumnezeu?' Adam izbucnește în rîs și-mi răspunde: ‚Adevărata problemă nu e cum să-L găsesc pe Dumnezeu! Căci El e aici. Fii sincer, pastore Busch, ceea ce vă preocupă pe voi ceilalți e mai degrabă cum să puteți scăpa de El. Căci marea problemă e că nu poți scăpa de El!'"

Are dreptate Adam? Dumnezeu e aici. Poți să-L găsești. Dar nu te poți debarasa de El. Cînd mă gîndesc la evoluția gîndirii omenești în cursul acestor ultime trei veacuri, constat că s-a încercat totul ca omul să scape de Dumnezeu, dar nu s-a reușit. În fond, prieteni, cu toții credeți că Dumnezeu există, dar nu-L vreți. Voi faceți ca cei mai mulți oameni: lăsați problema lui Dumnezeu în suspensie. Voi nu-I negați existența, dar nici nu-I aparțineți. Nu Îi ești nici dușman, dar nici prieten. Și astfel omul lasă nerezolvată cea mai mare problemă a vieții lui.

Un medic elvețian afirmă într-o carte că orice om suferă mari pagube psihice, adevărate traumatisme dacă nu-și rezolvă marile probleme ale vieții. Și el continuă: „Noi occidentalii suferim de lipsa de Dumnezeu. Noi nu-I negăm existența, dar nici nu sîntem ai Lui, da, nici nu-L vrem. De aceea suferim noi de lipsa lui Dumnezeu". Şi eu cred tot aşa.

Cînd aud pretutindeni: „Omul modern nu se interesează de Dumnezeu", nu pot decît să răspund: „Starea omului modern e gravă. Şi eu sînt unul, totuşi mă interesez de Dumnezeu. Şi nu cred că sînt demodat. Dar cînd omul modern nu se interesează serios de mîntuirea lui, e foarte alarmant. Voi folosi încă o dată un exemplu foarte simplu: Imaginaţi-vă un ucenic bucătar. Într-o zi, şeful bucătar spune despre el: „Băiatul ăsta nu se interesează absolut deloc de bucătărie". Îl întreb: „Dar ce-l interesează atunci?" Iar şeful răspunde: „Discoteca şi fetele". „Da", spun eu, „va trebui să vă puneţi la nivelul acestui băiat şi să nu-i vorbiţi în viitor decît de muzică uşoară şi de fete". „Nu, nu", răspunde şeful. „Dacă el nu se interesează de bucătărie, şi-a greşit chemarea".

Vedeţi unde vreau să ajung? Chemarea, menirea noastră este să devenim copii ai lui Dumnezeu. Cînd omul modern nu se interesează de aceasta, el îşi greşeşte chemarea de om. Este inutil în acest caz să discuţi orice lucruri posibile şi imposibile, chiar dacă subiectul îl interesează. Ce trebuie făcut este să-i tot spui: „Nu vei reîncepe să fii om, decît cînd vei fi devenit copil al Dumnezeului Celui viu!"

### 3. Răspunsul lui Dumnezeu la întrebarea întrebărilor

Repet: De la natură noi nu sîntem copiii lui Dumnezeu, dar ne aflăm pe pămînt pentru a deveni aşa. De aceea trebuie deci să se petreacă ceva în viaţa noastră. Acesta este obiectivul acestei conferinţe. Nu mă aflu aici ca să mă întreţin un pic cu voi. Nu, singurul meu scop e să ajut pe cei a căror inimă e dispusă să găsească un sens pentru viaţa lor.

Deci noi nu sîntem copii ai lui Dumnezeu, nu-L iubim pe Dumnezeu, Îi încălcăm poruncile, nu ne interesăm de El, nu ne rugăm - doar cînd sîntem la ananghie, atunci ni se întîmplă să tragem semnalul de alarmă! De aceea e vital să răspundem la întrebarea întrebărilor: „Cum să devin un copil al Dumnezeului Celui viu?" Mi-ar fi plăcut să vă dau la toţi hîrtie şi creion şi să vă cer să scrieţi cum devine cineva, după părerea voastră, copil al lui Dumnezeu. Cred că unii ar zice: „Fiind bun“, iar alții: „Crezînd în ‚bunul Dumnezeu'“. Dar toate acestea nu sînt deajuns! Întrebarea întrebărilor rămîne pusă: „Cum devin un copil al Dumnezeului Celui viu?“

Răspunsul la această întrebare capitală pot să-l aflu numai prin revelație. Trebuie ca Dumnezeu Însuși să-mi spună cum mă primește ca pe copilul Său. Nici chiar un pastor nu-și poate imagina răspunsul. Ori, Biblia dă un răspuns foarte clar. Iată-l: numai prin Isus! Prieteni, cînd ajung să vorbesc despre Isus, inima îmi bate mai tare, pulsul e mai rapid, căci e tema vieții mele. Da, ca să devin un copil al lui Dumnezeu, pot s-o fac numai prin Isus!

Există un cuvînt în Biblie care tradus literal sună așa: „Isus a venit din lumea lui Dumnezeu în aceasă lume“. În zilele noastre ni se repetă neîncetat că Biblia este întemeiată pe o imagine depășită despre lume: cerul este sus, pămîntul este jos. E greșit! Biblia nu are această viziune despre lume. Ea spune despre Dumnezeu: „Tu mă înconjori pe dinainte și pe dinapoi“. Este cu totul altceva. Chiar dacă aș fugi sub pămînt, Dumnezeu ar fi și acolo. Biblia are ceea ce am putea numi în limbaj modern o viziune multidimensională. Noi trăim într-o lume cu trei dimensiuni. Există lungime, lățime și înălțime. Dar există și alte dimensiuni. Și Dumnezeu Se află în alte dimensiuni. El este foarte aproape, lîngă noi. El ne însoțește. Ne vede cînd sîntem pe căi rătăcite. Dar ne este cu neputință să trecem zidul care ne separă de cealaltă dimensiune. Numai Dumnezeu poate s-o facă. El l-a trecut și a venit la noi în Isus.

În Noul Testament un alt text, tradus literal, spune despre Isus: „El a venit în proprietatea Sa - lumea, într-adevăr, Îi aparține - și ai Săi nu L-au primit“. Iată întreaga istorie a Evangheliei pînă în zilele noastre: Isus vine - iar omul închide ușa. „El a venit în proprietatea Sa, și ai Săi nu L-au primit deloc“. În mod normal, după aceasta ar fi trebuit să existe un punct final; văzut omenește aceasta trebuia să pună capăt legăturilor lui Dumnezeu cu omul. Dar, fapt uimitor, există o urmare. Și ce urmare! „Dar tuturor celor ce L-au primit, le-a dat puterea să devină copii ai lui Dumnezeu". Deci primindu-L pe Isus devine cineva copil al lui Dumnezeu. Ai deschis deja ușa vieții tale lui Isus? „Tuturor celor ce L-au primit, le-a dat puterea să devină copii ai lui Dumnezeu".

Eram tînăr ofițer în primul război mondial, și trăiam departe de Dumnezeu. Pe atunci am descoperit acest lucru, și I-am deschis lui Isus inima și L-am primit. Experiența pe care am făcut-o mi-a schimbat toată viața. Dar n-am regretat nici o clipă. Totuși, ca să-L urmez pe Isus, a trebuit să merg pe drumuri grele. Am făcut închisoare. Am suferit mult din pricina lui Isus. Dar chiar dacă aș avea o sută de vieți de trăit, de îndată ce aș putea să gîndesc, m-aș prinde tare de acest cuvînt: „Tuturor celor ce L-au primit, El le-a dat puterea să devină copii ai lui Dumnezeu". Căci în clipa în care am devenit copil al lui Dumnezeu, viața mea a căpătat un sens. Puțin contează ceea ce sînt: pastor sau măturător de stradă, director general sau lăcătuș, menajeră sau învățătoare - viața mea nu are sens decît din clipa cînd sînt copil al lui Dumnezeu. Deci, trebuie să-L primiți pe Isus! Numai atunci va avea sens viața voastră! Și numai atunci!

E foarte interesant să studiezi din această optică personajele din Noul Testament. Unul dintre ele era de exemplu o femeie cu numele de Maria din Magdala. Viața ei era total lipsită de sens. Se spune despre ea - singura aluzie la trecutul ei - că era stăpînită de șapte demoni. Eu însumi cunosc mulți oameni care sînt posedați de doisprezece demoni! Trebuie să fi fost o viață groaznică, dominată de simțuri, o viață de rob. Și biata femeie a trebuit să suporte trăirea unei vieți așa de absurde. Și iată că, într-o zi, Isus Mîntuitorul, Fiul lui Dumnezeu, intră în viața ei și alungă demonii. El vrea și poate s-o facă. Din clipa aceea Maria Îi aparține lui Isus. De acum viața ei are un sens. Dar vine clipa cînd trebuie să asiste la răstignirea și moartea lui Isus pe cruce. Atunci pune groaza stăpînire pe ea: „O să înceapă iarăși existența absurdă de odinioară!" În dimineața zilei a treia după răstignirea lui Isus, ea plînge în genunchi în grădina unde e mormîntul lui Isus.

Căci cînd venise la mormînt, acesta era gol și piatra fusese prăvălită la o parte. Dar trupul Lui nu mai era acolo. De aceea plînge ea. Pot s-o înțeleg bine pe femeia aceasta. Dacă L-aș pierde astăzi pe Isus, aș ajunge în adîncimile unei vieți lipsite de sens. Da, o înțeleg: „Mîntuitorul nu mai e aici! Acum viața mea a devenit iarăși fără sens". Dar iată că aude deodată un glas în spatele ei: „Marie!" Ea se întoarce și-L vede pe El, Isus Cel înviat. O văd parcă înaintea mea cum pe fața ei nu mai curg acum lacrimi de deznădejde, ci de fericire și bucurie, iar din străfundul inimii ei țîșnește un strigăt: „Rabuni! Domnul meu!"

Exemplul acestei femei îmi confirmă faptul că nu are nimeni nevoie de marile idei ale filozofiei ca să afle răspunsul la întrebarea după sensul vieții. Chiar omul cel mai puțin cultivat știe că viața lui nu are sens. Și el își pune întrebarea: „De ce trăiesc de fapt?" În clipa cînd această Maria Magdalena L-a primit pe Isus, problema sensului vieții ei s-a rezolvat, ea a devenit un copil al Dumnezeului Celui viu, viața ei s-a aflat în lumina unui sens profund și măreț.

De aceea aș vrea să vă rog și pe voi: Primiți-L pe Isus ! El vă așteaptă! Cînd mergeți acasă, puteți să vorbiți cu El. El este lîngă voi. Ar fi minunat dacă vreunul din voi I-ar spune azi pentru întîia dată: „Doamne Isuse! Viața mea este fără sens. Vino la mine cum ai venit la Maria Magdalena!"

Cînd primim pe Isus, în viața noastră are loc o mare revoluție: el mă face părtaș morții Lui, pentru ca omul cel vechi să moară. Eu pot să înviez cu El spre o viață cu totul nouă ca și copil al lui Dumnezeu. El îmi dă Duhul Său, și-mi schimbă astfel gusturile și modul de a gîndi. Primiți-L pe Isus, și veți cunoaște toate aceste adevăruri din experiență! Da, e adevărat, cel care Îl primește pe Isus începe o existență cu totul nouă. A deveni copil al lui Dumnezeu nu înseamnă numai schimbarea gîndirii, ci o existență cu totul nouă.

În veacul trecut trăia în Westfalia un cizmar cu numele de Rahlenbeck. Fusese poreclit „pastorul pietist" din pricina rîvnei lui de a merge pe urmele lui Isus. Era un om cu o mare bogăție duhovnicească, un om binecuvîntat de Dumnezeu. Într-o zi a venit în vizită un tînăr pastor. Rahlenbeck îi spune: „Domnule pastor, studiile teologice nu vă garantează că sînteți un copil al lui Dumnezeu. Trebuie să-L primiți pe Mîntuitorul!“ Atunci pastorul răspunde: „Da, pe Mîntuitorul Îl am. Am chiar și un tablou cu El agățat deasupra biroului meu“. Atunci bătrînul Rahlenbeck îi răspunde: „Da, pe perete Isus rămîne pașnic și liniștit. Dar dacă L-ați primi în inimă și în viață, aceasta ar face zgomot!“

Îți doresc ca și în viața ta să fie zgomot. Fie ca să poți trage o linie peste trecut și să lauzi pe Tatăl tău ceresc că a făcut din tine copilul Său, că a dat astfel vieții tale un sens și că-ți îngăduie de acum înainte să-L cinstești prin faptele, cuvintele și gîndurile tale.

Ați înțeles sper că ceea ce vă vorbesc nu e nici manie religioasă, nici opinia personală a unui pastor, ci o chestiune de viață sau moarte, de viață veșnică sau moarte veșnică.

Domnul Isus spune: „Iată, Eu stau la ușă și bat. Dacă aude cineva glasul Meu și deschide ușa, voi intra la El și voi cina cu el și el cu Mine“. Domnul Isus îți spune și ție: „Iată, Eu stau la ușa inimii tale. Deschide! Eu voi da sens vieții tale!“

Odată a venit la mine un miner bătrîn și mi-a zis: „Trebuie să vă vorbesc, domnule pastor!“ Avea șaptezeci de ani și mi-a povestit: „Cînd am avut 17 ani, am ajuns într-o adunare de evanghelizare. Atunci am simțit că Isus mă chema. Dar mi-am zis: Dacă iau în serios aceste lucruri și-L primesc pe Isus, pariez că toți tovarășii mei își vor bate joc de mine. Nu, nu pot s-o fac! Și am ieșit fugind“. Și a continuat: „Și iată-mă la capătul vieții. Sînt bătrîn și recunosc că viața mea a fost un eșec. Ea a fost așa pentru că atunci n-am răspuns chemării lui Isus și nu I-am deschis ușa!“

Prietenii mei, noi nu avem decît o singură viață de trăit; de aceea întrebarea: „De ce trăiesc?“ este vitală. Dumnezeu a dat clar răspunsul la întrebare în Isus, Cel răstignit și înviat. Și acum acest Isus stă în fața inimii tale și bate.

Deschide-I viața ta - și nu vei regreta niciodată !

## *Nu am timp!*

Cînd oamenii sînt invitaţi la conferinţele mele: „Veniţi odată! Ascultaţi odată pe pastorul Busch“ ei răspund cel mai adesea: „Nu am timp!“

Aflîndu-mă odată la o casă de odihnă, la masa mea era un domn cu care mă înţelegeam foarte bine. „Ăsta ştie să se bucure de viaţă!“ gîndeam eu uneori cînd vedeam cu cîtă plăcere savura mîncărurile acest om sau cînd îl priveam dormitînd, instalat confortabil la soare. Puţin cîte puţin, caracterul superficial al discuţiilor noastre începu să mă chinuie. Cineva îmi va zice poate: „E ceva rău în aceasta?“ Vedeţi, eu sînt convins că Dumnezeu e cea mai mare realitate a vieţii mele. Ea s-a schimbat complet cînd am înţeles ce lucrare măreaţă a făcut El: „Căci atît de mult a iubit Dumnezeu lumea, încît a dat pe singurul Său Fiu, pentru ca oricine crede în El să nu piară, ci să aibă viaţă veşnică“. E groaznic să vezi pe cineva neglijînd o asemenea mîntuire. Şi era vădit cazul comeseanului meu. Cum se va simţi el, cînd va sta odată înaintea lui Dumnezeu?! Într-o zi, la masă, i-am dat o broşură pe care o scrisesem, spunîndu-i: „Mi-ar place mult să citiţi această cărticică. Ea vorbeşte despre experienţe făcute cu Dumnezeu. Sînt lucruri importante care te fac să meditezi!“ Ştiţi cum a reacţionat? Mi-a mulţumit călduros. Apoi mi-a zis: „Aici sînt în convalescenţă. Dar o să găsesc poate acasă o clipă liberă ca să citesc broşura dvs.!“ Şi a pus-o deoparte. Asta m-a întristat. Căci ştiam că omul acesta n-o să mai aibă niciodată mai mult timp ca aici, în casa de odihnă. De fapt, el nu vroia să-şi ia timp să se gîndească la Dumnezeu... E periculos să acţionezi aşa cu Dumnezeu. De aceea e foarte indicat să mai vorbim despre această temă.

**1. O ciudată stare de fapt**

În fond, de ce n-avem niciodată timp? Mi-ar place să vă atrag atenţia asupra unui fapt care mă intrigă şi pe care nimeni nu mi l-a putut explica.

Vedeţi, acum o sută de ani dacă un comerciant din

Stuttgart vroia să trateze o afacere cu oameni din Essen, îi trebuiau ca să parcurgă drumul cu diligenţa cinci zile dus şi cinci zile întors, ceea ce făcea cu totul zece zile, şi să zicem două zile de negocieri pentru încheierea unei afaceri. Aproape o jumătate de lună trecea cu asta. În zilele noastre, ajunge ca una din părţile interesate să dea un telefon - graţie automatizării nu mai are nevoie nici măcar de operatoare - economisind astfel douăsprezece zile. Dar cînd mă uit azi la oamenii de afaceri, nu văd unul singur care să aibă douăsprezece zile libere. Dimpotrivă, fiecare îmi zice: „Nu am timp!" Cum se face asta?

Cînd în copilărie mă duceam la bunicii mei în Suabia, mersul cu trenul de la Elberfeld la Urach era o adevărată expediţie. Astăzi, datorită unui tren accelerat, se poate face acelaşi traseu în cinci ore. Oamenii ar trebui să aibă logic mai mult timp liber! Altădată, săptămîna era de şaizeci de ore, azi de patruzeci. Totuşi, nimeni nu are timp! Cum e cu putinţă aceasta?

În epoca noastră se face totul pentru simplificarea vieţii. Ori, mama mea citea în fiecare zi patru capitole din Biblie şi avea timp să se roage pentru ai ei. Pe atunci nu existau nici maşină de spălat, nici aparate menajere. Ea trebuia să se ocupe de cei opt copii care nu aveau lenjerie de nylon şi ai căror ciorapi trebuiau cîrpiţi. Şi ea avea timpul să citească cele patru capitole pe zi! Dar tu, ai tu timp pentru aceasta? Fără îndoială că nu! Cum se face aceasta?

Înţelegeţi: totul este pus astăzi în mişcare ca să economisim timp - şi nimeni nu are timp! Puteţi să vă explicaţi acest lucru? M-am gîndit mult la aceasta, dar n-am putut să înţeleg. Singura explicaţie care există - pe care oamenii nu vor s-o audă de fapt, dar eu nu cunosc alta - e că în spatele nostru stă unul care ne aţîţă şi ne fugăreşte. E cineva care se îngrijeşte ca omul să n-aibă timp, unul care pocneşte mereu cu biciuşca, ca un dresor de circ, ca să-i bage în viteză pe oameni. Şi tocmai asta spune Biblia. Există cineva - şi acesta e diavolul. Şi acum stăm înaintea întrebării: există atunci un diavol? Iar eu răspund: „Da, există un diavol!" Există o „putere a întunericului".

Recent îmi spunea cineva, în cursul unei discuții, că „o pusese capăt cu creștinismul". I-am răspuns: „Ce eroare! Diavolul vă are în stăpînire. El vă va pune capăt!" Atunci el a zîmbit și a spus: „Diavol? Diavolul nu există!"

Biblia ne povestește că Isus a fost dus de diavol pe un munte foarte înalt, de unde avea o priveliște largă. Diavolul a dat perdelele la o parte - și iată că Isus poate să vadă în duh toate împărățiile lumii și slava lor. Apoi diavolul îi spune lui Isus: „Toate astea Ți le voi da Ție, dacă Te vei arunca cu fața la pămînt și Te vei închina mie, căci mie îmi sînt date și le dau oricui voiesc". Este unul din pasajele biblice care mă captivează profund căci Domnul Isus nu contrazice într-adevăr pe diavol. El admite că acesta deține puterea asupra lumii.

Și eu vă spun: Trebuie să fii orb sau prost ca să nu admiți că există o putere a întunericului! Cum ai putea altfel explica lumea noastră? Vreau să dau numai cîteva exemple.

Mă gîndesc de pildă la mulți oameni care sînt robi ai viciului lor. Într-o noapte vine la mine directorul unei întreprinderi, la care era clar faptul că băuse prea mult alcool, dar încă destul de limpede la cap, și-mi spune: „Ajutați-mă, vă rog! Trebuie să beau, nu pot altfel! Tatăl meu a fost băutor. Am moștenit asta de la el. Nu pot să mă opresc!" Daca ați ști cîți suspină în adîncul inimii lor: „Nu pot să mă opresc!" Cine îi comandă atunci? N-aveți decît să priviți puțin mai îndeaproape toată mizeria epocii noastre ca să simțiți că Biblia are dreptate cînd spune că există o putere a întunericului!

Sau gîndiți-vă la dezordinea care domnește în epoca noastră în domeniul sexual. Am cunoscut un om care avea o familie frumoasă, o soție încîntătoare - și care într-o bună zi a căzut în ghiara unei funcționare din întreprinderea lui. M-am dus să-l văd și i-am zis: „Dragă prietene, ești pe cale să-ți ruinezi viața și familia, și să pierzi respectul copiilor dumitale". Îl revăd, așezat înaintea mea pe acest magnat al industriei, și-l aud răspunzîndu-mi: „Domnule pastor, nu pot să mă las de fată, pur și simplu nu pot!" Cine nu simte într-o asemenea situație ceva din puterea întunericului?!

Cunoscutul scriitor englez Sommerset Maugham a scris o carte groasă cu titlul: „Robie". Cu cîtă ușurință se lasă oamenii robiți! Voi, cei mai în vîrstă, vă mai amintiți de supunerea față de Hitler. „Am crezut că doi ori doi fac douăzeci. Am crezut-o pentru că așa spusese Führerul". Nu puteți nega că există o putere a întunericului, că există diavolul!

Marele poet german Goethe a scris măreața dramă „Faust". Pentru că voi sînteți toți oameni cultivați, presupun că cunoașteți piesa: O fată tînără numită Margareta joacă aici un rol important. Ea era un copil curat, dar a fost sedusă. Fratele ei, vrînd să salveze onoarea familiei, își găsește moartea în lupta cu seducătorul surorii lui. Pentru ca amantul să poată veni la ea, Margareta dă mamei ei un somnifer puternic, care o omoară. Iar cînd se naște copilul, ea îl omoară - ca cei care în zilele noastre practică avortul: ce vină enormă își iau asupra lor! În final tînăra fată a ajuns aici: vinovată de o triplă crimă: mama, fratele și copilul. Și atunci spune aceste cuvinte tulburătoare: „Și totuși, Doamne, ce m-a-mpins, era așa de pur, așa frumos!" Goethe nu era deloc nebun. El povestește în „Faust" că diavolul se afla în spatele întregii istorii!

Ca pastor într-un mare oraș, am avut neîncetat de-a face cu asemenea istorii. Iar cînd vine la mine cineva și spune: „Nu există diavol" atunci nu mă pot împiedica să-l întreb: „Din ce sătuc pierdut ai venit aici?", deși chiar și acolo diavolul își face treaba.

Vai, prieteni, și eu am constatat că diavolul există, văzînd în ce măsură niște creștini adevărați pot fi îngrozitor de orbi față de propriile lor greșeli. O asemenea creștină este, de exemplu, egoistă pînă la extrem. Ea își chinuie nora pînă la disperare, dar nu-și dă seama de asta. Și totuși, este o femeie evlavioasă! Iar voi, oameni evlavioși, rugați pe Dumnezeu să vă păzească de puterea întunericului.

Vedeți, este absolut imposibil să explici de ce este lumea

noastră așa cum este, dacă n-ai înțeles că în culise există diavolul, puterea întunericului - această putere care lucrează avînd o țintă foarte precisă - , și care ne ține continuu în tensiune. De aceea nu avem timp. Diavolul face totul ca să nu avem timp să medităm și să descoperim că putem fi eliberați de puterea întunericului. Despre această eliberare aș vrea să vă vorbesc la punctul al doilea:

**2. O realitate minunată**

Da, realitatea minunată este că există un mijloc de a fi eliberat. Prieteni, ce fericit sînt că vă pot anunța o așa veste bună! La carnaval, se produc pe scenă un fel de bufoni, și m-am întrebat adesea ce gîndesc ei seara după ce-și dau jos masca despre vorbăriile ținute în timpul zilei. Dacă ar fi cinstiți, ar trebui să-și spună: „Eu cîștig bani spunînd prostii și povestind istorii murdare cu dublu înțeles". Și ar sfîrși fiindu-le greață de ei înșiși! Ce fericit sînt că pot să vă vorbesc despre această mare și minunată realitate: există eliberare de puterea întunericului!

Apostolul Pavel a zugrăvit poziția creștinismului în felul următor: „El ne-a izbăvit de sub puterea întunericului și ne-a strămutat în Împărăția Fiului dragostei Lui, în care avem răscumpărarea, prin sîngele Lui, iertarea păcatelor". A fi creștin nu înseamnă deci în primul rînd a fi botezat și confirmat sau a plăti impozitul eclesiastic. Nu, ci înseamnă a fi suferit o transformare a întregii existențe, de a fi smuls din ghearele puterii întunericului și de a fi început o viață nouă sub poruncile unui nou Stăpîn!

Aici trebuie să vă povestesc o istorie pe care am auzit-o de la un colaborator al Misiunii populare din Berlin. Acest misionar se ocupa de un om care căzuse în patima beției. Asemenea legături sînt foarte greu de rupt. Într-o zi aude că omul acesta, sub efectul unei mari cantități de alcool băute și-a distrus mobila și și-a bătut nevasta. El se hotărăște atunci să meargă să-l vadă. Era ora cinci după-amiază. Omul, așezat în bucătărie, își bea cafeaua. Lîngă el stătea copilul lui de cinci ani. Misionarul îl salută prietenos și-l întreabă: „Lucrurile au ieșit iarăși prost, nu-i așa?" Omul scrîșnește din dinți și sare în picioare. Fără să spună nimic, se duce în camera vecină și revine cu o frînghie de rufe. Apoi - tot fără să spună nimic - îl leagă pe copil de scaun. Misionarul se întreabă: „Oare ce vrea să facă? Este tot beat?“ Dar îl lasă pe om să continue. Cînd acesta a sfîrșit de legat pe copil, face un nod, și apoi strigă: „Scoală-te!“ Micuțul începe să plîngă și spune: „Dar nu pot!“ Atunci bețivul se întoarce spre misionar cu o expresie sfîșietoare pe față și spune doar: „Ați auzit: dar nu pot! Așa e și cu mine: nu pot!“ Atunci misionarul bagă mîna în buzunar, scoate un briceag și începe să taie fără să se sinchisească de pagubă frumoasa frînghie nouă. Apoi spune calm micuțului: „Scoală-te!“ Băiatul se ridică și apoi, adresîndu-se bețivului, misionarul îi spune: „Ei bine, uite!“ „Da“, răspunde celălalt, „ați tăiat frînghia“. Atunci misionarul spune: „Auzi, a venit cineva să taie toate frînghiile care ne leagă. El Se numește Isus!“

Lumea e plină de oameni care pot mărturisi: „Isus a venit, lanțuri se frîng / Cătușele morții-n două se rup/ Căci Salvatorul de-acum e aici/ Fiul lui Dumnezeu eliberează cu-adevărat/ El aduce la slavă din păcat și ocară:/ Isus a venit, lanțuri se frîng“.

Ce realitate minunată: Există eliberare de puterea întunericului!

În al treilea rînd aș vrea să abordez

**3. Tema propriu-zisă**

Care este ea? Mîntuirea se face prin Isus. Deci acum trebuie să vă vorbesc despre El. Și vorbindu-vă despre Isus, înseamnă că sînt la tema propriu-zisă.

Îmi aduc aminte că am fost odată invitat în New York la un club al negrilor. Cunoașteți tensiunile rasiale din S.U.A. În holul clubului se afla o statuie de marmură pe un soclu. Se vedea că ea nu reprezenta un negru. Eram uimit că negrii au ridicat un monument în onoarea unui alb chiar în locul acela. Am întrebat deci pe un gentleman negru: „Prietene, cine este acest om?“ A urmat atunci o scenă pe care n-o voi uita niciodată. Negrul s-a uitat țintă la statuie și a declarat foarte solemn: „Este Abraham Lincoln, eliberatorul meu!“ Mi-am amintit atunci cum - cu mult înainte ca acest tînăr negru să se fi născut - președintele Lincoln dobîndise cu prețul anilor de război, libertatea negrilor. Acest tînăr bărbat încă nu se născuse pe atunci. Dar dacă putea acum să trăiască liber, era datorită drepturilor pe care Abraham Lincoln le dobîndise pe cîmpuri sîngeroase de luptă. În timp ce urcam scara, îl tot vedeam pe acest om stînd în picioare în fața statuii și-l auzeam murmurînd: „Abraham Lincoln, eliberatorul meu!"

Așa aș vrea să stau în fața crucii lui Isus și să spun: „Isus, Eliberatorul meu!"

Există o frază în Biblie în care este vorba de un lucru ciudat: „Legea Duhului de viață ne-a izbăvit de legea păcatului și a morții". Există legi ale naturii. Dacă țin o batistă în mînă și îi dau drumul, ea cade la pămînt din pricina gravitației. Nu se poate schimba nimic aici. Dar dacă o prind acum cu mîna, nu mai cade. Asta vrea să spună că intervine o forță mai puternică decît legea gravitației și aceasta e neutralizată. Prin natură, noi sîntem supuși legii păcatului și morții. Toți cădem, alunecăm în jos cu toții spre pierzarea veșnică. O știm bine. Trebuie deci ca o forță mai mare să se interpună și să ne oprească această cădere. Și această forță mai mare ne-a dat-o Dumnezeu în Isus pentru mîntuirea noastră, pentru eliberarea noastră. Înțelegeți: Isus i-a luat diavolului puterea! Iar cu tăria Duhului Sfînt pe care ni-L dă Isus, putem trăi o viață nouă, o viață de libertate.

Este curios, dar lumea nu scapă de acest Isus. Știți de ce? Cineva a zis într-o zi că Isus a fost ca un corp străin în lumea aceasta. Și așa și este: un corp străin venit din cer! Cine este deci acest Isus? Trebuie să zăbovesc puțin aici, căci totul depinde de ideea pe care v-o faceți despre El. Nu căutați informații despre El în prima revistă care vă cade în mînă. Nu vă lăsați induși în eroare de oameni care nu-L cunosc. Doar Noul Testament ne furnizează date exacte ca să știm cine este Isus. Luther L-a definit - după cele găsite în Biblie - în felul următor: „El este Dumnezeu adevărat, născut din Tatăl cel veșnic, și Om adevărat, născut din fecioara Maria". În același timp Om și Dumnezeu! În El se întîlnesc cerul și pămîntul!

Isus este „Om adevărat".

El a plîns la mormîntul lui Lazăr. Și-mi imaginez că a și rîs, cînd a zis ucenicilor: „Uitați-vă la păsările cerului: ele nici nu seamănă, nici nu seceră. și nici nu strîng nimic în grînare și totuși Tatăl vostru Cel ceresc le hrănește". Da, Îl văd izbucnind în rîs pe El, Domnul meu: „Vrăbiile astea obraznice! Ele nu se ocupă cu nimic, și totuși se satură, se măresc și se îngrașă!" Ce Om extraordinar este acest Isus!

Ni se relatează că într-o zi a predicat și imediat după aceea a dat să mănînce la cinci mii de bărbați - cinci mii de bărbați, fără femei și copii! Dacă am exclude femeile din adunările noastre creștine, atunci n-ar mai rămîne prea mulți! Ce adunare impunătoare trebuie că a fost aceea de lîngă Domnul Isus: cinci mii de bărbați, fără a pune la socoteală pe femei și copii! Și El nu avea microfon! Ce voce de stentor trebuie că a avut El! Da, acest Isus era un Om formidabil!

Iată o scenă din cele mai impresionante din Noul Testament. Ponțiu Pilat, guvernatorul roman Îl dăduse pe Isus să fie biciuit. I se pusese o cunună de spini pe cap. Fața Lui era acoperită de sînge. Spatele Îi era zdrobit. Pe față mai avea urme de scuipat. O epavă de om! Și astfel este dus afară. Pilat Îl privește țintă și apoi se întoarce spre popor. Arătîndu-L pe Isus cu degetul, el strigă, zguduit: „Iată Omul!" Luther traduce: „Iată, ce Om!" Cu asta vroia să zică: „Am văzut pe mulți din acești bipezi, dar erau lupi înfometați, tigri setoși de sînge, vulpi viclene, păuni înfumurați, maimuțe! Dar Isus este un Om". Poate că Pilat a avut o clipă de luciditate: „Isus este un Om cum ar trebui să fim noi!" Deunăzi cineva mi-a zis: „Isus a fost un om ca și noi". Atunci i-am răspuns: „Isus a fost un Om, desigur, dar nu cum sîntem noi, ci cum ar trebui să fim noi!" Isus a fost Omul ideal, așa cum l-a conceput Dumnezeu. Dacă vă spune cineva: „Isus a fost Om ca și noi", atunci întrebați-l: „Ești tu ca Isus?"

Apoi Isus este „Dumnezeu adevărat, născut de Tatăl din veșnicie!"

Aş vrea să vă pot povesti ore în şir despre aceasta. Să vă descriu, de exemplu, o scenă care a avut loc pe lacul Ghenezaret. Ucenicii, în corabia lor, au fost surprinşi de furtună. Puntea a fost într-o clipă plină de apă. Apoi catargul se frînge. „De asta nu trebuie să se teamă un adevărat marinar!" trebuie că şi-au zis ei cu mîndrie, căci printre ei erau într-adevăr pescari experimentaţi. Dar cînd totuşi teama pune stăpînire pe ei, sînt cuprinşi de panică şi strigă: „Dar unde e Isus? Ah, da, doarme în cabină". Şi iată-i că năvălesc în cabină cu apa scurgîndu-se odată cu ei - şi-L zgîlţîie ca să-L trezească: „Doamne, ne scufundăm!" Şi apoi Îl văd pe Isus cum urcă pe punte. Chiar în mijlocul furtunii! Noi vrem totdeauna să-L închidem pe Isus în biserici îmblînzite! Dar El Se duce pînă în mijlocul furtunii! Ştiţi asta? Ai fi zis că o să-L arunce furtuna peste bord. Dar El întinde mîna şi strigă poruncitor în urletul mării: „Linişte! Taci!" Şi în aceeaşi clipă valurile se potolesc şi norii se destramă! Cînd am povestit istoria aceasta copiilor mei, băieţelul meu mi-a spus: „Şi atunci tunetul s-a stricat!" „Da", am întărit eu, „atunci tunetul s-a stricat!" Soarele străluceşte! Iar ucenicii cad în genunchi: „Ce Om! Acesta nu-i Om ca şi noi!" Ei au aflat în sfîrşit răspunsul: „Este Dumnezeu devenit Om"

Dar de abia după Paşti au înţeles cu adevărat aceasta, cînd Isus a ieşit viu din mormînt. Prieteni, nu vă povestesc nişte basme. N-aş îndrăzni să stau aici dacă n-aş şti că acesta este adevărul, că în Isus Cel înviat, Dumnezeul Cel viu a venit la noi.

Dar locul unde îmi place cel mai mult să-L contemplu este la cruce, cum stă atîrnat pe ea. Acolo este El cu adevărat totodată „Dumnezeu şi Om". Aş vrea să ţi-L zugrăvesc înaintea ochilor, pe El, care a fost desigur încoronat, dar cu o coroană de spini - în batjocură. Mîinile Lui, aşa de puternice, sînt străpunse de cuie. Şi El Îşi pleacă capul şi-Şi dă duhul. „O, frunte-nsîngerată, Sub ramura de spini". Priveşte-L pe acest Isus, opreşte-te înaintea Lui şi pune-ţi întrebarea: „De ce atîrnă acolo?" Pune-o, pînă găseşti răspunsul: „Acolo, pe cruce, El mă izbăveşte de puterea întunericului. El mă smulge din strînsoarea diavolului!“ Nu pot aici decît să vă schițez aceasta: identificîndu-te cu Isus pe cruce, poți, contemplîndu-L, să crezi, să știi și să înțelegi că: „Aici am fost răscumpărat de puterea întunericului ca să devin astfel un copil al lui Dumnezeu liber“. Nu mai e nevoie să te lași chinuit de diavol, ci, privind crucea, poți să afli „Puterea diavolului e sfîrșită! Isus e mai puternic! Acest Răstignit m-a eliberat și a făcut din mine un copil al lui Dumnezeu“.

Încetați cu toată această problematică nebunească a epocii noastre! Începeți mai degrabă să vedeți realitățile în față. Noi trebuie și putem deveni copii liberi ai lui Dumnezeu! Dumnezeu a îndeplinit toate condițiile pentru ca aceasta să fie cu putință, dîndu-ne pe Isus, care a fost răstignit și a înviat din morți - pentru noi!

Știu că atunci cînd se vorbește despre „Dumnezeu“ oamenii sînt adesea cuprinși de un sentiment neplăcut. De ce oare? Vedeți, noi sîntem în situația fiului pierdut, despre care relatează Biblia. Acesta plecase de acasă, de la Tatăl. Dar departe de casă a devenit foarte nefericit. Ar fi dorit mult să se întoarcă acasă, dar îi era frică și pur și simplu nu îndrăznea. De ce? Pentru că prea multe lucruri se puseseră între el și tatăl lui!

Există astfel mulți oameni care nu se apropie de Dumnezeu pentru că gîndesc în lăuntrul lor: „Sînt prea multe lucruri între Dumnezeu și mine. Noi nu mai avem nimic în comun“. Și au deplină dreptate! Ei se află într-adevăr sub stăpînirea întunericului și de aceea nu pot să aibă nici-o părtășie cu Dumnezeu. Da, dar ce vreți să spuneți cu asta? Dacă Isus vrea să ne salveze de sub puterea întunericului și să ne facă copii ai lui Dumnezeu, atunci vrea și să dea la o parte ce se află între Dumnezeu și noi! Și asta a făcut-o la cruce. Acum putem găsi la El iertarea vinei! Da, cu adevărat: Acest Mîntuitor răstignit dă iertarea păcatelor! Pavel a înțeles aceasta cînd a scris: „Dumnezeu ne-a izbăvit de puterea întunericului și ne-a așezat în Împărăția Preaiubitului Său Fiu“. Prin natură sîntem jucăria diavolului. Isus însă, Fiul lui Dumnezeu, ne salvează prin faptul că ne dă iertare de vinovăția noastră.

Și pentru aceasta Dumnezeu ne lasă timp să-I acceptăm

mîntuirea care este în Isus Cristos!

**4. Despre unul care, nici el, nu avea timp**

Nu, încă nu am terminat. Aş vrea acum să vă povestesc despre un om care nici el n-avea timp. Despre el este vorba în Noul Testament. Era un om mare: guvernator roman. Se numea Felix. Un nume minunat. Felix înseamnă „fericit". El avea o soţie numită Drusilla, şi un prizonier numit Pavel. Într-o zi, avînd timp liber, el spune soţiei sale: „Hai să interogăm puţin pe acest Pavel". Ei se îndreaptă împreună spre sala de judecată şi se instalează acolo cu mare pompă. În dreapta şi-n stînga lor stau legionarii. Apoi este adus întemniţatul. „Spune, Pavele, de ce te afli aici?" îi cere guvernatorul să vorbească. Atunci Pavel începe unul din discursurile lui pline de putere. Aşa aş vrea şi eu să vă pot vorbi. Tonul devine tot mai serios. Deodată, prezenţa Dumnezeului atotputernic se face simţită în sală! Pavel vorbeşte despre dreptatea care ar trebui să o aibă un judecător. Asta merge drept la inima lui Felix. El se gîndeşte la toate cazurile cînd a acceptat mită. Apoi Pavel începe să vorbească despre curăţie. Atunci Drusilla aproape cade de pe scaun. „Omul ăsta din ce epocă o fi picat aici?" gîndeşte ea. Iar cînd Pavel continuă: „Dumnezeu vrea aceasta!", obrajii ei se înroşesc. Pavel vorbeşte atunci despre judecata lui Dumnezeu şi de pierzarea care poate să-i urmeze. În clipa aceea, Felix sare în sus şi strigă: „O clipă, Pavele! E foarte frumos ce-ai spus. E cu siguranţă şi important. Cînd o să mai am timp, o să te mai ascult. Dar acum nu mai am timp!" Şi dă poruncă să fie dus în celulă. Dar el n-a mai avut niciodată timp...

Şi mă tem că dacă nu ne luăm timp să lăsăm pe Dumnezeu să ne vorbească despre dreptate, curăţie şi judecata viitoare, vom păţi ca şi Felix. Ne simţim foarte neplăcut cînd ne aflăm în faţa realităţii lui Dumnezeu, nu-i aşa? Şi ce facem? Ne repezim mai degrabă spre cel mai apropiat cinema sau răsucim butonul televizorului. Rămînem astfel într-o ambianţă care nu ne tulbură. Şi lăsăm lucrurile aşa cum sînt!

Nu e groaznic să trebuiască să spui despre o viaţă: Totul

a rămas cum a fost - pentru totdeauna!? Pe cînd Fiul lui Dumnezeu a venit și ne spune: „Iată, Eu fac toate lucrurile noi! Eu iert trecutul! Eu vă răscumpăr prin moartea mea pentru Împărăția lui Dumnezeu! Eu vă dau Duhul Meu Sfînt ca să deveniți oameni noi!", iar noi spunem: „Ah, nu!" - și rămînem mai departe la cele vechi. Există creștini al căror creștinism a murit demult, dar ei nici măcar n-au observat - și totul rămîne cum a fost. Ah, prieteni, aș vrea ca la voi să fie altfel. Vă doresc ce este mai minunat: să nu lăsați lucrurile așa cum sînt, ci să le faceți noi, prin Isus!

**5. Despre Unul care are timp**

În încheiere vreau să vă spun ceva foarte important: noi vom rămîne oameni chinuiți, hărțuiți, cîtă vreme stăm sub stăpînirea diavolului. Dar cu cunosc pe cineva care are timp pentru voi: Isus, Mîntuitorul, Cel Înviat! Poate că femeile se plîng: „Soțul meu n-are niciodată timp pentru mine". Bărbații se plîng: „Soția mea nu are niciodată timp de mine". Părinții se plîng: „Copiii n-au niciodată timp pentru noi". Copiii se plîng: „Părinții n-au niciodată timp pentru noi". Ascultați: Isus are timp! Isus are timp pentru noi!

Tocmai am descoperit aceasta într-un mod cu totul nou în zilele acestea. Am avut în săptămînile trecute cîteva probleme dificile, pe care nu vi le pot explica acum în chip amănunțit. Dar ni se întîmplă uneori să fim amestecați în anumite conflicte tipice epocii noastre. Eram așa de abătut că soția mi-a spus: „Faci o figură așa de tristă... Dar eu pot să te înțeleg!" Atunci m-am înroșit - înțelegeți - și am fugit în pădure. Acolo, în liniște, am vorbit cu Mîntuitorul meu: „Doamne Isuse, trebuie să-Ti explic toată nevoia mea...". I-am spus totul. Și El Și-a luat timp ca să-I pot explica totul amănunțit. Fără să-mi dau seama trecuseră două ore. Și apoi am deschis Noul meu Testament, și fiecare cuvînt era atunci ca un răspuns al lui Dumnezeu pentru mine personal! Cît de fericit am mers spre casă! Făcusem o descoperire cu totul nouă: Isus are timp pentru mine!

Există o istorie minunată în Noul Testament. Un orb stă pe marginea drumului şi cere de pomană. În mînă are un bol de lemn. Şi cînd vine cineva, întinde bolul şi strigă: „Daţi-mi de pomană!“ Dintr-o dată trece o mulţime de oameni. Orbul se gîndeşte: „Ce-o fi asta? O procesiune sau nişte soldaţi?“ În cele din urmă întreabă: „Ce s-a întîmplat?“ Şi cineva urlă aproape de el: „Trece Isus!“ Atunci în lăuntrul orbului se face lumină. Despre Isus auzise deja, ba chiar credea că Isus este Fiul lui Dumnezeu. De aceea începe să strige: „Isuse, Fiul lui Dumnezeu, ajută-mă! Isuse, Fiul lui Dumnezeu, ai milă de mine!“ Asta îi enervează pe oameni, care îi spun: „Nu striga aşa! Vrem să auzim ce vorbeşte Isus“. Totuşi orbul strigă mai departe: „Isuse, Fiul lui Dumnezeu, ai milă de mine!“ El strigă acum chiar mai tare ca înainte. Atunci oamenii încep să se supere şi ameninţă: „Dacă nu taci, o să te cotonogim!“ O mulţime ameninţătoare este o chestiune periculoasă. Dar orbul nu se lasă impresionat. „Isuse, Fiul lui Dumnezeu, ai milă de mine!“ Dacă el mi s-ar fi adresat mie, probabil că i-aş fi zis: „Ascultă-mă bine! Tu trebuie să înţelegi! Isus e în drum spre Golgota. El vrea să moară pentru lume. Lumea merge spre pierzare din pricina greşelilor ei. Şi Isus vrea să rezolve problema păcatului, încărcîndu-se cu păcatul lumii şi făcînd astfel pace cu Dumnezeu. Apoi El va învia biruind moartea. Tu vezi bine că e vorba de chestiuni la scară mondială. Nu e deci momentul să-L deranjezi“. Dar orbul strigă din toate puterile: „Isuse, Fiul lui Dumnezeu, ai milă de mine!“ Şi atunci vine unul din cele mai frumoase cuvinte din Noul Testament: „Isus S-a oprit“. -„Ah, Doamne Isuse“, aş vrea eu să spun, „dacă aş avea o şedinţă urgentă, nu m-aş lăsa oprit din drum de fiecine!“- „Isus S-a oprit şi a poruncit să-l aducă la El“, se spune în Biblie. Isus, care rezolvă problemele lumii, are timp pentru acest cerşetor orb! Atît de mult contează un om în ochii Lui!

Atîta contezi şi tu în ochii Lui! Crezi că există cineva în lume pentru care să ai tot atîta valoare? Şi pentru aceasta n-ai timp? Cît de bine a reuşit diavolul să te prostească!

Mi s-a povestit odată o istorie de necrezut. Un vapor era

pe punctul să se scufunde. Un steward fugea pe coridoare şi striga: „Toată lumea pe punte! Vaporul se scufundă!“ A trecut şi pe lîngă bucătărie. Bucătarul frigea nepăsător nişte pui. „Trebuie mai întîi să-mi fac datoria!“ a strigat el, în timp ce continua să întoarcă puii de pe o parte pe alta. Şi s-a scufundat împreună cu ei! Omul de azi îmi face aceeaşi impresie: „Isus? Nu mai e de actualitate! Nu mă interesează! Nu am timp!“ Şi astfel lumea aleargă, fără Isus, drept spre iad!

Cred că ar trebui să facem mai întîi ce este mai important. Iar dacă Dumnezeu oferă o salvare, atunci e cel mai important să acceptăm această salvare! Aş vrea ca tu să stai acum în faţa crucii lui Isus şi să poţi spune cu poetul din cîntare: „Cui altuia să mă predau/ O Împărate ce-ai murit pe cruce/ Îţi dăruiesc sîngele şi viaţa/ Chiar inima mi se revarsă/ Ţie îţi jur credinţă la drapelul crucii / Ca luptător şi ca supus“.

# *Atenție, pericol de moarte!*

Ca să ajung aici, am venit pe autostradă. Pe cînd rulam cu viteză mare, mă obseda tema conferinței mele: „Atenție, pericol de moarte!“ Voi știți la fel de bine ca mine că în zilele de azi în general nu se mai moare în pat, bătrîn și sătul de viață, ci mai degrabă într-un accident sau din cauza unui infarct. Odinioară, oamenii trăiau pînă la 90 de ani, apoi se culcau ca să nu se mai scoale. Astăzi nu se mai întîmplă așa. Un avion explodează deasupra oceanului: optzeci de oameni morți. Un autocar se prăbușește într-o rîpă: șaizeci de morți. O explozie într-o fabrică: morți. În minele din ținutul Ruhrului foarte des își pierd oameni viața. Iar în treizeci de ani survin două războaie mondiale. În primul mor două milioane, în celălalt cinci milioane. Sîntem literalmente înconjurați de pericole.

Cînd cuget la aceasta, îmi zic adesea: „Șansele ca să murim liniștit în pat sînt minime“. Să presupunem că ai un accident mortal în seara aceasta la ora 10. S-ar putea întîmpla, nu-i așa? Unde vei fi la ora 11? Ce se va întîmpla cu tine? Te-ai gîndit vreodată la aceasta?

**1. Seriozitatea situației**

Vreau să vă povestesc o istorie drăguță pe care am auzit-o de la bunicul meu, un excelent povestitor. Într-o zi, un tînăr vine la bătrînul lui unchi și-i spune: „Unchiule, felicită-mă! Mi-am luat bacalaureatul!“ „Frumos!“ răspunde unchiul, „uite o bancnotă de douăzeci de mărci ca recompensă, cumpără-ți ceva care să-ți facă plăcere. Și acum spune-mi, ce proiecte ai?“ „Acum“, răspunde băiatul, „acum o să studiez. Vreau să mă fac jurist“. „Frumos“, spune unchiul, „și apoi?“ „Ei, apoi mă gîndesc să fac stagiul la Tribunalul suprem“. „Frumos“, spune unchiul, „și apoi?“ „Ei, apoi o să fiu asesor la o curte de apel“. „Frumos“, spune unchiul, „și apoi?“ „Ei, unchiule, apoi voi căuta o fată potrivită, mă voi însura și voi întemeia o familie“. „Frumos“, spune unchiul, „și apoi?“ „Da, apoi sper să devin un om mare, un președinte de curte de apel sau procuror al Republicii". „Frumos", spune unchiul, „şi apoi?" „Da, unchiule" - tînărul începe să se enerveze - „cred că o să îmbătrînesc şi o să mă pensionez". „Frumos", spune unchiul, „şi apoi?" „Ei, apoi mă retrag într-o regiune frumoasă, îmi fac o căsuţă şi încep să cultiv căpşuni". „Frumos", spune unchiul, „şi apoi?" Nerăbdarea pune stăpînire pe tînăr. „Ei, o să mor odată". „Aşa", spune unchiul, „şi apoi?" Tînărul nu mai rîde. Îl cuprinde spaima. „Da, voi muri - şi apoi..." „Şi apoi???" întreabă unchiul. „Unchiule", răspunde el, „la asta încă nu m-am gîndit niciodată". „Cum", spune unchiul, „ţi-ai luat bacalaureatul şi eşti aşa de prost că nu vezi mai departe decît vîrful nasului? Un om căruia Dumnezeu i-a dat raţiune n-ar trebui să fie mai prevăzător? Ce va fi după aceea?" Atunci tînărul răspunde repede: „Unchiule, ce vine după moarte nu ştie nimeni!" „Te înşcli, băiete", spune unchiul, „există cineva care ştie ce vine după moarte. Acesta e Isus. Şi El a spus: ‚Lată este calea care duce la moarte...' După moarte vine judecata lui Dumnezeu. Şi atunci eşti ori pierdut, ori salvat".

Nu pot să fac altceva decît să te scutur şi să-ţi spun: Nu ajunge să-ţi faci planuri de viaţă pînă la mormînt. Trebuie să te gîndeşti şi la ce vine după aceea!

Ca pastor care mă ocup de tineri se întîmplă adesea să explic băieţilor mei astfel: „Dacă vreau să repar o pereche de pantofi, nu mă adresez unui mecanic auto. Mecanicii auto sînt oameni simpatici, dar la pantofi nu se pricep. Cu pantofii mei mă duc la pantofar. Dar dacă maşina mea are o pană, atunci nu mă duc la pantofar, ci la un mecanic auto. Dacă vreau să cumpăr nişte chifle, atunci nu mă duc la măcelar sau la mezelar. Aceştia sînt oameni drăguţi, dar nu se pricep la coacerea chiflelor. Dacă vreau să cumpăr chifle, mă duc la brutar. Dacă conducta mea de apă are o fisură, mă duc la instalator. Pe scurt, mă duc la specialist! Dar dacă vrem să ştim ce vine după moarte, ascultăm pe X şi pe Y sau ne bazăm pe propriile noastre gînduri tulburi. Ca să găsim răspuns la această importantă întrebare: Ce vine după moarte? n-ar trebui mai mult ca în orice altă problemă să ne adresăm unui specialist?! Cine este specialistul? Există numai un specialist! Şi acesta e Fiul lui Dumnezeu, care a venit din lumea de dincolo şi care a fost El Însuşi în locuinţa morţilor. El a murit pe cruce şi a revenit la viaţă. El Se pricepe perfect. Şi El spune: „Tu poţi să fii pierdut pe veci! Dar poţi să ajungi şi în cer!" Şi chiar dacă douăzeci şi cinci de profesori mi-ar dovedi astăzi că după moarte totul s-a sfîrşit, le-aş spune: „Tot respectul pentru multele dvs. titluri, dar în această problemă nu sînteţi specialişti. Anume, n-aţi fost niciodată dincolo. Dar eu cunosc pe Cineva care a fost dincolo: Isus. Şi El spune cu totul altceva".

În zilele noastre, oamenii se comportă ca şi cum odată cu moartea totul s-ar sfîrşi, sau ca şi cum ar merge automat în cer dacă sînt botezaţi şi îngropaţi de un pastor sau un preot. Iadul va geme într-o zi de oameni care sînt botezaţi şi îngropaţi de un pastor sau de un preot! Aş vrea să înţelegeţi că vă aflaţi într-un serios pericol de moarte! Mai devreme sau mai tîrziu, va trebui să ne înfăţişăm toţi înaintea judecăţii lui Dumnezeu.

Trebuie să vă mărturisesc deschis că din acest motiv mă aflu azi înaintea voastră. Cînd am fost tînăr n-aş fi crezut niciodată că voi urca cîndva la amvon. Eram tînăr ofiţer în primul război mondial. Aveam pierderi foarte mari în regimentul nostru. Eu eram un ofiţer ca toţi ceilalţi, nici mai bun, nici mai rău. Dar dacă mi s-ar fi spus: „Vei predica odată în biserică", atunci i-aş fi rîs în faţă. Trebuie să vă mărturisesc acum că pe vremea aceea eram departe de Dumnezeu. Tatăl meu m-a întrebat odată: „Nu crezi în Dumnezeu?" Atunci i-am răspuns: „Nu sînt aşa de prost ca să neg existenţa lui Dumnezeu. Trebuie într-adevăr o doză imensă de prostie ca să fii ateu. „Dar", am adăugat eu, „Dumnezeu nu S-a găsit pe drumul meu. De aceea nu mă interesează". La scurt timp după această discuţie, era în timpul ofensivei germane în Franţa, stăteam împreună cu un camarad, un tînăr locotenent într-un şanţ la Verdun. Aşteptam ordinul de înaintare. Atunci ne-am pus pe poveşti - toţi cei care au făcut armata ştiu la ce mă refer - istorii obscene. Tocmai terminasem unul din bancurile mele deocheate cînd am observat, spre uimirea mea, că tovarăşul meu nu rîdea. „Ei, Kutscher"- aşa îl chema - „de ce nu rîzi?" Chiar în acea clipă s-a prăvălit într-o parte şi am văzut că era mort. O minusculă schijă de grenadă îl atinsese drept în inimă. Şi iată-mă, la cei optsprezece ani ai mei, în faţa cadavrului camaradului meu şi la început nu sînt deloc impresionat: „Ce nepoliticos ai fost, bătrîne, s-o ştergi aşa înainte să fi terminat eu bancul!" Dar în clipa următoare pune stăpînire pe mine gîndul: „Unde-i acum?" Mă văd încă stînd în acel şanţ în clipa în care, ca o lumină orbitoare, mai strălucitoare ca explozia unei bombe atomice, adevărul mi se limpezeşte: „El stă acum înaintea Dumnezeului celui sfînt!" Iar următoarea constatare a fost: „Dacă în locul lui aş fi fost aşezat eu, atunci eu aş fi fost atins - şi în clipa asta aş sta înaintea lui Dumnezeu!" Nu înaintea lui „Dumnezeu drăguţul", ci înaintea Dumnezeului care Şi-a făcut de cunoscut voia, a dat poruncile Sale pe care le-am încălcat - după cum şi voi toţi le-aţi încălcat! Există oameni ale căror păcate sînt strigătoare la cer şi care totuşi spun: „Fac ce e drept, fără să mă sinchisesc de nimeni". Ce minciună! - În acea clipă am ştiut: „Am încălcat toate poruncile lui Dumnezeu! Şi dac-aş fi atins acum de un glonţ, aş ajunge înaintea lui Dumnezeu!" Şi mi-a fost limpede: „Atunci iadul mă aşteaptă!" Sosirea băieţilor noştri care aduceau caii m-a întrerupt din meditaţie. „Înainte!" Am urcat în şa. În faţa mea se afla prietenul meu mort. Şi, pentru prima oară după ani de zile, mi-am împreunat mîinile şi m-am rugat: „O, Dumnezeule, nu îngădui să mor în luptă înainte de a avea siguranţa că nu voi merge în iad!" Nu e nevoie să vă ascund că puţin mai tîrziu m-am dus la un preot care se ocupa de militari şi l-am întrebat: „Domnule preot, ce să fac ca să nu ajung în iad?" Atunci mi-a răspuns: „Domnule locotenent, mai întîi trebuie să învingem, să învingem, să învingem! „Nici dvs. nu ştiţi!" i-am răspuns. - Oare nu este zguduitor că mii de oameni tineri au murit şi nimeni n-a putut să le spună ce trebuiau să facă ca să fie mîntuiţi? Şi asta în sînul unui popor aşa-zis creştin! - Aş fi ajuns probabil destul de deznădăjduit dacă, într-o bună zi, - nu pot să intru în amănunte - nu mi-ar fi căzut în mînă un Nou Testament. Revăd locul unde mă aflam în acea clipă: o fermă franceză în spatele frontului. „Un Nou Testament! Fără îndoială că în el pot să citesc ce trebuie să fac ca să nu fiu osîndit!" mă gîndeam eu. Dar cum nu mă pricepeam, am început să citesc la întîmplare, cînd de aici, cînd de dincolo. Și iată că privirea mi-a căzut pe această frază: „Isus Cristos a venit în lume ca să mîntuiască pe cei păcătoși". A fost ca o străfulgerare pentru mine. Păcătos, - asta sînt, nu mai aveam nici o nevoie să fiu convins de asta. Nu vrei și tu s-o admiți în sfîrșit, și să mărturisești înaintea lui Dumnezeu și înaintea oamenilor: „Sînt un păcătos!"? Încetează deci să încerci să te îndreptățești! În clipa aceea nu mai aveam nevoie de un pastor. „Sînt păcătos!" Asta era clar. Și vroiam „să fiu mîntuit". Nu știam exact ce însemna aceasta. Dar înțelesesem că „a fi mîntuit, salvat" însemna să ies din starea în care e- ram și să aflu pacea cu Dumnezeu. „Isus Cristos a venit în lume ca să mîntuiască pe cei păcătoși". Dacă Isus putea aceasta,atunci trebuia să găsesc pe Isus! A mai durat încă cîteva săptămîni. Am căutat pe cineva care să mi-L poată arăta pe Isus. Dar nimeni nu m-a putut conduce la El! Atunci am făcut ceea ce aș vrea să faceți toți. M-am închis - ne aflam atunci într-o nouă ofensivă - într-o veche fermă franceză pe jumătate dărîmată și părăsită. Dar o cameră rămăsese neatinsă. În broasca ușii era o cheie. Am intrat înăuntru, am încuiat ușa, am căzut pe genunchi și am spus: „Doamne Isuse! În Biblie scrie că Tu ai venit de la Dumnezeu ca să mîntuiești pe păcătoși. Eu sînt un păcătos. Pentru viitor nu pot să-Ți promit nimic, căci am un caracter rău. Dar nu aș vrea să ajung în iad dacă aș fi omorît de un glonte. De aceea, Doamne Isuse, mă predau Ție în întregime. Fă cu mine ce vrei!" Nu s-a produs nimic special, dar cînd am ieșit afară, știam că am un Stăpîn, Căruia Îi aparțineam.

Și din zi în zi - aveam 18 ani atunci - am înțeles mai bine în ce pericol extraordinar de moarte se află oamenii. Ei trăiesc fără să aibă iertarea păcatelor lor. Voi aveți certitudinea că ale voastre sînt iertate? Dacă nu, ce veți face înaintea judecății lui Dumnezeu? Oamenii trăiesc fără să aibă pacea cu Dumnezeu, fără să se întoarcă la El. Au într-adevăr o spoială de creștinism, dar în lăuntru e o inimă nenorocită, săracă, necredincioasă, fără pace! Auziți: Dumnezeu nu vrea ca noi să ajungem în iad! Dumnezeu nu vrea aceasta! „Dumnezeu voiește ca toți oamenii să fie mîntuiți și să vină la cunoștința adevărului". Și de aceea Îl trimite pe Fiul Său. Dar, prieteni, și noi trebuie să venim la Domnul Isus. Trebuie să-I aparținem. Modul în care creștinătatea tratează pe Dumnezeu și mîntuirea care este în Isus Cristos - atît în Germania cît și în celelalte țări - nu poate să ducă la ceva bun. Asta mă-nfioară. Înțelegeți: ne aflăm în cel mai mare pericol de moarte, căci ne îndreptăm spre judecata lui Dumnezeu!

În grupa mea de tineri aveam odată un băiat foarte drăguț. El venea regulat la studiul biblic. Asta se petrecea în perioada hitleristă. Într-o bună zi, a fost obligat să urmeze cursurile de îndoctrinare nazistă. Începînd cu acea clipă, s-a despărțit de grupă. Multă vreme nu l-am mai văzut. Și iată că într-o zi dau nas în nas cu el. „Bună ziua, Günther" spun eu. „Heil Hitler!" răspunde el. „Günther! Ce mai faci? Nu te-am mai văzut de mult", îi spun. Atunci el explică: „Deviza mea este: Fă ce e bine și nu-ți păsa ce zic alții! Și dacă ar fi ceva în viața mea ce nu e bine și ar exista efectiv un Dumnezeu, voi răspunde ca om cinstit de ceea ce am făcut înaintea Lui. Dar nu am nevoie de un țap ispășitor Isus, care să moară pentru mine!" În duh văd milioane de oameni care îi împărtășesc modul de a vedea lucrurile: „Eu fac ce este drept și sînt drept, și pot să răspund înaintea lui Dumnezeu de viața mea!"

Dragi prieteni, n-aș vrea să mă bazez înaintea lui Dumnezeu pe datoria împlinită pentru că știu că făcînd așa m-aș afla în pericol de moarte, ar fi o condamnare sigură. Și puteți să fiți siguri: într-o zi va trebui să apărem înaintea judecății lui Dumnezeu. Dați-mi voie să vă avertizez. Mă trec căldurile cînd mă gîndesc la felul cum merg oamenii înaintea judecății lui Dumnezeu.

Unele lucrări ale pictorului și sculptorului Ernest Barlach

sînt impresionante. Dar el a scris și o piesă de teatru: „Boll bețivul". Personajul principal este un proprietar funciar care totdeauna se află între două vinuri. Într-o zi, după ce a mîncat și a băut bine, la ceasul cînd soarele e cel mai fierbinte, se duce în piața din centrul orășelului lui. Și iată-l deodată în fața bisericii. Pe ușile ei sînt sculptați patru heruvimi care sună din trîmbițe. Și cum se uită el așa la heruvimi, are deodată impresia că ei încep să capete viață și, prin sunetul trîmbițelor lor, vestesc judecata. „A sosit clipa ca omenirea să vină înaintea judecății lui Dumnezeu!" Barlach scrie literal: „Ieșiți, morți, din morminte! Nu încercați să invocați descompunerea trupurilor voastre! Ieșiți!" Boll bețivul începe să înțeleagă: „Nu pot să scap de Dumnezeu. Într-o zi voi apărea înaintea Lui în toată ticăloșia mea!"

În fond, toți știm că nu vom merge prea departe cu autoîndreptățirea noastră - „Fă ce e bine și nu-ți păsa ce zic alții!" - Judecata lui Dumnezeu se apropie. Toată îndreptățirea noastră se va topi ca zăpada la soare.

Știu bine că în zilele noastre oamenilor nu le place să audă acest mesaj. Cînd afirm: „Dacă nu te întorci la Isus, vei merge în iad!", mi se răspunde zîmbind: „Ce? În iad? Asta-i o noțiune medievală! Nu există iad!" De fiecare dată cînd aud acest gen de replică, mă gîndesc la istoria pe care vreau să v-o spun.

Era în timpul războiului. Vroiam să fac o vizită. Pe drum, survine un atac aerian. Mă grăbesc spre adăpostul cel mai apropiat și aștept pînă trece alarma. Apoi plec mai departe și ajung în colonia unde trebuia să-mi fac vizita. Cele vreo douăzeci de case sînt încă în picioare, dar am impresia că toate sînt părăsite. Nici țipenie. Mă gîndesc: „Trebuie că visez! Casele sînt toate întregi - iar oamenii să fi plecat cu toții?!" Întîlnesc pe șeful apărării antiaeriene din zonă și-l întreb: „De ce au plecat toți oamenii?" El nu spune nimic, mă ia numai de braț, mă duce într-una din case și se apropie de o fereastră. Și atunci pot să văd casele aranjate în jurul unei peluze, iar în mijlocul peluzei se află o bombă uriașă, cît cazanul unei locomotive cu aburi. Spun: „N-a explodat!" „Nu", răspunde el, „este o bombă cu întîrziere!" Acestea erau cele mai rafinate bombe. Ele nu explodau cînd atingeau solul, ci poate cinci sau chiar douăzeci de ore mai tîrziu. „Aici toți au fugit!" continuă el. „Auziți cum ticăie?" Adevărat, se putea chiar auzi ticăitul mecanismului de detonare. Și în fiecare clipă putea să explodeze bomba. „Haideți" spun eu șefului apărării, „aici nu-i comod!" Facem cîțiva pași înapoi, acolo unde sîntem ceva mai adăpostiți în caz că bomba ar exploda. În clipa aceea văd un spectacol comic: sosește un stol de vrăbii care se așează liniștit jos pe bombă. Una din ele stă chiar pe detonator. Strig: „Hei, vrăbiilor, e periculos!" Dar îmi pare că le aud răspunzînd avertismentului meu: „Haha! Știm noi care-i treaba! Cine mai crede în epoca noastră în bombe? Nu e nici cel mai mic pericol!"

Înțelegeți: Oamenii din zilele noastre fac dovadă de atîta inconștiență cînd încep să-și bată joc de pericolul care-i amenință! Dumnezeu ne-a vorbit deja foarte serios în Cuvîntul Său și prin judecățile cu care a lovit poporul nostru. Și Fiul lui Dumnezeu a venit, a fost răstignit și a înviat. Fiecare ar trebui să înțeleagă deci că există un Dumnezeu și că El este sfînt. Vai, cînd se scoală cineva și spune oamenilor: „Atenție! Sînteți în pericol de moarte! Căutați-vă salvarea sufletelor voastre!", atunci oamenii rîd și spun: „Ha, ha! Cine mai crede în balivernele astea?!"

Vedeți: și Biblia poate să fie foarte ironică. Ea nu face decît o singură dată aluzie la ateism, la tăgăduirea lui Dumnezeu, în această frază: „Nebunul spune în inima lui: Nu este Dumnezeu". Așa vorbește Biblia despre ateism. De altfel, după ea, nu mai e nimic altceva de zis.

**2. Salvarea vieții**

Dumnezeu a mai lăsat să treacă peste lume o pedeapsă teribilă. Atunci a fost salvat doar un om cu familia lui. El se numea Noe. Lui îi dăduse Dumnezeu indicații pentru a construi o corabie înainte de a veni judecata. - Cunoașteți povestirea despre potop ? Dacă n-o știți, sînteți un pic încurcați, dar să n-o spuneți nimănui! - Înainte de venirea acelui teribil cataclism, Dumnezeu poruncise lui Noe să intre în corabie cu toată familia lui. Şi după ce au intrat, Dumnezeu a închis uşa după ei.

Vedeţi: lumea se îndreaptă spre judecata dreaptă a lui Dumnezeu. Dar există o corabie a salvării: harul care ne este oferit în Isus Cristos. El vine din lumea lui Dumnezeu în lumea noastră nenorocită. El moare pentru noi la cruce! - Auziţi, chiar dacă nu înţelegeţi tot ce vă spun, doar aceasta să pricepeţi: dacă Dumnezeu a lăsat pe Fiul Său să moară de o moarte atît de grozavă, mîntuirea pe care ne-a dobîndit-o El trebuie să fie suficientă ca să salveze pe cel mai rău dintre păcătoşi. El a înviat din morţi. El ne cheamă la El prin Duhul Sfînt. Isus e corabia mîntuirii. Şi după cum a zis El odinioară lui Noe: „Intră în corabie, tu şi casa ta!“, aşa te roagă azi prin gura mea: Pune-te la adăpostul harului lui Isus Cristos! Fă pasul spre pacea cu Dumnezeu! Rupe-o cu tot ceea ce ar putea să te oprească! Spune Mîntuitorului tău: „Iată un păcătos foarte mare care vine la Tine!“ Pune toate greşelile tale sub crucea Lui! Crede că sîngele Lui a curs şi pentru tine şi spune-I: „Doamne, Îţi dau viaţa mea întreagă!“ Asta înseamnă să intri în corabie.

„Atenţie! Pericol de moarte!“ Cîţi dintre noi merg înaintea judecăţii lui Dumnezeu fără mîntuire, fără protecţie! Totuşi harul lui Dumnezeu e foarte mare! Iar credinţa înseamnă: să faci un pas din judecata lui Dumnezeu în harul lui Isus. Acest pas nu e o joacă de copii. Dar el înseamnă salvare din pericolul de moarte!

Albert Hoffmann, pionierul binecunoscut al lucrării misionare din Noua Guinee, mi-a povestit o istorie pe care n-am uitat-o niciodată. I-am spus: „Frate Hoffmann, am o aşa luptă dură de dat ca să trăiesc ca şi creştin. Nu este o joacă de copil, chiar pentru un pastor, să se supună lui Isus Cristos într-o lume ca a noastră, care slujeşte diavolului şi aleargă spre iad“. „Dă-mi voie să-ţi povestesc ceva“, a început el. „În Noua Guinee aveam obiceiul ca papuaşii, dacă vroiau să devină creştini, participau la un învăţămînt ca să-L cunoască mai bine pe Isus Cristos. Apoi într-o duminică erau botezaţi. Aceasta era totdeauna o mare sărbătoare. Asistau şi mulţi păgîni. Dar în seara din ajun candidații trăiau momentul hotărîtor. Se aprindea un foc mare. Candidații la botez se apropiau cu brațele pline de statuete de idoli, obiecte magice și amulete pe care le foloseau la slujirea zeilor. Apropiindu-se de foc, aruncau aceste semne ale vieții lor trecute în flăcări. Odată am observat o tînără femeie care se apropia de foc, cu brațele încărcate de statuete și amulete. Dar în clipa cînd a vrut să arunce aceste obiecte, nu s-a putut hotărî s-o facă. Cu siguranță că se gîndea: „Asta a făcut parte din viața strămoșilor mei. Tot trecutul meu e legat de lucrurile acestea, și nu mă pot despărți de ele!“ Și a dat înapoi. Dar pe urmă i-a trecut alt gînd prin minte: „În acest caz, nu pot să aparțin lui Isus“. A făcut iarăși trei pași înainte, dar după o clipă, simțindu-se absolut incapabilă să se despartă de lucruri, a dat încă o dată înapoi. Atunci m-am dus la ea“, relata misionarul, „și i-am zis: Îți cade prea greu. E preferabil să te mai gîndești puțin. Vei putea să te prezinți la viitorul botez! Atunci tînăra femeie s-a gîndit o clipă, apoi a făcut trei pași înainte, a aruncat lucrurile în foc și și-a pierdut cunoștința“. Și nu uit cum misionarul Hoffmann, acest bărbat din Siegerland cu fața ca sculptată în lemn, mi-a spus în încheiere: „Cred că numai cel care a trăit o convertire adevărată poate înțelege prin ce a trecut această femeie“.

Prieteni, este doar un pas pînă la corabie: să scăpați de pericolul de moarte aruncîndu-vă în brațele lui Isus! Însă acest pas nu e o joacă de copil. El înseamnă o rupere totală de trecut. Dar, auziți, nu puteți scăpa mai ieftin!

Am fost deajuns de limpede? Sînt tulburat mereu cînd văd cîți oameni aleargă spre pierzarea lor veșnică, în ciuda avertismentelor pe care le-au primit! Dumnezeu nu vrea asta! Dumnezeu vrea ca tu să fii mîntuit! De aceea L-a trimis pe Fiul Său. De aceea a plătit Acesta pentru vina ta. Acum, nu-ți mai rămîne decît să-ți recunoști vinovăția și să accepți, prin credință, lucrarea de mîntuire pe care a făcut-o Isus pentru tine!

Cînd am fost din nou convocat la Gestapo pe vremea celui de al treilea Reich, a trebuit să aștept într-o cameră în care se aflau dulapuri pline cu dosare cu acte. Din fiecare dosar ieșea o „limbă“ de carton pe care se afla un nume: „Meier, Karl“ sau „Schulze, Friedrich“. În timpul acestei așteptări interminabile între dulapurile cu acte, am mulțumit lui Dumnezeu că nu trebuie să-mi petrec viața între aceste dosare. Și cum mă plictiseam, am început să citesc numele: „Meier, Karl“, „Schulze, Friedrich“. Dintr-odată citesc: „Busch, Wilhelm“. Era deci un dosar cu numele meu! Ca prin minune dulapurile cu acte nu-mi mai păreau deloc plictisitoare. Acolo, pe o etajeră, era dosarul meu! Ardeam de dorința de a-l scoate din dulap și de a vedea ce au putut să scrie oamenii aceia despre mine. Dar n-am îndrăznit să risc. Însă stăteam acolo tremurînd și zicînd: „Dosarul meu!“

Vedeți: Așa a fost pentru mine și crucea lui Isus. Au fost vremuri în viața mea cînd nimic nu mă plictisea mai mult ca creștinismul, orice fleac era pentru mine mai interesant - pînă în ceasul în care am văzut pentru prima oară crucea lui Isus așa cum era ea de-adevărat. „Aici e vorba de dosarul meu! De vinovăția și salvarea mea e vorba!“ De atunci crucea lui Isus a devenit cel mai interesant lucru pentru mine. O, priviți-L pe Omul cu cununa de spini! El este marele Salvator de vieți! Acolo la cruce se face salvarea ta și a mea! Asta te privește în mod direct chiar dacă încă nu o știi. Ah, vorbesc prea tare, o știu, ar trebui să vorbesc mai încet, dar n-aș vrea ca acest mesaj să te lase rece!

### 3. De la moarte la viață

„Atenție! Pericol de moarte!“ Aș vrea să vă mai arăt o fațetă a acestui cuvînt. Pe cînd meditam la subiectul meu: „Atenție! Pericol de moarte! Stop! Omule, întoarce-te! Caută pe Mîntuitorul tău!“, atunci mi-a venit dintr-odată un gînd: „În pericol de moarte se poate afla doar unul care trăiește!“ Dacă un autocar s-a prăbușit într-o prăpastie, iar toți călătorii sînt morți, ei nu mai sînt în pericol de moarte. Înțelegeți? Vă aflați în pericolul de a nu ajunge niciodată la viață, de a trece ca morți prin lume și în cele din urmă să fiți lepădați ca niște morți! Mă exprim destul de clar? Pericolul care vă pîndește este ca să lăsați de fapt să treacă viața pe lîngă voi, s-o pierdeți. Biblia spune foarte clar: „Cine are pe Fiul lui Dumnezeu, are viața. Cine nu are pe Fiul lui Dumnezeu, nu are viața!"

Am întîlnit recent o domnișoară din Berlin, o profesoară de limbi străine. „Iertați-mă" îi spun, „un pastor are poate dreptul să fie o dată nepoliticos. Spuneți-mi, ce vîrstă aveți?" În general nu se face să întrebi o domnișoară ce vîrstă are, dar un pastor în vîrstă poate să și-o permită o dată. Atunci ea răspunde fără șovăire: „Opt ani!" „O clipă!" am făcut eu surprins. „Predați trei limbi străine și nu aveți decît opt ani?" Atunci rîde și explică: „Acum opt ani L-am găsit pe Isus. De atunci am început să trăiesc. Înainte eram moartă". Mă minunez. „Ați exprimat-o într-un mod amuzant!" Și atunci ea mi-a spus aceste cuvinte: „Cine are pe Fiul lui Dumnezeu, are viața. Cine n-are pe Fiul lui Dumnezeu, n-are viața". Și a continuat: „Vedeți, înainte n-aveam Mîntuitor, nu trăiam cu adevărat. Am cîștigat doar bani și m-am distrat, dar aceasta nu era viață!"

Nu era aceasta o afirmație curajoasă ? Efectiv, cine nu se predă lui Isus printr-un act voluntar nu poate să spună că trăiește. Da, fără Isus nu știm nici chiar ce e viața. Numai cine are pe Fiul lui Dumnezeu are viața!

Acum mai mulți ani a venit un tînăr să mă vadă. L-am întrebat: „Ce dorești?" „Nici eu nu știu", a răspuns el. „Dar una știu: că ce trăiesc acum nu e viață!" Mirat, îl întreb: „Cum așa? Ai un post bun de lăcătuș și cîștigi bine!" „Asta nu-i viață!" a răspuns el. „Asta nu-i viață! Luni lăcătuș, marți lăcătuș, miercuri lăcătuș, joi lăcătuș, vineri lăcătuș, sîmbătă fotbal și duminică cinema și fete. Asta nu-i viață!" „Prietene", i-am zis, „ai dreptate. Ai ajuns deja departe ca să înțelegi că asta nu-i viață. Vreau să-ți spun ce înseamnă să trăiești! În viața mea a avut loc o cotitură extraordinară. În clipa aceea m-a găsit Isus, care a murit și a înviat pentru mine. El a devenit Mîntuitorul și Cel ce m-a împăcat cu Dumnezeu. Cînd am priceput aceasta, I-am dat inima mea. Și închipuie-ți: De atunci am viața!" Și acest tînăr a sfîrșit prin a o găsi. Recent l-am întîlnit în Freiburg. „Ei", l-am întrebat, „cum e ? Ai acum impresia că trăiești?" Atunci a răspuns cu fața radiind: „Da, acum trăiesc!" El este într-adevăr un creștin foarte viu, conduce un grup de tineri și aduce pe alții la Cristos, în care a aflat viața.

Înțlegeți? Sînteți în pericol de moarte, riscați să vă pierdeți viața, să auziți de creștinism, dar să nu-L găsiți niciodată pe Mîntuitorul!

Am un prieten care e comerciant. Recent a fost invitat de un fabricant la o petrecere. Acesta avea o vilă frumoasă într-un parc minunat. Erau prezenți cam o sută de oaspeți. În toiul petrecerii, prietenul meu a întîlnit gazda și i-a spus: „Dragul meu, ce bine îți merge! Trăiești regește: ai o proprietate frumoasă, o uzină importantă, o soție fermecătoare și copii încîntători!" Atunci omul a răspuns: „Da, ai dreptate: îmi merge bine". Apoi a devenit brusc serios și a spus: „Dar nu mă întreba cum merge aici înăuntru!" Și a arătat cu degetul spre inimă.

Cînd merg pe stradă, mi se întîmplă adesea să gîndesc: „Dacă oamenii ar fi sinceri, s-ar opri toți și ar striga: Nu mă întrebați cum merge aici, în inima mea!" Ei nu au pace. Conștiința îi acuză. Ei se simt vinovați.

Și vedeți, există numai Unul care poate să ne vindece. Gîndiți-vă, Dumnezeu ne vede mizeria! Prin noi înșine nu putem merge spre El. Dar Dumnezeu în marea Lui dragoste a venit la noi în Isus. Iată cel mai extraordinar mesaj pe care vi-l vestesc: „Fiindcă atît de mult a iubit Dumnezeu lumea...". Eu nu aș fi iubit-o, eu aș fi zdrobit-o cu lovituri de șină de cale ferată, pe această lume plină de murdărie, de răutate și de prostie. Dar Dumnezeu a iubit-o. Asta trece peste puterea noastră de pricepere. „Fiindcă atît de mult a iubit Dumnezeu lumea, încît a dat pe singurul Său Fiu, pentru ca oricine crede în El să nu piară, ci să aibă viață veșnică". Spuneți-mi, ce nu va face Dumnezeu pentru voi, dacă L-a lăsat pe Fiul să moară, ca voi să aveți viață?!

Aș vrea să închei cu o istorie frumoasă. Într-o seară, după predică, un tînăr s-a apropiat de Charles Haddon Spurgeon, marele predicator englez, și i-a zis: „Domnule pastor, aveți dreptate, trebuie să-L găsesc și eu pe Omul de pe Golgota și să devin un copil al lui Dumnezeu. Într-o zi o să mă convertesc". „Într-o zi?" a întrebat Spurgeon. „Da, mai tîrziu". „Mai tîrziu? De ce nu azi?"Atunci tînărul explică oarecum încurcat: „Aș vrea într-adevăr să fiu mîntuit și, din pricina aceasta cred că într-o zi mă voi întoarce la Isus, dar mai înainte aș vrea să profit un pic de viață". Spurgeon a izbucnit în rîs și a spus: „Tinere, îți lipsește ambiția. Că vrei să ai *un pic* din viață, mi se pare prea puțin. Eu nu vreau *un pic* din viață, ci *viața*. Iar în Biblie scrie (și i-a arătat pasajul): ‚Isus spune: Am venit să aveți *viața*, și s-o aveți din belșug,'".

Vedeți, cînd o asemenea conferință este pe sfîrșite, am un sentiment penibil, căci îmi zic: „Poate că nu te-ai exprimat destul de clar!" De aceea aș vrea să mai repet încă o dată pe scurt: Dumnezeu L-a lăsat pe Isus să moară pe cruce pentru noi, păcătoși pierduți și blestemați pentru ca - aici și acum - să avem viață. Cînd mă trezesc dimineața, atunci pot să cînt de bucurie că am devenit copilul lui Dumnezeu, căci în El am viața. Auziți, Isus a venit ca noi să avem viață încă de aici, să fim feriți pe veci de judecata lui Dumnezeu și să primim viața veșnică.

Cînd știi acest lucru, poți să-ți urmezi drumul plin de bucurie.

Dați-mi voie să folosesc o ultimă ilustrație: Era într-o seară de noiembrie. Cădea un amestec de ploaie și lapoviță. Vîntul sufla. Era frig. Pe drum au trecut doi oameni. Primul mergea fără palton, cu gulerul hainei ridicat. Îi era indiferent că e ud tot. Nu părea să-i pese unde merge, căci nu avea un cămin, o patrie! Așa umblă cei mai mulți oameni din lume. Ei nu au o țintă. Dar voi cum mergeți? Este trist să nu ai o țintă, un scop. Filozoful ateu Nietzsche a spus odată într-o poezie: „Corbii zboară croncănind/ Trecînd șir peste oraș/ Vedea-vom iar fulguind/ Vai de cel fără locaș!" Nici voi n-aveți un locaș veșnic? Pe drum apare un al doilea drumeț. El trebuie să facă față aceleiași furtuni, aceluiași noroi, aceleiași ploi, aceleiași zăpezi. Dar el fluieră un cîntecel și merge cu pas vioi. De ce? Pentru că în depărtare vede luminile casei lui. Acolo e căminul lui! Curînd va fi la căldură! Nici nu-i pasă de greutățile drumului. Așa merg prin lume cei care aparțin lui Isus și au în El viața: acum și în veci!

Dumnezeu a zis lui Noe: „Intră în corabie!“ La fel, te rog și eu: Caută un colț liniștit. Isus este acolo prezent. Poți să vorbești cu El. Descarcă-ți toată inima. Cineva m-a întrebat: „Se poate avea o discuție cu dvs.?“ I-am răspuns: „Pentru ce? Oamenii nu trebuie să vorbească cu mine, ci direct cu Isus!“ Fă-o și tu!

# *Ce trebuie să facem?*

Prieteni, primesc o mulțime de scrisori cu tot felul de întrebări. Într-o scrisoare se punea de curînd următoarea întrebare: „În predici vestiți propriile dvs. convingeri sau numai doctrina bisericii dvs.?“ Atunci i-am răspuns: „E învățătura Bibliei!“ Și vedeți, m-am gîndit apoi: „Cîtă vreme nu ascultați decît părerea pastorului Busch, veți fi înșelați și frustrați. Căci ea nu vă poate fi de mare folos. Voi trebuie să auziți vocea lui Isus! Isus S-a numit pe Sine Păstorul cel Bun. Și voi trebuie să auziți glasul acestui „Păstor Bun“. În slăbiciunea mea pot să contribui doar puțin, pentru ca glasul „Bunului Păstor“ al sufletului nostru să fie auzit.

Iar dacă vorbim acum despre tema „Ce trebuie să facem?“, atunci e foarte important ca Domnul Isus să vă dea răspunsul, iar voi să auziți glasul de Păstor al lui Isus.

**1. Puneți capăt necredinței voastre**

În lungii ani ai lucrării mele în marile orașe am auzit atîtea obiecții la mesajul biblic, am întîlnit atîta necredință, încît aș vrea în primul rînd să vă rog - căci e vorba de salvarea sufletelor voastre - să puneți capăt atitudinii voastre de necredință.

În timpul războiului, pe lîngă munca mea de pastor al tinerilor, am servit cîtăva vreme ca duhovnic într-un mare spital. Într-o zi tocmai am vrut să bat la ușa camerei unui bolnav cînd am văzut o tînără soră alergînd pe culoar spre mine și spunîndu-mi de abia suflînd: „Vă rog, nu intrați în camera aceasta, domnule pastor!“ „Dar de ce?“ am întrebat eu. „Domnul a interzis categoric intrarea oricărui pastor! Cu siguranță că nu dorește venirea dvs.! O să vă dea afară!“ Și a arătat cu degetul plăcuța cu numele bolnavului de pe ușă, iar eu am citit numele unui cunoscut om de afaceri, pe care-l știam din auzite. „Soră“, „te asigur că am o răbdare vrednică de pus la încercare“ și am ciocănit la ușă. „Intră!“ a zis o voce groasă de bărbat. Am intrat în cameră. În pat era un domn în vîrstă cu păr cărunt. „Bună ziua!“ am spus eu. „Sînt pastorul Busch!“ „O“, a răspuns el, „am auzit multe despre dvs. Vă dau voie să-mi faceţi o mică vizită!“ „Foarte drăguţ din partea dvs.!“ am exclamat eu bucuros. Şi atunci el a continuat: „Dar cu creştinismul dvs. lăsaţi-mă vă rog în pace!“ „Ce păcat!“ i-am răspuns rîzînd, „tocmai despre aceasta voiam să vă vorbesc!“ „Exclus“ a replicat el cu gest şi glas. „Nici nu încape în discuţie. Am terminat-o cu religia. Cînd am fost copil, am fost silit să învăţ psalmii pe de rost, iar dacă nu-i ştiam, căpătam bătaie. Ca adult, mi-am construit apoi propria mea filozofie, în care pilonii sînt Darwin, Haeckel şi Nietzsche!“ Atunci „am văzut roşu“, căci din nefericire îmi ies cam uşor din fire şi mi-am dat drumul: „Ascultaţi-mă bine, dragă domnule! Cînd un băiat de şaisprezece ani, în plină adolescenţă, îmi spune că a făcut din Nietzsche profetul lui, zîmbesc şi-i zic: Ei, e numai un fenomen de tranziţie. Vei sfîrşi prin a descoperi că nici filozofi moderni nu mai cred în profeţii cei vechi, care le-au slujit de model. Dar cînd un om bătrîn ca dvs. aflat deja cu un picior în veşnicie îmi spune asemenea lucruri, este înspăimîntător! Sînteţi foarte grav bolnav. Cînd veţi sta înaintea lui Dumnezeu, o să-I debitaţi prostiile astea? Vă rog!“ S-a uitat mirat la mine. Hotărît lucru, nu era obişnuit să i se vorbească pe un asemenea ton! Dar atunci mi-a trecut brusc un gînd prin minte: „Încetişor! Aici la spital nu ai dreptul să explodezi aşa. Aici trebuie să ai o aparenţă calmă şi fină!“ Şi atunci mă cuprinde o mare milă pentru acest biet om. Îmi schimb tonul şi încep, în ciuda refuzului lui iniţial, să-i vorbesc despre Isus care vrea să fie şi pentru el un Bun Păstor. El a suspinat adînc: „Da, ar fi frumos! Dar ce să fac atunci cu filozofia mea!? Să arunc atunci peste bord tot ceea ce am crezut o viaţă întreagă?“ „Bineînţeles“, am strigat eu bucuros. „Dragă domnule! Aruncaţi peste bord tot ce nu vă slujeşte la nimic în faţa veşniciei! Aruncaţi totul peste bord, mai degrabă azi decît mîine! Cu o necredinţă cusută cu aţă albă ca a dvs nu se poate nici trăi, nici muri în pace. Pe urmă aruncaţi-vă în braţele deschise ale Fiului lui Dumnezeu care a murit ca să ne răscumpere. El vrea să devină şi Salvatorul dvs.“.

Atunci a intrat sora. S-a mirat cînd ne-a văzut discutînd așa de familiar. Apoi mi-a făcut semn. Am înțeles. Era timpul să plec. Am strîns cu putere mîna bătrînului domn și am părăsit în tăcere camera. Nu știu dacă a făcut ce i-am zis. Căci în noaptea aceea a murit!

Vedeți, atunci am constatat cu groază că chiar niște oameni cultivați se lasă duși de nas de unii ca Darwin, Haeckel și Nietzsche, și pierd salvarea veșnică prin necredința bazată pe argumente false. De aceea aș vrea să vă rog înainte de orice să aruncați peste bord toate aceste raționamente superficiale pe care le aduce necredința voastră. Ea nu valorează nici cît un bănuț. Biblia spune: „Este un singur Dumnezeu și un singur Mijlocitor între Dumnezeu și om, și anume Isus Cristos".

Ședeam într-o zi în fața unui bărbat - un tip solid, cît un dulap, pe care l-am numit în sinea mea domnul Ringelmann (omul cercurilor), din pricina motivului cu spirale de pe pulovărul lui. Bineînțeles, el se numea cu totul altfel. Soția îi murise într-un bombardament, și cei doi fii ai lui căzuseră pe front. Un biet nenorocit. Venisem să-i fac o vizită. De abia am luat loc că a și început să arunce în mine cu invective: „Domnule pastor, lăsați-mă în pace cu creștinismul dvs.! Am văzut destule în viață și acum nu mai cred în nimic! Am trecut prin prea multe! Mie poate să-mi spună cineva ce vrea, că eu nu mai cred în nimic!" Atunci am izbucnit în rîs și i-am spus: „Imposibil! Spuneți-mi, d-le Ringelmann - de fapt se numea altcumva - „călătoriți din cînd în cînd cu trenul, nu-i așa?" „Da". „De fiecare dată probabil că mergeți la mecanic ca să vă arate permisul de conducere!" „Nu, nu!" a spus el. „Te poți încrede în Căile Ferate că ei au grijă ca mecanicii lor..." „Cum?!" am făcut eu mirat. „Atunci vă urcați în tren fără să verificați mai întîi că omul care-l conduce e apt s-o facă?! Vă încredințați viața acestui om - fără garanție?! Ei, auziți! asta numesc eu credință, d-le Ringelmann, să-mi încredințez cuiva viața! De acum să nu mai spuneți niciodată: Nu cred în nimic!, ci spuneți: Nu cred în nimic, în afară de Căile Ferate... Am întrebat mai departe: „D-le Ringelmann, mergeți din cînd în cînd la farmacie?" „Da", a spus el, „mereu am dureri de cap. Îmi cumpăr cașete contra migrenei". „Dar" am spus eu, „d-le Ringelmann, poate că din greșeală farmacistul a pus otravă. Fără îndoială că îl puneți mai întîi să facă analiza!" „Nu", a răspuns el, „d-le pastor. Un farmacist cu diplomă își cunoaște meseria, nu mă înșeală el pe mine!" „Cum?!" am făcut eu mirat. „Înghițiți cașeta fără să o fi analizat? Vă încredințați farmacistului viața? Vă luați doctoria așa, pe încredere? Asta numesc eu credință! Dragă d-le Ringelmann, să nu mai spuneți niciodată că nu credeți în nimic, ci că nu credeți în nimic în afară de Căile Ferate și de farmacist!" Și am continuat tot așa, vă dați seama. Tot mai mult a ieșit la iveală. La sfîrșit, i-am povestit ceva din propria mea experiență: „Într-o bună zi, am găsit pe drumul meu pe Cel pe care Dumnezeu mi L-a trimis, care a înviat din morți, care are în palme semnul cuielor ce dovedesc că m-a iubit pînă la moarte. Nimeni din lumea aceasta nu a făcut așa mult pentru mine ca Isus! Nimeni nu e așa vrednic de încredere ca Isus! Credeți că Isus a mințit vreodată?" „Nu!" „Nu pot să spun acest lucru despre nimeni altcineva, numai despre Isus! Și cînd am înțeles aceasta, mi-am zis: Atunci vreau să-mi încredințez viața lui Isus!" Și el a întrebat atunci: „Este așa de simplu?" Și am răspuns: „Așa de simplu este, d-le Ringelmann. Așa de simplu! Dvs. vă puneți încrederea în toate persoanele posibile, numai în Acela care e într-adevăr vrednic de încredere, nu! Aruncați peste bord toate argumentele șubrede ale necredinței dvs. și predați-vă viața Domnului Isus!"

Am spus odată la o sută de tineri: „Dau un premiu de un milion de mărci celui care-mi va găsi o singură persoană care să regrete că L-a primit pe Isus Cristos în viața lui!" Bineînțeles că nu aveam acel milion, dar puteam foarte liniștit să fac pariul, căci un asemenea om nu există. Am cunoscut dimpotrivă o mulțime de oameni care au regretat că n-au făcut-o!

De aceea: pune capăt necredinței tale! Crede în Cel care a făcut totul pentru tine! Este o chestiune între El și tine. Retrage-te într-un colț liniștit și spune-I: „Doamne Isuse, începînd de astăzi vreau să-Ti aparţin!"

**2. Puneţi capăt îngîmfării voastre**

Biblia spune: „O, adevărat şi cu totul vrednic de primit este cuvîntul care zice: Cristos Isus a venit în lume ca să mîntuiască pe cei păcătoşi". Mulţi oameni cînd aud aceste cuvinte sar în sus şi zic: „Dar eu nu sînt păcătos; eu n-am comis nici o crimă!". Acelora le răspund acum: „Aceasta este o minciună! Aceasta trebuie s-o afirmaţi cîndva, cînd veţi sta înaintea lui Dumnezeu: ‚Eu nu sînt păcătos! Eu am păzit poruncile Tale!'? O să puteţi spune aşa ceva? Haideţi, puneţi capăt acestei atitudini de făţărnicie care-şi închipuie că totul e în regulă! Nimic nu e în regulă, absolut nimic!"

Acum mulţi ani am avut o discuţie cu un tînăr de douăzeci de ani, pe care n-am uitat-o niciodată. L-am întîlnit într-o zi şi i-am spus: „Dragul meu Heinz, nu te mai văd la studiile noastre biblice şi la orele de tineret!" Atunci a răspuns: „Da, ştiţi, domnule pastor, între timp am meditat la problemă. Dvs. vorbiţi fără încetare despre Isus care a murit pentru cei păcătoşi. Dar eu nu am nevoie de un ţap ispăşitor care să se încarce cu păcatele mele. Dacă am greşit ceva şi dacă există un Dumnezeu, voi răspunde eu însumi înaintea Lui! Dar mi se pare ridicol ca să am nevoie de un Mîntuitor, care să fi murit pentru mine!" I-am răspuns: „Bine, dragul meu! Tu vrei să apelezi la dreptate cînd te vei înfăţişa înaintea Dumnezeului sfînt. Este dreptul tău. Tu poţi să-L respingi pe Isus şi să spui: ‚Eu mă bizui pe dreptate înaintea lui Dumnezeu!' Dar, dragul meu, să-ţi fie clar: În Franţa se judecă după legea franceză, în Anglia după cea engleză şi înaintea lui Dumnezeu după Legea Lui! Dragul meu Heinz, îţi doresc să nu fi călcat nici o singură poruncă a lui Dumnezeu, altminteri eşti pierdut! La revedere!" „O clipă!" a spus el. „Dumnezeu n-o să fie aşa de chiţibuşar!" „Ha!" am răspuns eu. „Cum îţi imaginezi tu pe Dumnezeul cel sfînt? Să presupunem că după ce am trăit cincizeci de ani în mod cinstit, fur ceva timp de trei minute. Lucrul iese la iveală, şi eu ajung în faţa tribunalului.

Acolo stau înaintea judecătorului și îi explic: ‚Domnule judecător, nu fiți așa de chițibușar! Trei minute de furt sînt compensate prea bine de cincizeci de ani de cinste! Cine ar putea să mă acuze pentru atît de puțin?!' Știi ce se va întîmpla? Judecătorul îmi va răspunde: ‚O clipă! Eu nu vorbesc de cei cincizeci de ani cinstiți, ci de cele trei minute în care ați furat! Legea vă acuză pentru acest delict!' Iar dacă un judecător pămîntesc face așa, nu va face cu atît mai mult Dumnezeu?"

Nu crezi că Dumnezeu te cheamă la judecată? Nu crezi că ai nevoie de iertarea păcatelor? Nu crezi că ești un păcătos? Ah, pune capăt îngîmfării, fățărniciei tale și caută-L pe Domnul care a murit pe cruce pentru păcatele tale și a plătit în locul tău, primește-L, mărturisește-I vina și spune: „Doamne, mă arunc acum cu toată murdăria mea la picioarele Tale! Aș vrea să am harul Tău și spală-mă Te rog cu sîngele Tău!"

### 3. Faceți pasul hotărîtor

O altă istorioară vă va face să înțelegeți mai clar ce vreau să spun.

Era la începutul perioadei naziste, cînd a trebuit să am de a face cu un înalt demnitar, tablagiu, nazist. Tablagiu, așa numeau oamenii tineri pe cei mari ai imperiului nazist care purtau pe hainele lor tablă din argint și aur - ca păunii. M-am dus cu teamă și cutremur înaintea lui, căci pastorii nu erau bine văzuți de regim. Spre marea mea mirare, în loc să mă dea afară, acest om m-a ascultat chiar prietenos. Cînd am terminat, i-am spus: „Auziți! Rar mi s-a întîmplat ca vreunul din colegii dvs. să se poarte cu atîta bunăvoință cu mine. Aș vrea să vă mulțumesc! Și pentru că ați fost așa de drăguț cu mine, aș vrea să vă fac un cadou mare și să vă las mesajul care mi-a fost încredințat: ‚Fiindcă atît de mult a iubit Dumnezeu lumea, încît a dat pe singurul Său Fiu, pentru ca oricine crede în El să nu piară, ci să aibă viață veșnică'". Atunci m-a privit o clipă și a răspuns: „Nu e nevoie să spuneți mai mult. Părinții mei sînt credincioși și m-au învățat aceste lucruri din copilărie. Dar...". A pus o coală mare de hîrtie albă pe masă, a luat un creion, a tras o linie pe mijlocul coalei şi a spus: „Vedeţi, domnule pastor, eu ştiu toate acestea. Dar ca să le am, trebuie să fac un pas peste aşa o graniţă, trebuie să trec o linie ca aceea pe care am tras-o pe hîrtie. Sînt foarte aproape“ - şi mi-a arătat cu degetul un loc lîngă linie - „aici la graniţă“. „Dar ar trebui să fac pasul hotărîtor peste graniţă“. Apoi a adăugat puţin jenat: „Dar poziţia mea socială nu-mi permite asta!“ Am plecat întristat. Acest om a murit de multă vreme. Poziţia lui socială nu-l va salva în veşnicie! Dar el a înţeles că, pentru a intra în Împărăţia lui Dumnezeu, trebuie să facă pasul hotărîtor şi să treacă linia.

Tu ai curaj pentru aceasta? O, se merită! Isus te aşteaptă cu braţele deschise! Fă pasul hotărîtor peste linie - în braţele deschise ale lui Isus!

**4. Renunţaţi la orice păcat conştient!**

Cunosc un om care-şi înşeală soţia. L-am contactat într-o zi şi i-am spus: „Trăiţi în adulter. O faceţi nefericită pe soţia dvs. O să ajungeţi în iad!“ Atunci a răspuns: „Ce spuneţi este absurd. Vreau să vă explic cazul meu. Soţia mea nu mă înţelege...“ Apoi mi-a povestit o istorie lungă. Totuşi, în adîncul inimii lui ştia că păcătuieşte. Sînt oameni care trăiesc în ceartă şi care spun: „Celălalt a început!“ Oricare ar fi conflictul, totdeauna e vina celuilalt. Nimeni n-a început cearta, nu-i aşa? Totdeauna este celălalt de vină. Dar aş vrea să vă spun că în ochii lui Dumnezeu cearta este la fel de gravă ca şi crima! De ce să nu-i pui capăt? Îmi vei zice fără îndoială: „Ce să fac?“ Ei bine, o să-ţi spun: „Rupe-o cu orice păcat conştient!“ Dacă ai vrea să te opreşti doar o clipă ca să-ţi pui întrebarea: „Ce nu este în ordine în viaţa mea? La ce ar trebui de fapt să pun capăt?“ În lăuntrul tău o ştii foarte bine. Crezi că Isus îţi dă harul Lui, dacă vrei să păcătuieşti mai departe în mod conştient? În Biblie se spune: ‚Întoarceţi-vă!‘. Fiul risipitor şi-a lăsat în urmă vechea lui viaţă. Tu poţi să vii la Isus aşa cum eşti: împovărat şi necredincios. Dar pe urmă trebuie să termini cu lucrurile care te duc la pierzare şi despre care ştii foarte bine că sînt păcate!

În multele scrisori pe care le primesc zilnic, se întîmplă adesea că oamenii se supără și zic: „Ce spuneți e prea dur! Cutare sau cutare lucru nu e păcat!“ Și înșiră apoi lucruri despre care nu am vorbit. Simt atunci în ce măsură se revoltă conștiința noastră împotriva domniei lui Isus Cristos asupra vieții noastre. Auzi, Tu nu vei putea ajunge la o credință vie și nici să o trăiești, dacă nu ai curajul să-ți lași viața în mîinile lui Isus pentru a o sfîrși odată pentru totdeauna cu tot ceea ce trebuie să dispară. Renunță, te rog, la orice păcat conștient!

## 5. Vorbiți cu Dumnezeu

Știți să vă rugați? Poate știți să spuneți pe de rost o formulă, dar să vă rugați? Să știți că unii au o asemenea idee despre rugăciune încît mi s-ar ridica părul în cap dacă l-aș mai avea. Recent am fost în vizită într-o casă și mama din casă mi-a zis: „Și noi sîntem buni creștini. Vino încoace, Clara!“ Cînd fetița ei de patru ani s-a apropiat, ea i-a spus: „Tu poți să reciți o rugăciune deja așa de frumos, arată pastorului cum știi tu să te rogi!“ Și atunci copilul a început. Eu am întrerupt-o rapid: „Oprește-te. Nu trebuie să arăți pastorului cum știi tu să te rogi. Te rog să n-o faci.“ Asta nu-i rugăciune. A te ruga înseamnă a vorbi cu Dumnezeul cel viu, care este prezent în Isus, să-ți verși inima în fața Lui. V-ați rugat așa pînă acum vreodată ?

Un om pe nume Robinson, un episcop englez, a scris o carte înspăimîntătoare numită „Dumnezeu e altfel“. În ea se spune că omul modern de fapt nu mai știe să se roage. În acest punct sînt de acord cu el. Însă aceasta nu vorbește împotriva rugăciunii, ci împotriva omului modern! Nu credeți așa și voi? De fapt episcopul Robinson vrea acum să revizuiască întregul creștinism, pentru că omul modern nu mai știe să se roage. Aș spune mai degrabă că omul modern ar trebui mai bine să învețe iarăși să se roage!

Riscă odată să te rogi! Fie că spui numai: „Doamne, ajută-mă să Te găsesc!“ sau „Doamne, mîntuiește-mă și pe mine!“ sau „Doamne, condu-mă spre adevărata credință!“ sau „Doamne, iartă-mi păcatele!“, dar începe odată! Nu se pot face de îndată rugăciuni frumoase, ca cele pe care le fac pastorii - cînd citesc dintr-o carte. Dar nu e necesar să se facă rugăciuni frumoase, condiția este adresarea către Dumnezeul cel viu dintr-o inimă sinceră. Trebuie doar să începeți, restul va veni de la sine.

Știți că credința este o legătură intimă între Dumnezeu și mine. În acest caz, dialogul este indispensabil, nu-i așa? Eu Îi vorbesc, și El îmi vorbește. Cu asta am ajuns la punctul următor:

**6. Citiți Biblia**

Cum vorbește atunci Dumnezeu cu oamenii? El vorbește prin Biblie! De aceea trebuie să începi neapărat să citești Biblia. „Dar astăzi nu mai citește nimeni Biblia!“ gîndești tu. Da, din păcate. Cineva a explicat odată: Creștinii evanghelici cîntă la sărbătoarea Reformei cîntarea lui Luther: „O cetate puternică“. La sfîrșit spune cîntarea: „Cuvîntul să-l lăsăm să stea“. Și acum creștinii lasă Cuvîntul să „stea“ în raftul cu cărți. Nu îl iau jos, ci se gîndesc că „acolo stă corect și bine“. Însă Luther nu a vrut să îndemne la o așa practică.

Adesea, în cursul vizitelor mele, mi se spune: „Da, domnule pastor, noi avem chiar și o Biblie veche din 1722, de la străbunica noastră!“ Și mi se aduce această enormă piesă de muzeu, pe care în mod sigur n-o mai citește nimeni! Cu tot respectul pentru Bibliile vechi, te sfătuiesc să-ți cumperi un mic Nou Testament. Unele sînt mai mici ca și palma mea. Există anumite ediții foarte drăguțe. Procură-ți unul din aceste Nou Testamente moderne!

Apoi, pune deoparte în fiecare zi un timp pentru citit. Ascultă pur și simplu ce are să-ți spună Isus pe paginile ei!

Poate că există pasaje pe care nu le înțelegi. Dar citește liniștit mai departe. Tinerilor mei le explic aceasta în felul următor: Un fermier din Brazilia mi-a povestit că sosind în această țară, a primit o bucată de pămînt. Cînd a ajuns acolo, a văzut că era o parcelă de pădure virgină. A început atunci să doboare copacii, să scoată bolovanii și rădăcinile copacilor. Iar într-o bună zi a putut înhăma doi boi la plug și a arat pămîntul. Dar de abia arase trei pași că plugul s-a poticnit într-o stîncă. Ce să facă acum? Să se ducă acasă și să aducă dinamită ca să facă să sară totul în aer, stînca împreună cu boii și cu plugul? Nu! A ocolit cu plugul piatra și apoi a continuat să are. Cînd a sfîrșit, rezultatul nu era strălucit. Dar a semănat imediat și apoi a recoltat destul de puțin. Anul următor a fost deja mai bine. El a putut să dezgroape mai multe pietre și să dezrădăcineze trunchiuri de copaci, ceea ce a ușurat trecerea plugului. Iar în al treilea an a fost și mai ușor.

Așa ar trebui să citești Biblia. Esențialul este să pornești! Dacă nu înțelegi ceva, ocolește dificultatea și mergi mai departe. Chiar la începutul Noului Testament vei da peste un cuvînt care spune: „Isus va mîntui pe poporul Său de păcatele lui". Vei spune: Asta o înțeleg! Doar mi se potrivește! Lasă-L de aceea pe Dumnezeu să-ți vorbească prin Biblie! Ia-ți în fiecare zi timp pentru Cuvîntul lui Dumnezeu! Și fă-I această cerere: „Doamne! Dă-mi și lumină! Fă-mă să înțeleg Cuvîntul Tău! Luminează-mi inima, mintea și sufletul!"

Și încă ceva: nu îngădui nimănui să defaime Biblia! Este o carte extraordinară. Da, nu există o carte mai actuală și mai pasionantă ca ea!

Ca tînăr soldat în Primul război mondial am fost însărcinat odată cu o misiune de recunoaștere aproape de Verdun. Era seara, la ora amurgului. Ședeam pe marginea unei rîpe. Și iată că, înainte de căderea nopții, am zărit o bucătărie de campanie de-a dușmanilor, fără îndoială plecată prea devreme, șonticăind printr-un luminiș defrișat de pădure. Nu ne-am fi gîndit niciodată că pe acolo s-ar fi putut trece. Dar această bucătărie de campanie care nu așteptase căderea întunericului ne făcuse să descoperim o cale de acces la pozițiile dușmane. Dacă o bucătărie pe roți putea trece pe acolo, atunci putea trece și infanteria cu munițiile ei. Aceasta era calea de înaintare a dușmanului! Și credeți că am cruțat-o? Dimpotrivă, toată noaptea am tras asupra ei.

Auziți, Biblia este calea de aprovizionare cu muniții și hrană prin care Dumnezeu trimite întăriri creștinilor. Și diavolul este destul de șiret ca să tragă asupra acestei căi a lui Dumnezeu. De aceea este Biblia ținta unor atacuri neîncetate. Băiatul cel mai prost va zice: „Pfui, trebuie să fii complet țicnit ca să citești o asemenea carte". Iar profesorul cel mai savant va căuta să dovedească că ea este o carte ca toate celelalte, făcută de oameni. Înțelegeți? În privința asta toți sînt de acord: foc continuu asupra ei. Dar dacă vrei să devii copil al lui Dumnezeu și să fii mîntuit, nu trebuie să ții seama de acestea. Nu îngădui nimănui să defaime Biblia! Ea însăși spune că a fost scrisă de oameni care au fost umpluți și luminați de Duhul Sfînt. Iar dacă o citești, vei observa curînd că un alt duh, un duh divin o însuflețește.

Cineva mi s-a plîns într-o zi astfel: „Biblia este pentru mine o carte închisă. Aș vrea să fiu mîntuit, dar cititul Bibliei nu-mi aduce nimic". Atunci i-am răspuns: „Roagă-L pe Dumnezeu să-ți ajute prin Duhul Său! Roagă-L, chiar trei luni dacă trebuie: ‚Doamne, dă-mi Duhul Sfînt, ca să înțeleg Cuvîntul Tău și să ajung la o credință vie!' Poți să mă crezi, Dumnezeu îți va răspunde în mod sigur".

Apoi aș vrea să vă mai spun în încheiere un singur lucru:

**7. Rămîneți în ascultarea predicării Cuvîntului lui Dumnezeu**

Mergeți și ascultați-l acolo unde este vestit în mod clar. Trebuie însă să vă spun că există astăzi amvoane de unde este vestită o Evanghelie „îndulcită".

În locul vostru n-aș merge acolo. Căci eu nu vreau limonadă, ci vinul curat al Evangheliei! De altfel nu veți întîrzia să observați dacă este predicată vestea cea bună sau nu. Peste tot sînt pastori, preoți, predicatori și oameni care pot vesti Evanghelia. E important să mergeți să ascultați Cuvîntul lui Dumnezeu! Alăturați-vă celor care vor să-l asculte indiferent ce-i costă asta! Cineva îmi zicea recent: „Știți, eu sînt un individualist!" N-am putut decît să-i răspund: „Niciodată nu veți păstra o credință vie, dacă nu căutați contactul cu ceilalți creștini, dacă nu mergeți acolo unde e vestit Cuvîntul lui Dumnezeu!“

Înainte de a încheia, aș vrea să vă mai povestesc istoria unei bătrîne doamne pe care am cunoscut-o. Un tînăr mi-a zis într-o zi: „Nu mai tot povestiți istorii cu femei bătrîne!“ Dar asta nu era decît părerea unui tînăr. Femeia despre care vreau să vă vorbesc a jucat un mare rol în viața mea. Am cunoscut succesiv trei ingineri care au ajuns prin ea la credința în Isus. Atunci mi-am zis că din ea trebuie că emană o mare forță spirituală și m-am dus s-o văd. Era văduva unui miner. S-a bucurat că am venit și mi-a povestit cum a ajuns la credință. Locuia pe vremea aceea într-o veche suburbie din Essen care astăzi face parte din oraș. Această suburbie se numea Stoppenberg, dar noi o poreclisem Korkenhügel. Într-o zi femeia a citit în ziar că urmau să fie ordinați doi pastori în biserica St. Paul. Ea a zis prietenelor ei: „La Essen asta-i totdeauna un eveniment. Haideți să mergem și noi să vedem!“ Și au luat-o pe cîmp într-acolo, dar pînă la biserică a fost foarte departe. Cînd au ajuns, uriașa clădire era plină vîrf. Ele au trebuit să rămînă în picioare undeva în spate. Unul din pastorii ordinați, Julius Dammann, a avut o mare influență asupra Essen-ului. Femeia mi-a zis: „Julius Dammann s-a dus la amvon și a citit cuvîntul din Ioan: ‚Fiindcă atît de mult a iubit Dumnezeu lumea, încît a dat pe unicul Lui Fiu, pentru ca oricine crede în El să nu piară, ci să aibă viață veșnică‘. Apoi s-a aplecat în față și a spus: ‚Dintre sutele de mii de cuvinte din Biblie, de nici unul nu mă tem așa de mult ca de cuvîntul pierdut. Tu poți să fii pierdut pe veci, dacă Dumnezeu Se retrage de la tine! Ăsta-i iadul!‘ Eu, fată tînără, stăteam în picioare în spatele uriașei biserici. Din clipa aceea n-am mai auzit nici un singur cuvînt din predică. Eram ca lovită de trăznet. Îmi tot ziceam: ‚Și eu sînt pierdută! N-am pace cu Dumnezeu! N-am iertarea păcatelor! Nu sînt un copil al lui Dumnezeu! Sînt pierdută!‘ Am plecat apoi spre casă ca prin vis. După trei zile tatăl meu m-a întrebat: ‚Ești bolnavă?‘“. Ea a încercat să le explice părinților. Ei au spus: „Ai o păsărică! Ești bolnavă de nervi!“ Nimeni nu-i înțelegea spaima de moarte la gîndul că era pierdută. Eu vă doresc tot ce este mai bun - și totuși tocmai de aceea aș vrea ca și voi să faceți aceeași experiență, iar prin acțiunea Duhului Sfînt în inima voastră, să puteți spune la rîndul vostru: „Sînt pierdut!“. Ea a povestit mai departe: „Patru săptămîni m-am chinuit așa, complet debusolată. Apoi am citit într-un ziar că pastorul Dammann urma din nou să predice. Și iarăși am plecat pe jos de la Stoppenberg la Essen. Pe tot drumul m-am rugat. Mă obseda aceeași rugăciune, un verset de cîntare: ‚Ajută-mă să știu, Isuse bun / Că din tot ce este pe pămînt/ Nimic n-are valoare-n sine/ Decît să fac cu Tine legămînt‘“. Asta s-a rugat tot drumul. Apoi a ajuns la biserica St.-Paul. Dammann predica. Biserica era plină deja. Nu a reușit să-și găsească loc și a trebuit să rămînă în picioare. Atunci s-a rugat încă o dată: „Ajută-mă să știu, Isuse bun/ Că din tot ce este pe pămînt/ Nimic n-are valoare-n sine/ Decît să fac cu Tine legămînt“. Apoi a deschis cartea de cîntări la numărul afișat. Spre marea ei uimire era tocmai acea cîntare: „Ajută-mă să știu, Isuse bun...“ Atunci s-a gîndit: „Dacă toată lumea cîntă această cîntare într-un duh de rugăciune, se va petrece cu siguranță ceva!“ Apoi pastorul Dammann s-a urcat la amvon și a citit din nou un text din Evanghelia după Ioan: „Isus a zis: Eu sînt ușa. Dacă intră cineva prin Mine, va fi mîntuit. Amin“. Ea povestea: „Acum eram pentru a doua oară la biserică și din nou n-am auzit altceva decît acest verset, căci chiar în acea clipă, totul a devenit clar pentru mine: Isus cel Înviat este ușa către viață! Și eu am intrat prin ea. Altceva n-am mai auzit din predică. Dar asta mi-era deajuns. Eu intrasem în viață!“

Obișnuiesc să povestesc această istorie cînd întîlnesc oameni care-mi spun: „Ah, eu nu merg la biserică! Eu nu suport genul acesta de atmosferă. Prefer să mă duc la pădure unde să ascult cîntecul păsărilor și murmurul vîntului în copaci...“ Atunci le răspund: „Femeia aceasta n-ar fi ajuns niciodată la credința vie dacă n-ar fi mers să asculte Cuvîntul lui Dumnezeu!“

Ce trebuie să facem noi? Să punem capăt necredinței noastre, să punem capăt îngîmfării noastre, să facem pasul hotărîtor, să renunțăm la orice păcat conștient, să vorbim cu Dumnezeu, să citim Biblia și să rămînem în ascultarea predicării Cuvîntului lui Dumnezeu!

Eu trebuia să răspund la întrebarea: „Ce trebuie să facem?“ și v-am dat răspunsuri importante. Dar în încheiere aș vrea să rezum în cîteva cuvinte ceea ce este mai important.

Hotărîtor în fond nu este ce facem noi - oricît de important ar fi. Hotărîtor este ceea ce a făcut Dumnezeu pentru noi - în Isus! Aceasta e Vestea cea Bună pe care trebuie să v-o anunț: „Isus a făcut totul pentru toți!“ El a venit la noi, a înviat pentru noi, El stă pentru noi la dreapta lui Dumnezeu. El e Păstorul cel Bun, care face totul pentru oile Lui. Cum adeverește psalmistul în Psalmul 23: „Domnul este Păstorul meu, nu voi duce lipsă de nimic“ și apoi enumeră cît de nesfîrșit de mult face pentru el Păstorul cel Bun. O, aș dori ca și voi să spuneți: „Domnul este Păstorul meu!“

## *De ce tace Dumnezeu?*

În lume se întîmplă lucruri groaznice!

Mergeam odată pe stradă în Essen - era, cred, în anul 1937 - cînd mă întîmpină un băiat de șaisprezece ani extrem de tulburat. Întrucît îl cunoșteam din lucrarea printre tineri, l-am întrebat: „Ce s-a întîmplat cu tine?“ Mi-a răspuns: „M-au dus cu forța la spital și m-au sterilizat pentru că mama mea este evreică. Și cînd am venit acasă, părinții mei fuseseră ridicați“. Și nu i-a mai revăzut niciodată. Tatăl a fost închis. Mama a ajuns la Auschwitz în lagărul de concentrare. Nu l-am putut ajuta pe băiat decît să ajungă în Olanda. De acolo a plecat în America. Însă nu voi uita niciodată imaginea acestui băiat tulburat, zguduit: „Pe mine m-au dus cu forța la spital, și m-au sterilizat, pentru că mama mea este evreică. Și cînd am ajuns acasă, părinții mei fuseseră ridicați“. Și ceva asemănător s-a întîmplat de milioane de ori. Atunci apare întrebarea: „Și Dumnezeu?“ „Unde-i Dumnezeu?“ „N-are nimic de spus la asta?“ „De ce tace Dumnezeu?“

În Köln un nebun a pătruns într-o școală cu un aruncător de flăcări: a omorît doisprezece copii! Și cineva se întreabă atunci: „Și Dumnezeu?“ - „De ce tace Dumnezeu?“

Sau mă gîndesc la o tînără femeie care are cancer. Se stinge încet dintre copiii ei, în chinuri groaznice. Cine vede asemenea grozăvii, acela trebuie totuși să întrebe: „Și Dumnezeu?“ „De ce tace Dumnezeu?“

Există mulți oameni care pot acum să-și povestească istoria și în încheiere să întrebe: „Și Dumnezeu?“ - „Unde a fost Dumnezeu?“ - „De ce tace Dumnezeu?“

Iubitul nostru poet german Friedrich Schiller a compus odată o „odă bucuriei“: „Bucurie, fiică mîndră, din a zeilor grădină“. Și apoi vine versul: „Va fi stînd un Tată bun, peste lumile solare“. Totuși omul de azi e ispitit să spună: „Nu se poate să stea un Tată bun, peste lumile solare“.

Cui i se întîmplă așa ceva, cine ajunge să pună întrebări ca: „Unde este Dumnezeu?“ - „De ce îngăduie El asta?“ -

„De ce tace El la toate lucrurile acestea groaznice?" ajunge poate la punctul unde survine gîndul periculos: „Poate că nu există nici un Dumnezeu?! Poate că cerul e gol?! Poate că ateismul e totuşi adevărat?!" Prieteni, cui îi vin asemenea gînduri, acela trebuie să se-nfioare. Căci dacă aceasta ar fi adevărat, dacă n-ar exista nici un Dumnezeu, atunci ar fi ceva îngrozitor. Atunci noi oamenii - noi fiarele - am fi lăsaţi singuri. Atunci am fi ca nişte copii rătăciţi, care nu mai găsesc drumul spre casă. Să nu existe nici un Dumnezeu?! Ar fi groaznic! Cînd oamenii îmi spun: „Sînt ateu!" atunci zic: „Nici nu bănuiţi ce spuneţi prin aceasta! Deasupra noastră nimic! Lăsaţi singuri! Singuri unii cu alţii!" Nimic nu e mai groaznic pentru om ca omul, nu-i aşa? Romanii au avut un proverb: „Homo homini lupus". Asta înseamnă: „Omul este un lup pentru celălalt" - groaznic!

Nici nu pot spune de cîte ori în calitatea mea de pastor am auzit propoziţia aceasta: „Cum poate Dumnezeu să îngăduie aşa ceva? De ce tace Dumnezeu la toate astea?" Şi pentru că am fost întrebat aceasta de atîtea ori, aş vrea acum să vă răspund.

Dar mai înainte trebuie să vă spun: Eu nu sînt secretarul intim al lui Dumnezeu. El nu mi-a încredinţat planurile Lui şi nici nu mi le-a dictat în stenograme. Înţelegeţi? În sine e cam prosteşte să întrebăm aşa, ca şi cum am putea înţelege pe Dumnezeu. Dumnezeul, pe care eu Îl pot înţelege, n-ar fi mai sus ca un decan sau un episcop. Pe aceia îi mai pot înţelege. Dar acela n-ar fi Dumnezeu pe care l-aş putea înţelege. Dumnezeu spune odată în Biblie: „Gîndurile Mele nu sînt gîndurile voastre, şi căile Mele nu sînt căile voastre". E cît se poate de clar.

Dar am căpătat totuşi din Biblie cîteva cunoştinţe şi aş vrea acum, cît de bine pot, să vă răspund la întrebarea: „De ce tace Dumnezeu?"

### 1. Înrebarea e pusă complet greşit

Mai întîi aş vrea să vă spun că întrebarea: „De ce tace Dumnezeu?" e pusă invers. Anume, e pusă ca şi cum pe scaunul judecătorului dintr-un tribunal ar sta doamna

Schulze sau pastorul Busch iar pe banca acuzaților Dumnezeu. Și apoi am spune: „Inculpat Dumnezeu, cum de poți să îngădui toate acestea? De ce taci?“ Aș vrea să vă spun foarte clar: un Dumnezeu care ne-ar lăsa să ședem pe scaunul de judecător și S-ar lăsa așezat pe banca acuzaților n-ar mai fi Dumnezeu!

Îmi aduc aminte de o scenă simpatică pe cînd eram tînăr pastor. La 27 de ani de abia venisem la Essen, cînd a izbucnit o mare grevă de-a minerilor, care a tulburat pe atunci foarte mult spiritele. Într-o zi am trecut pe lîngă un loc viran. Un om stătea în picioare pe o ladă și vorbea tare oamenilor din jur despre copii care mor de foame, exploatarea de către patroni și lipsa locurilor de muncă. Deodată m-a zărit, m-a recunoscut și a urlat: „Ha! Iată-l pe pastor! Vino încoace!“ Eu aproape totdeauna dau ascultare unei invitați prietenoasc. Și m-am dus într-acolo. Oamenii mi-au făcut loc pînă am ajuns la vorbitor. În jurul meu se aflau poate o sută de mineri. Aveam un sentiment ciudat. Pentru asemenea situații nu fusesem pregătit la facultate. Atunci vorbitorul începe: „Auzi, pastore! Dacă există un Dumnezeu, ceea ce eu nu știu, dar dacă există vreunul, atunci vreau ca după ce mor să mă duc înaintea Lui și să-I spun“ - și apoi a urlat - : „De ce ai permis ca să fie uciși oamenii pe cîmpul de luptă?! De ce ai îngăduit ca să moară copii de foame iar alții să arunce mîncarea în mare, pentru că aveau prea multă?! De ce ai îngăduit ca oamenii să se chinuiască și să moară de cancer?! De ce? De ce? Și atunci vreau să-I spun: ‚Tu, Dumnezeule, jos cu Tine! Pleacă de aici! Șterge-o!‘“ Așa a strigat omul. Atunci am strigat și eu: „Foarte corect! Jos cu dumnezeul ăsta! Jos cu dumnezeul ăsta!“ Dintr-odată s-a făcut tăcere. Vorbitorul a făcut o figură uimită și a spus: „O clipă! Sînteți totuși pastor! N-ar trebui să strigați: ‚Jos cu acest dumnezeu!‘“ La care i-am răspuns: „Ascultă-mă! Dumnezeul înaintea căruia ai putea să mergi astfel și să-i spui ce-ai zis mai înainte, care se lasă tras la răspundere, tu ca judecător și el ca acuzat - acela există numai în imaginația ta. Aceluia pot doar să-i spun: ‚Jos cu acest dumnezeu! Jos cu acest dumnezeu prost, pe care și l-a construit epoca noastră, pe care-l putem acuza, da deoparte sau readuce înapoi după nevoie! Dumnezeul acela nu există! Dar vreau să-ți spun ceva: Există un alt Dumnezeu adevărat. Înaintea Lui vei sta ca acuzat și nu vei putea deloc să deschizi gura cînd te va întreba: ‚De ce nu M-ai cinstit? De ce nu M-ai chemat? De ce ai trăit în necurăție? De ce ai mințit? De ce ai urît pe alții? De ce te-ai certat? De ce...?‘ Așa te va întreba. Atunci vorba ți se va opri în gît! Și dintr-o mie de întrebări nu vei putea răspunde la nici una! Nu există nici un Dumnezeu căruia să-I putem spune noi: ‚Jos cu tine!‘ Ci există un Dumnezeu sfînt, adevărat, care ne-ar putea spune odată: ‚Jos cu tine !‘“

Asta aș dori să vă spun și vouă: Dacă auziți astăzi oameni care reproșează lui Dumnezeu: „Cum poate Dumnezeu să permită toate acestea? De ce tace Dumnezeu?“, atunci să le spuneți: „Ar fi un dumnezeu prost și înfumurat acela pe care l-am putea noi acuza! Există numai un Dumnezeu sfînt, care ne acuză pe noi, pe voi și pe mine!“ Ați păzit poruncile lui Dumnezeu? Ce vă închipuiți atunci? Dumnezeu ia în serios poruncile Lui. Noi sîntem acuzații, nu El! Acesta e primul lucru pe care trebuie să-l spun cu toată claritatea: Întrebarea e pusă complet greșit.

Și acum al doilea lucru:

## 2. Tăcerea lui Dumnezeu e judecata Sa

„De ce tace Dumnezeu?“ Vedeți: Da, Dumnezeu tace deseori. Și tăcerea lui Dumnezeu e cea mai teribilă judecată asupra noastră!

Sînt convins că există iad. Bineînțeles că el nu este așa cum e zugrăvit în multe cărți, că diavolul frige acolo sufletele sau vreo prostie asemănătoare. Dimpotrivă, cred că iadul va fi cînd Dumnezeu nu mai are nimic de spus omului. Atunci puteți să-L chemați, să-L strigați, să-L rugați. El nu vă va mai răspunde! Scriitorul rus Dostoievschi a spus odată: „Iadul e locul spre care Dumnezeu nu Se mai uită“ - și unde am scăpat definitiv de El, unde cu adevărat sîntem părăsiți de Dumnezeu. Da, tăcerea lui Dumnezeu e judecata Sa. Și vedeți: Cu asta începe iadul încă de aici, că Dumnezeu tace.

Aş vrea să vă povestesc aici o istorie din Biblie: Erau două oraşe, Sodoma şi Gomora, cu o civilizaţie înaltă şi rafinată. Dumnezeu nu era negat. Existau, probabil, şi cîţiva pastori, nişte nenorociţi. Dar Dumnezeu nu era luat în serios. Poate că-şi aminteau de El la cununii şi înmormîntări, dar în rest nimeni nu se sinchisea de El. Toate poruncile Lui erau călcate în picioare. În Sodoma locuia un om pe nume Lot. Acesta spunea din cînd în cînd: „Aşa nu se poate să vă purtaţi cu Dumnezeu! Nu vă înşelaţi, Dumnezeu nu Se lasă să fie batjocorit! Ce seamănă omul, va şi secera!“ „Ah“ au răspuns oamenii, „nu fă glume proaste! Tu nu eşti un pastor! Încetează să mai spui asemenea absurdităţi: Ce seamănă omul, va şi secera!“ Şi aşa s-a făcut că în zorii unei zile - după ce mai înainte Dumnezeu îl scosese pe Lot din oraş - , Dumnezeu a făcut să plouă din cer foc şi pucioasă peste cele două cetăţi. Cum e asta, am trăit în război, cînd au căzut bombe. Dar Dumnezeu poate asta şi fără avioane. Îmi pot închipui cum s-au repezit oamenii din pat şi au strigat; „În pivniţă!“ Şi au fugit într-acolo. Şi apoi s-a făcut cald ca într-un cuptor. Şi atunci au strigat: „Ieşiţi afară!“ Şi s-au repezit spre ieşire. Dar afară ploua peste tot cu pucioasă şi foc. Oameni care nu mai ştiu ce să facă: afară nu pot ieşi, înăuntru se sufocă. Aşa povesteşte Biblia. Şi atunci mi-am imaginat - asta Biblia nu o descrie - ce fel de oameni erau adunaţi laolaltă: o tînără femeie mondenă, pentru care „bunul Dumnezeu“ a fost pînă acum un om bun; un domn mai în vîrstă - care putea să recunoască după gust orice marcă de vin roşu, care n-avea nimic contra lui „Dumnezeu drăguţul“, căci îi era complet indiferent. În pivniţa aceea se întîlneau tot felul de tipuri: oameni drăguţi, oameni ordonaţi, cetăţeni cumsecade, buni plătitori de impozite. Toţi aveau secretele lor întunecate, ca de altfel orice om de azi. În pivniţă aerul devenea tot mai cald. Vroiau să iasă, dar nu puteau, căci afară era prăpăd. Apoi a pus groaza stăpînire pe ei. Şi dintr-odată domnul cel gras a spus: „Oameni buni, Lot a avut dreptate: Dumnezeu există cu adevărat!“ Iar tînăra fată mondenă a spus: „Atunci un singur lucru ne poate ajuta: Trebuie acum să ne rugăm! Cine știe să se roage?“ Și atunci și-au ridicat mîinile - în vechime omul se ruga cu mîinile ridicate - pe care pînă acum nu și le ridicaseră niciodată. Și dintr-odată și-au dat drumul: „Doamne, fie-Ți totuși milă! Am păcătuit! Te-am disprețuit! Dar oprește totuși prăpădul! Tu ești totuși ‚bunul Dumnezeu‘, ești totuși îndurător! Doamne, fie-Ți totuși milă!“ Și apoi s-a făcut liniște. Se auzea doar vuietul și pîrîitul focului. Apoi brațele au căzut în jos și și-au strîns pumnul: „Dumnezeule, de ce taci?!“ Și tăcerea a rămas! Se auzea doar vuietul focului. Puteau acum ori să se roage ori să blesteme - Dumnezeu nu mai răspundea!

Există o graniță, pe care un om sau un oraș sau un popor o poate trece, o graniță a indiferenței față de Dumnezeul cel viu. De aici încolo Dumnezeu nu mai ascultă sau nu mai răspunde. De aici puteți să vă rugați sau să blestemați - El nu mai răspunde. Înțelegeți deci că această tăcere peste Sodoma era cea mai grozavă judecată a lui Dumnezeu? Dumnezeu nu mai avea nimic să le spună! Iar cînd mă uit la patria noastră cu totala ei indiferență față de adevărul lui Dumnezeu, față de poruncile lui Dumnezeu și față de mîntuirea Lui, atunci deseori mă cuprinde groaza. Poate că și voi veți avea parte de faptul că, fie că vă rugați, fie că înjurați - Dumnezeu nu mai are nimic de spus.

Se spune odată în Biblie despre Dumnezeu: „V-am chemat, și n-ați răspuns“. De ce taci, omule, dacă Dumnezeu te cheamă?

Deci, tăcerea lui Dumnezeu e cea mai grozavă pedeapsă a Lui!

Al treilea lucru pe care aș vrea să-l spun este acesta:

### 3. Depărtarea prea mare împiedică auzirea

Dacă avem impresia că Dumnezeu tace, e poate și pentru faptul că ne-am depărtat prea mult de El!

De curînd a venit un tînăr la mine și mi-a spus: „Pastore Busch, mă supărați! Dvs. vorbiți tot timpul despre Dumnezeu. Cînd vă întîlnesc pe stradă - imediat începeți cu Dumnezeu. Eu nu-L aud pe Dumnezeu, nu-L văd pe

Dumnezeu. Unde vorbește El atunci? Nu aud nimic!“ Atunci i-am răspuns: „Tinere, cunoști istoria cu fiul risipitor?“ „Da și nu prea“, explică el. „Da și nu prea nu înseamnă nimic. Vreau să-ți spun o istorie pe care a povestit-o Însuși Isus. A fost un om bogat care avea doi fii. Unul era cam ușuratic. Acasă i se părea prea strîmt, prea mărginit, prea mohorît. Pur și simplu nu i se potrivea. Într-o zi îi spune tatălui: ‚Tată, dă-mi partea mea de avere care mi se cuvine căci vreau să plec în lume!‘ Tatăl îi dă ce-a cerut și fiul pleacă în lumea largă. Și apoi se spune despre el: ‚Și-a risipit averea trăind în destrăbălare‘ Puteți să vă închipuiți cam cum este. În orașele mari poți să scapi una-două de bani. Și pe deasupra a venit și o foamete și lipsa de loc de muncă. El decade fără speranță și ajunge în cele din urmă porcar. În Israel, porcii sînt socotiți ca fiind necurați. Pentru un Israelit a fi porcar era lucrul cel mai rău ce i se putea întîmpla. Dar, din pricina foametei, era bucuros să poată mînca din roșcovele pe care le mîncau porcii. Acolo nu mai putea auzi glasul tatălui. Acesta era pur și simplu prea departe de el. Fiul pierdut putea spune: ‚Nu aud glasul tatălui‘. Clar! Bineînțeles că nu-l auzea! - Dați-mi voie să fac aici o paranteză ca să-mi imaginez istoria, ceea ce în Biblie nu se spune. Și iată-l pe cel ce a fugit de acasă la porci. El flămînzește. Și atunci se plînge de tatăl lui: „Cum poate el să permită sămi meargă așa de rău?“ Așa îmi pare lumea de azi: Ea L-a părăsit pe Dumnezeu, apoi nenorocirea se năpustește asupra ei - și ea strigă: „Cum poate Dumnezeu să îngăduie toate acestea?! De ce tace Dumnezeu?!“ - Totuși Isus povestește istoria fiului risipitor astfel: Există un ceas în viața lui cînd își vine în fire: „Sînt un nebun! La tatăl meu este belșug de pîine - și eu mor aici de foame! Mă voi scula și mă voi duce la tatăl meu și îi voi spune: ‚Tată, am păcătuit!‘“. Și el se scoală și se întoarce spre casă. Tatăl îl vede de departe și îi aleargă în întîmpinare. Dar fiul risipitor spune: „Tată, am păcătuit!“ Atunci tatăl îl ia în brațe și strigă: „Aduceți cea mai bună haină, puneți-i un inel în deget și încălțăminte în picioare!“ Dintr-odată aude el glasul tatălui. „Dacă nu poți să auzi glasul lui Dumnezeu, înseamnă că te-ai depărtat prea mult de El! Trebuie să te întorci, asta o știi foarte bine!" am spus eu tînărului.

Oamenii pot să se fi depărtat foarte mult de Dumnezeu - chiar pînă la porci - biblic vorbind. În timp ce eram locotenent în Primul război mondial și rătăceam departe de Dumnezeu, o știam și gîndeam: „Ar trebui de fapt să mă întorc la Dumnezeu!" Și n-am întîlnit încă niciodată pe cineva care să nu fi știut în fond: „Ar trebui de fapt să mă întorc!" Femeia cea mai îndreptățită spune: „Sînt în ordine!" Dar dacă vorbesc mai mult cu ea, zice: „Da, ar trebui de fapt să mă întorc! Este multă vină în viața mea. De fapt inima mea e complet împietrită!"

Fiecare din noi știe: „Ar trebui de fapt să mă întorc!" De ce nu o faci? Întoarce-te totuși! Și atunci o să auzi și glasul Tatălui!

Apoi, al patrulea gînd la întrebarea „De ce tace Dumnezeu?" este:

**4. Trebuie să auzim ultimul cuvînt al lui Dumnezeu**

Mai vreți să ascultați? Nu vă plictisesc? De fapt, dacă vă plictisesc e vina mea și nu a Evangheliei. Pastorii și preoții pot s-o facă plictisitoare, dar atunci citiți Biblia fără noi. Evanghelia e palpitantă - credeți-mă!

Ce aș vrea să vă spun acum este cel mai important: Dacă aveți sentimentul că Dumnezeu tace, atunci trebuie să auziți ultimul cuvînt al lui Dumnezeu! Deci - citez acum o propoziție din Biblie, care e așa de lungă, că ar trebui de fapt s-o repet: Ea se află în primul capitol al Epistolei către Evrei: „După ce a vorbit în vechime părinților noștri (prin Moise și Ieremia de pildă), în multe rînduri și în multe chipuri, Dumnezeu, la sfîrșitul acestor zile, ne-a vorbit prin Fiul". Știți cine este Fiul lui Dumnezeu? Acesta e Isus!

Isus! Și iată că am ajuns iarăși la temă. Inima-mi începe să bată mai tare cînd pot să vorbesc despre Isus. Acest Isus este - cum a fost numit - Cuvîntul lui Dumnezeu devenit Om. „Cuvîntul S-a făcut trup și a locuit printre noi". Înțelegeți: cînd rostim un cuvînt, s-a și dus - ca răsuflarea. Dumnezeu a lăsat ca un cuvînt să devină trup -

în Isus. Isus e ultimul cuvînt al lui Dumnezeu!

Cunoașteți expresia „ultimul meu cuvînt"? Să presupunem deci că aș vrea să-ți vînd o vacă. Nu-ți fie teamă, n-o fac! Habar n-am despre vînzarea vacilor. Dar să presupunem că aș vrea să-ți vînd o vacă. Cît costă o vacă? Nu știu. Să zicem: 1000 de mărci. Tu spui: „Dau 300. Mai mult nu!" „Dar eu aș vrea de fapt 1200 de mărci!" spun eu. Atunci tu oferi 400 de mărci. Eu răspund: „1100!" Și așa ne tîrguim unul cu altul, pînă spun: „Deci: 800 de mărci e ultimul meu cuvînt!" Dacă nu sînt nătăfleț, atunci rămîne așa și nu se mai schimbă nimic. Isus e ultimul cuvînt al lui Dumnezeu! Și dacă nu-L accepți, atunci Dumnezeu nu mai are nimic să-ți spună. Înțelegi? Cînd oamenii se plîng: „Dumnezeu nu vorbește! De ce tace Dumnezeu?", atunci răspund: „Dumnezeu nu mai are nimic să vă spună dacă nu vreți să-I acceptați ultimul Lui cuvînt!" Trebuie să-L primești pe Isus! Altfel nu merge!

Întîlnesc adesea oameni care-mi spun: „Eu cred în ‚bunul Dumnezeu'. Dar Isus?" Auziți: Isus e ultimul cuvînt al lui Dumnezeu, devenit trup, pentru noi! Ce înseamnă aceasta, o să vă explic mai departe. Și aici trebuie să vă povestesc puțin despre Isus. Nimic nu fac cu mai multă plăcere ca aceasta!

În jurul lui Isus se află o mulțime de oameni. Și El vorbește. Dintr-odată se produce o tulburare. Oamenii încep să vocifereze și să se miște din loc. Isus Își întrerupe vorbirea: „Ce s-a întîmplat?" S-a petrecut ceva îngrozitor: A venit un lepros. Știți ce e lepra? Omul putrezește de viu. E groaznic: putreziciunea mănîncă urechile, nasul, buzele. Și această lepră este atît de molipsitoare, încît leproșii trebuie să trăiască izolați. Ei nu au voie să vină printre oameni. Și un asemenea lepros apare acum în mulțime! El a auzit de Isus, și-l mînă o mare dorință: „Aș vrea să văd pe Mîntuitorul!" Așa că vine. Și i se face loc larg. Oamenii se dau toți în lături. Dar apoi urlă: „Fugi de aici! Pleacă!" Iau pietre în mînă și-l amenință. Dar el nu se lasă oprit. Îmi pot imagina foarte bine cum prin mulțime se deschide o potecă făcută de oameni înspăimîntați. Iar prin spațiul liber creat el înaintează - pînă în fața lui Isus. Nu, el nu stă înaintea lui Isus în picioare, ci cade în țărînă înaintea Lui și-și plînge Mîntuitorului toată mizeria: „Viața mea e ratată, stricată! Isuse, dacă vrei, poți să mă curățești. Ajută-mă!" Ah, știți, chipul omenesc distrus și Mîntuitorul, Fiul lui Dumnezeu, trebuie să se întîlnească! Așa trebuie să fie: Sărăcia noastră trebuie să vină la Isus. Ah, vă doresc să aruncați la gunoi puțintica „religie" și să vă aduceți mizeria înaintea lui Isus. Și iată că leprosul stă înaintea lui Isus: „Dacă vrei, poți să mă curățești!" Și acum se întîmplă ceva ce mi se pare nesfîrșit de frumos. Aș putea să-mi închipui că Isus s-a dat un pas înapoi de la acest chip omenesc distrus și a spus: „Da, bine. Scoală-te ! Fii curățit !" Dar nu, El nu face asta. Isus face un pas înainte și-Și pune mîinile peste capul bolnav! Oamenii țipă de spaimă: „Nu se poate pune mîna pe un lepros!" Biblia relatează: „Și Isus l-a atins". Nici o murdărie nu e prea dezgustătoare pentru Mîntuitorul! Nici o mizerie nu e prea mare pentru El! Și El Își pune mîna peste ea! Dacă aș fi pictor, mi-aș dori să pot picta mîinile lui Isus pe fața distrusă, pe jumătate putrezită a leprosului. Acesta e Isus, minunea vremurilor! Și dacă se află aici cineva de care nimeni nu vrea să știe, atunci Isus îl atinge cu mîna și-i spune: „Te-am salvat, trebuie să fii al Meu!" Și dacă există vreunul care e chinuit de lepra murdăriei și păcatului, atunci Isus îl atinge și-i spune: „Fii curățit!"

În Isus întreaga dragoste a lui Dumnezeu vine la noi, în mizeria noastră, în păcatul nostru, în necurăția noastră, în boala noastră! Isus e Cuvîntul lui Dumnezeu devenit Om! Și mai spun oamenii: „De ce tace Dumnezeu?" Oare n-a vorbit Dumnezeu destul de clar și de minunat? Nu este aceasta vorbirea lui Dumnezeu?

Și acest Isus e pus într-o zi pe cruce. În mîini și în picioare i se bat cuie. Apoi e ridicat pe ea. În jurul crucii este o mulțime gălăgioasă și furioasă. Soldații romani îi trag pe oameni înapoi. Veniți să stăm și noi sub cruce! Privește-L pe Omul de pe Golgota! „Cu răni și spini pe frunte/ Isus a suferit/ Pe muntele Golgota/ De oameni chinuit." Uită-te la El! Întreabă-L: „De ce atîrni acolo?" Și

El îţi răspunde: „Pentru că eşti vinovat înaintea lui Dumnezeu. Fie îţi plăteşti vina în iad, fie o plătesc Eu acuma pentru tine. Cineva trebuie s-o plătească! Eu vreau s-o fac pentru tine. Crede numai în Mine!"

Cînd, tînăr fiind, am înţeles că El e Mielul de jertfă, care poartă păcatul lumii - şi al meu, că aici îmi şterge Isus vina, mă împacă cu Dumnezeu, îmi plăteşte răscumpărarea ca să fiu al lui Dumnezeu, atunci mi-am pus inima sub cruce, şi am spus: „Cui altcuiva să mă predau/ Şi viaţa-ntreagă să o-nchin/ Decît Acelui ce pe cruce/ Jertfitu-S-a în amar chin?"

Şi apoi Isus e pus în mormînt. La gura lui e prăvălită o piatră mare. Soldaţii romani îl străjuiesc. Iar cînd se crapă de ziuă în dimineaţa zilei a treia, se face o lumină ca şi cum în apropiere ar fi explodat o bombă atomică, astfel că soldaţii - şi aceştia erau bărbaţi, nu glumă - cad în leşin. Şi ultimul lucru pe care îl văd este ieşirea slăvită din mormînt a acestui Isus!

Nu spun basme. Vă vorbesc pentru că ştiu că acest Isus a înviat din morţi. Acest Isus, care a murit pentru tine, trăieşte! Nu există nimeni pentru care să nu fi murit Isus. Şi acest Isus trăieşte şi te cheamă - ca ultim cuvînt al lui Dumnezeu! Iar întrebarea decisivă a vieţii tale este dacă Îl primeşti!

„De ce tace Dumnezeu?" Dumnezeu nu tace, prieteni. El vorbeşte doar. Cuvîntul Lui este: „Isus"! Şi asta înseamnă: Dragoste, har, îndurare!

În viaţa mea am trecut prin ceasuri îngrozitoare - în închisorile naziste şi în războiul cu bombe. Îmi aduc aminte de unul din cele mai groaznice ceasuri. Mi-a rămas strigătul de spaimă în gît cînd - în timpul unui atac cu bombe, am fost condus într-o curte. În jurul meu zăceau vreo 80 de cadavre care fuseseră dezgropate dintr-un buncăr bombardat. Desigur, văzusem asemenea imagini înfiorătoare pe cîmpurile de luptă din Primul război mondial. Dar, ce se vedea aici era şi mai îngrozitor. Aici nu zăceau doar soldaţi. Aici zăceau oameni bătrîni, femei stoarse de puteri şi copii cu trupuşoarele slabe. Copii! Ce aveau ei de a face cu acest război groaznic?! Şi pe cînd stăteam acolo printre aceste trupuri - singur în grozăvie, singur în tăcerea înmormîntală, am strigat în inima mea: „O, Dumnezeule, unde ești? De ce taci așa?“ Și apoi mi-a venit dintr-odată în gînd Cuvîntul Bibliei: „Fiindcă atît de mult a iubit Dumnezeu lumea, încît a dat pe singurul Său Fiu“. Dumnezeu Însuși a trebuit să-mi trimită acest gînd în disperarea mea. Și dintr-odată în fața mea stătea crucea de pe Golgota, pe care Dumnezeu Îl lasă pe Fiul Său să sîngereze - pentru noi!

Eu nu-L înțeleg pe Dumnezeu. Nu înțeleg de ce îngăduie atîtea. Dar există un semnal luminos, un semn, un monument, un far al dragostei Sale. Acesta e crucea lui Isus. „El, care nu a cruțat pe Fiul Său, ci L-a dat pentru noi toți, cum nu ne va da, fără plată, împreună cu El, toate lucrurile?“ Așa spune apostolul Pavel. Și așa este: Dacă găsesc pace cu Dumnezeu la crucea lui Isus, atunci nu mai am alte întrebări.

Cînd copiii mei au fost mici, n-au înțeles tot ce am făcut, dar erau încrezători că „tata știe ce face!“ Dacă găsesc pacea cu Dumnezeu la crucea lui Cristos, și sînt un copil al lui Dumnezeu, atunci și eu pot să mă încred în Tatăl ceresc: El știe ce face. Atunci nu mai am întrebări. Totul depinde dacă accepți și primești acest ultim cuvînt al lui Dumnezeu - Isus!

Puteți să mă mai ascultați încă cinci minute? Trebuie să vă mai spun încă ceva foarte important:

### 5. Tăcerea lui Dumnezeu poate să devină o chemare

Vedeți: Se poate discuta ore în șir de ce îngăduie Dumnezeu asta sau aia, dar întrebarea devine totuși de abia atunci cu adevărat actuală și acută cînd se referă la cineva. Nu găsiți? În tot întunericul groaznic al vieții mele, m-am regăsit numai la crucea lui Isus.

Deunăzi îmi spunea o tînără fată deznădăjduită: „Nu pot să mai trăiesc!“ Nu știu în ce situație te afli tu, dar pentru întunericul din viața ta aș vrea să-ți spun: „Nu trebuie să întrebăm: De ce? De ce? De ce? , ci trebuie să întrebăm: Spre ce?“ Aici aș vrea să spun în încheiere o istorioară.

Cînd în urmă cu cîteva decenii am devenit pastor într-o parohie de mineri, s-a întîmplat ceva groaznic. Într-o zi, am auzit despre un miner care a suferit un accident în mină. Îi căzuse o piatră pe şira spinării. Şi acum el era paralizat, fără vreo nădejde de îmbunătăţire. Groaznic! Ei, şi iată că îl vizitez, dar vizita aceasta a fost cea mai teribilă pe care am făcut-o vreodată. Baraca era plină de mineri. Pe masă stăteau sticlele de rachiu. Paralizatul zăcea în scaunul lui pe rotile. Cînd intru înăuntru, se aude un răcnet: „Hei, popă, afară cu tine! Unde era Dumnezeul tău, cînd mi-a căzut piatra pe spate? De ce tace Dumnezeu?" Şi apoi au început înjurăturile. Era ca în iad. N-am putut spune nici un cuvînt şi am ieşit afară. Aveam cîţiva prieteni dintre minerii din parohia mea, cărora 'le-am povestit seara următoare despre vizita mea. O săptămînă mai tîrziu, tocmai cînd vroiam să încep „ora bărbaţilor", la uşă s-a auzit gălăgie mare şi apoi a fost dus înăuntru căruciorul paralizatului. Prietenii dintre mineri l-au ridicat pur şi simplu şi l-au adus în cercul nostru de bărbaţi. Nu ştiu dacă l-au întrebat, dar probabil că nu. Aşa că acum stătea în faţa mea. Apoi am vorbit despre cuvîntul: „Fiindcă atît de mult a iubit Dumnezeu lumea" - nu că ne-a făcut să fim prosperi - ci „încît a dat pe singurul Său Fiu". Am vorbit despre Isus, despre ultimul cuvînt al lui Dumnezeu, pe care trebuie să-l auzim, şi am continuat: „Pentru ca oricine crede în El să nu piară". Şi omul asculta! Pentru prima oară auzea despre Isus! Şi dintr-odată a văzut lumina. Pe scurt, după trei luni a devenit o proprietate a acestui Domn Isus. Nu pot să vă spun cum s-a înnoit totul. Locuinţa lui s-a curăţit. Unde mai înainte se auzeau numai blesteme, acum răsunau cîntări despre Isus. Vechii prieteni au plecat, dar în locul lor au venit alţii noi. Au dispărut sticlele cu rachiu, şi-n locul lor pe masă stătea Biblia. Soţia şi copiii au reînviat. Puţin înainte de moarte l-am vizitat încă o dată. Îmi e de neuitat. El avea un nume frumos: „Amsel" (mierlă). N-o să mi-o ia în nume de rău că îi spun chiar pe nume, căci acum este în veşnicie. „Amsel", întreb eu, „cum îţi merge?" „Ah" spune el, „de cînd viaţa mea aparţine lui Isus, de cînd am iertarea păcatelor mele, de cînd sînt copilul lui Dumnezeu, în casa mea este“ - s-a gîndit cîteva clipe, apoi a continuat - „în fiecare zi ca în ajun de Crăciun“. Frumos exprimat de un miner, nu-i aşa? Şi apoi a spus ceva ce nu pot să uit: „Busch! O să mor curînd, simt asta“. Ne tutuiam, pentru că deveniserăm prieteni aşa de buni. „Şi atunci o să intru pe poartă şi o să stau înaintea lui Dumnezeu. Îmi este foarte clar: Cu moartea nu s-a terminat totul! Şi cînd voi sta în veşnicie înaintea tronului lui Dumnezeu, atunci mă voi arunca cu faţa la pămînt, şi Îi voi mulţumi că mi-a rupt şira spinării“. „Amsel“, îl întrerup eu şocat, „cum poţi să spui aşa?“ Şi atunci el răspunde: „Ştiu ce spun. Vezi, dacă nu s-ar fi întîmplat asta, dacă Dumnezeu m-ar fi lăsat să alerg mai departe în nelegiuire, atunci aş fi mers drept în iad, în osînda veşnică. Atunci a trebuit Dumnezeu în dragostea Sa salvatoare să acţioneze aşa de dur şi să-mi rupă şira spinării, ca să-L pot găsi pe Fiul Său, pe Isus. Prin El am devenit un copil fericit al lui Dumnezeu. Şi de aceea vreau să-I mulţumesc pentru aceasta!“ Apoi a venit o propoziţie care mi-a rămas neşters întipărită în minte: „E mai bine să fii paralizat, să aparţii lui Isus şi să fii un copil al lui Dumnezeu, decît să sari în iad cu două picioare sănătoase!“ Atunci i-am răspuns: „Dragul meu Amsel! Vezi tu, Dumnezeu ţi-a trimis ceva extrem de greu. La început ai fost nemulţumit: ‚Unde a fost Dumnezeu? De ce tace Dumnezeu?‘ Şi acum ai înţeles ce ţi-a trimis Dumnezeu: El a vrut să te atragă spre Isus, ca Isus să te poată atrage la Dumnezeu!“

Vedeţi, n-ar trebui să întrebăm: „De ce?“ ci mai degrabă: „Spre ce?“ Şi aici aş vrea să vă spun: Cred că tot greul din viaţa noastră are rostul ca Dumnezeu să ne poată atrage la Sine Însuşi prin Isus! Cu atîta plăcere cînt versetul: „Atrage-mă o Tată către Fiul,/ Ca şi Fiul să m-atragă spre Tine;/ Duhul Tău să locuiască în inima mea/ Iar mintea şi gîndul meu să ştie/ Că am gustat şi am simţit pacea Ta/ De aceea-Ţi cînt şi joc în inimă“. Aş dori să-l cîntaţi şi voi rugîndu-vă!

## *Dreptul nostru la dragoste*

Am formulat această temă și altfel: Poate dragostea să fie păcat? E vorba de problema sexualității, care ne preocupă puternic pe noi toți. Dați-mi voie să intru imediat în subiect. Am să vă spun în privința aceasta lucruri serioase și importante.

**1. Suferință fără margini**

O stare de lucruri foarte ciudată în epoca noastră este faptul că oamenii niciodată n-au fost mai singuri ca noi astăzi, cu toate că zilnic ne izbim unii de alții. Și totuși - deși stăm presați ca sardinele unii de alții, n-am fost niciodată așa de singuri ca astăzi.

Un tînăr de 16 ani mi-a zis într-o zi: „N-am pe nimeni pe lume!" „Nu vorbi asemenea prostii! Îl ai pe tatăl tău!" îi răspund eu. „A, babacul" a răspuns el. „El vine acasă la ora cinci după-amiază, înjură un pic, mănîncă ceva și apoi pleacă iarăși". „Iar mama ta?" „Ah, ea are de lucru pînă peste cap, și n-are timp de mine!" „Dar colegii tăi de lucru?" „Aceștia sînt colegi, mai mult nimic! Nu, n-am pe nimeni căruia să mă pot descărca!" Asta mi-o spunea un băiat de 16 ani! Dar singurătatea aceasta nu se întîlnește numai la tineri. Soțiile trăiesc adesea singure lîngă soțul lor, și invers. Bărbatul nici nu bănuiește ce gînduri o frămîntă pe soția lui și invers. Și asta se numește căsătorie! Astfel, sfîrșim toți prin a trăi ca niște singuratici!

Cînd filozofii din zilele noastre vorbesc despre singurătatea oamenilor de azi, atunci găsesc urechi deschise. Omul strigă pur și simplu după salvare de singurătate. Și vedeți: Acest dor după salvare de singurătate se leagă de forța cea mai mare care există în viața noastră, anume de instinctul sexual. Și atunci ești gata să dai la o parte toate obstacolele: Băiatul de 15 ani caută o prietenă care să-l scape de singurătate. Bărbatul căsătorit, care trăiește lîngă soția lui și se simte singur, pleacă cu secretara, sperînd că ea îl va putea scăpa de singurătate. Tînărul student, unul din cei 11000 sau 20000 de studenți dintr-o universitate, simțindu-se de fapt îngrozitor de singur, se asociază cu o studentă la fel de singură ca și el. Dorul după scăpare de singurătate se leagă de puternicul instinct din viață, instinctul sexual, și așa se face astăzi că trăim într-o lume incredibil de puternic sexualizată. Și faptul că omul caută salvare din singurătate pe tărîm sexual dă apă la moara multor oameni de afaceri: producători de film și scriitori de romane de pildă. Iar acum se spune: Nici un film fără cel puțin o scenă de dragoste la pat, nici o carte fără cel puțin un adulter!

Cînd observi faptele și gesturile oamenilor din jurul tău, cînd îi vezi flirtînd, făcîndu-și curte, sărutîndu-se, îmbrățișîndu-se, ai impresia că sînt fericiți. O fată tînără îmi spunea: „Domnule pastor, noi avem astăzi valori diferite de bunicii noștri. Avem o nouă morală, o nouă etică!" Auzind aceasta aș fi aproape ispitit să-mi scot pălăria - dac-aș avea una - și să răspund: „Tot respectul!" Dar cînd ai fost așa multă vreme pastor de oraș mare ca și mine, atunci nu mai crezi în marile cuvinte. Și știu din experiență că toate frazele acestea frumoase nu sînt decît o fațadă în spatele căreia se ascunde o suferință, o mizerie fără margini: tineri care au legături îndoielnice și nu ajung să-și rezolve problemele, cupluri care încearcă să pară că totul este în ordine sau care se despart: o suferință fără margini! Și despre această suferință știm toți. Nu vorbesc despre alții, ci despre noi înșine.

Cu ani în urmă am ținut o conferință într-un orășel din Lipperland cu o temă asemănătoare, și de fapt numai pentru tineri. Cînd am intrat în sală mă gîndeam: „Ăsta-i iadul!" Băieți, fete, fum de țigară! Cîțiva din băieți aveau în mînă chiar și sticle de rachiu. Unele fete ședeau pe genunchii băieților. „Aici trebuie să vorbesc eu?! O să am nevoie de curaj, nu glumă!" Și apoi am început cu propoziția: „În domeniul sexual există o suferință copleșitoare!" S-ar fi zis că, în clipa aceea, s-au tras în sus toate jaluzelele. Revăd încă pe un băiat cum a dat-o repede jos pe fata pe care o ținea pe genunchi. El fusese atins. Deodată s-a făcut o tăcere înmormîntală și nu m-am putut împiedica să nu gîndesc: „La prima vedere ai fi zis că toți nu simțeau decît bucurie, dar s-a dovedit că aveam dreptate: în domeniul sexual, există o suferință fără margini!

**2. În ce constă suferința ?**

Și vedeți: Această suferință, mizerie provine din aceea că noi nu mai știm ce e bine și ce e rău. Noi spunem: „Astăzi avem concepții noi în acest domeniu!" Dar să nu uităm că păcatul este o realitate! Iar cînd păcătuiesc mi se pune o povară pe conștiință. Aceasta e realitatea. Așa ia naștere suferința deoarece omul nu mai știe de fapt ce e bine și ce e rău. Dați-mi voie să vă întreb direct: Raporturile sexuale dinaintea căsătoriei sînt bune sau rele? Adulterul într-o căsătorie care merge prost este o necesitate sau e ceva rău? Lesbianismul, dragostea pe care o fac fetele între ele este păcat sau nu? Homosexualitatea, prin care un bărbat face lucruri urîte cu un bărbat sau cu băieți e rea sau nu? E bine sau nu să te masturbezi? Sau să ceri divorțul? Ce este de fapt rău și ce este bine? Aici apare suferința. Mii de romane ne fac să credem că acest domeniu nu are de a face cu binele și cu răul, și că de aceea această întrebare nici nu se pune. Bineînțeles, dacă nu te porți colegialicește, e rău, dar acest domeniu nu are de a face cu binele și cu răul! Luați filmele moderne: la început un sărut, apoi cad perdelele și în spatele lor se văd umbre înlănțuindu-se. Acest fel de scenă face parte pur și simplu din film. Și nu trebuie să cauți să vezi în ea bine sau rău. Oare așa este? Ce e bine și ce e rău? Îmi amintesc cum, tînăr fiind, m-am trezit la realitate și m-a chinuit întrebarea: „Ce este îngăduit și ce nu?"

Ca să pot răspunde corect la această întrebare, trebuie să pun mai întîi o altă întrebare: „Cine hotărăște de fapt ce e bine și ce e rău?" Într-o zi a venit să mă vadă o pereche: ea cu ochii puternic fardați, el un tip cam instabil cu degetele îngălbenite de nicotină. Spun: „Ei, ce s-a întîmplat cu voi se vede de la o poștă!" Atunci fata îmi explică: „Nu e nimic de felul acesta, domnule pastor, nu e nimic!" Eu am răspuns: „O clipă! Cine are de fapt ceva de zis dacă e ceva de felul acesta sau nu?" Da, cine spune de fapt ce e bine și ce e rău? Biserica? Nu! Nu m-aș supune verdictului ei. Cînd eram tînăr, nu vroiam cu nici un preț să recunosc autoritatea pastorilor asupra vieții mele. Acum, eu însumi am devenit unul din aceștia. Cine are dreptul să spună ce e bine și ce e rău? Tușa Amalia? Sau propria mea conștiință? „Eu fac ce-mi dictează un glas lăuntric!" Hm! Hm! Cine are de fapt dreptul să spună ce e bine și ce e rău?

Vedeți: am ajuns acum la un punct extrem de important. Dacă există un Dumnezeu viu care e Stăpînul lumii, atunci El are de zis ce e bine și ce e rău! Dacă nu există nici un Dumnezeu, atunci faceți ce vreți! Nici eu nu văd deloc de ce trebuie cineva să fie cuminte din pricina tușei Amalia! Dar în fața acestei probleme fiecare trebuie să-și pună întrebarea: „Există un Dumnezeu sau nu?" Cunosc oameni care trăiesc într-o dezordine morală groaznică, dar care spun: „Și eu cred în ‚Dumnezeu drăguțul'!" Ce prostie! Dacă există Dumnezeu, are un cuvînt de spus și în domeniul sexual. Trebuie să vă hotărîți: Puteți să-L ștergeți pe Dumnezeu din viața voastră. Dar atunci veți muri în funcție de alegerea voastră! Să nu vă închipuiți că puteți spune pînă la 45 de ani: „Eu pot trăi fără Dumnezeu!" și pe urmă cu vîrsta să deveniți pioși. Asta nu merge! „Căutați pe Domnul cîtă vreme se poate găsi!" se spune în Biblie, și nu: „cînd vă convine"! Repet: dacă nu există Dumnezeu, faceți cum vă place. Dar dacă El există, El trebuie să vă spună ce e bine și ce e rău. Nu găsiți că e logic?

Și acum vă spun: Dumnezeu există cu-adevărat! Și dacă mă întrebați de unde știu asta cu atîta siguranță, vă răspund: „Pentru că El S-a revelat în Isus Cristos!" Aș vrea să vă pot băga aceasta în cap. De cînd a venit Isus, orice indiferență față de Dumnezeu sau negare a Lui este neștiință sau rea-voință! Dumnezeu există! Și pentru că El există, are El de zis ce e bine și ce e rău! Voi puteți să-L ștergeți din viața voastră! Voi puteți spune: „Noi avem alte principii morale!" Dar vă garantez că într-o zi va trebui să dați socoteală lui Dumnezeu de viața voastră!

De fapt, este o mare eliberare să știi că Dumnezeu are de zis ce e bine și ce e rău. Iar în Cuvîntul Său, în Biblie,

El ne-a spus aceasta clar și lămurit. Un om m-a întrebat odată foarte mirat: „Vorbește Biblia și despre lucrurile acestea?" Atunci i-am răspuns: „Da, vorbește. Dumnezeu dă indicații foarte clare despre ce e bine și ce e rău în domeniul sexualității!"

M-ați înțeles? Trebuie deci să ne întrebăm: „Ce spune de fapt Dumnezeu despre acest domeniu?" Vreau acum să extrag din Biblie chintesența.

**3. Ce spune Dumnezeu ?**

a) Dumnezeu aprobă sexualitatea

Există o poezie de Tucholsky în care el spune cam așa: „De la curea în sus sînt creștin; sub curea sînt păgîn". Asta-i absurd! Biblia spune: „Dumnezeu l-a făcut pe om; bărbat și femeie i-a făcut". Și Dumnezeu ne-a creat și cu sexualitatea noastră! Pot să vorbesc deschis despre aceasta. Nu este un domeniu tabu. Dumnezeu m-a creat ca bărbat - și pe voi bărbaților la fel. Să fim deci bărbați - și nu paiațe! Iar Dumnezeu v-a creat și pe voi ca femei. Fiți deci femei! Încercarea disperată a unor femei de a fi ca bărbații sau invers, e maladivă. Înțelegeți deci: Fiți femei adevărate! Fiți bărbați adevărați! „Dumnezeu a făcut pe om; bărbat și femeie i-a făcut!" și nu un al treilea sex. Dumnezeu aprobă sexualitatea noastră. Trebuie s-o știu. În acest domeniu nu trebuie refulat nimic. Toată tensiunea care provine din faptul că sînt bărbat sau femeie aparține creației.

Dar noi sîntem o creație decăzută. Lumea nu mai este ce-a fost cînd a ieșit din mîinile lui Dumnezeu. De aceea tocmai acest domeniu așa de important și delicat e deosebit de amenințat. De aceea a ocrotit Dumnezeu acest domeniu.

b) Dumnezeu ocrotește sexualitatea prin căsătorie

Dumnezeu aprobă sexualitatea și o apără prin căsătorie! Aceasta nu este un contract social, ci o instituție a lui Dumnezeu.

Un psihiatru american care a scris o carte groasă despre acest domeniu și care nu e creștin, afirmă: „Nimic n-a fost vreodată scris cu privire la acest subiect care să egaleze în profunzime ceea ce se citeşte în Biblie: ‚Dumnezeu a făcut pe om... El i-a făcut bărbat şi femeie'" Şi el continuă: „Eu nu sînt creştin, dar în calitate de psihiatru spun că exact ceea ce ne trebuie este căsătoria". Aceasta cu condiţia să fie fidelitate în căsătorie, şi nu şapte, opt, nouă sau zece „căsătorii" ca la stelele Hollywood-ului! Că aceste „căsătorii" ne sînt prezentate ca un ideal este încă una din nebuniile epocii noastre şi arată adînca noastră neputinţă. Dumnezeu a instituit căsătoria, dar o căsătorie bazată pe dragoste şi pe fidelitate.

Şi acum, aş vrea să vă vorbesc puţin despre căsătorie. Doamnelor, pentru a putea fi soţii bune, nu ajunge să faceţi soţilor mîncare bună sau să le coaseţi nasturii. Domnilor, să nu credeţi că dacă aţi dat soţiilor voastre banii pentru menaj, nu trebuie să vă mai ocupaţi de ele. După planul lui Dumnezeu trebuie să fie izbăvire de singurătate! Este aşa căsătoria voastră, voi toţi cei căsătoriţi? Poate că ar trebui să aveţi o discuţie împreună şi să spuneţi: „Unde am ajuns noi de fapt? Căsătoria noastră trebuia să fie o salvare din singurătate!" „Nu este bine", spune Dumnezeu la început, „ca omul să fie singur. Am să-i fac un ajutor potrivit". Înţelegeţi? O scăpare de singurătate!

Vreau să vă povestesc aici o istorioară drăguţă în legătură cu aceasta: Cînd am fost copil, a trebuit ca eu şi sora mea să mergem la Stuttgart la o nuntă a unor rudenii. Era prima nuntă la care luam parte, şi totul era aşa de interesant. Am plecat cu caleaşca la biserică, apoi la hotel a avut loc o masă mare. Pe lista de meniu, chiar la sfîrşit, se putea citi: bombă îngheţată. Dar dura la nesfîrşit, pentru că un unchi după altul se ridica să ţină un discurs. Acestea erau pentru noi foarte plictisitoare. Şi totuşi una din aceste vorbiri mi-a rămas neuitată. Se ridicase unul din unchi care vroia să fie glumeţ şi care a spus: „Dragii mei! Se spune că în cer ar exista două scaune destinate unor soţi care nu au regretat niciodată că s-au căsătorit". Şi apoi a urmat: „Dar scaunele au rămas goale pînă în ziua de azi!" În clipa aceea a fost întrerupt. Pe deasupra capetelor tuturor invitaţilor, tatăl meu a strigat la mama mea care se afla în celălalt capăt al mesei: „Mămico, scaunele acelea sînt pentru noi!“ Eu eram foarte tînăr și nu am înțeles sensul adînc al acestor vorbe. Dar o bucurie imensă mi-a inundat inima, pentru că resimțeam căldura minunată a unui cămin ca al nostru. Este căsătoria voastră așa? Așa a dorit-o Dumnezeu pentru voi!

La căsătoria noastră, un coleg mai în vîrstă ne-a adresat la masă niște cuvinte foarte emoționante, bazate pe textul din Geneza: „Îi voi face un ajutor potrivit“. Iată ce a zis: „Nu o stăpînă care să-l țină sub papuc, nu o roabă care să-i stea supusă la picioare, nu un obiect pe care să-l poți pune deoparte, ci un ajutor care să-l înconjoare cu dragostea ei“. Ah, mi-ar fi plăcut, dacă aș fi avut timp, să vă cînt cîntarea aceea măreață de laudă a căsătoriei!

Am fost adînc impresionat cum a privit-o tatăl meu pe mama la nunta lor de argint și a spus: „În timpul celor 25 de ani, cu fiecare zi mi-ai devenit tot mai dragă!“ Atunci m-am gîndit la toate căsătoriile în care vreme de 25 de ani s-a răcit treptat totul. Groaznic! Sînt mulți soți care ar trebui să zică partenerului lor: „Cred c-ar trebui să facem un nou început!“ Lucrul e cu putință, credeți-mă!

Și acum al treilea gînd: Există mulți tineri care spun: „Eu încă nu am intenția să mă căsătoresc. Ce ziceți ? Putem să facem tot ce vrem?“ Acestor tineri le spun:

c) Dumnezeu vrea o tinerețe curată

Știu că aceasta pare ridicol în vremea noastră. Dar credeți că Dumnezeu Se uită după modă? Nu eu spun aceasta, ci Cuvîntul lui Dumnezeu! Și vedeți, Biblia are un gînd spectaculos.

Aș dori să vă argumentez puțin. Există în Biblie istoria unui tînăr care se numea Isaac. Într-o zi tatăl lui trimite pe cineva să-i caute o soție. Și Isaac iese pe cîmp și se roagă, deoarece e convins că Dumnezeu e Cel care îi va găsi o soție. Și acestei soții, pe care el încă n-o cunoaște, el îi rămîne credincios. Voi tinerilor, care încă nu vă gîndiți la căsătorie, să fiți convinși de faptul că, la timpul potrivit, Dumnezeu vă va da fata potrivită. Și acestei fete trebuie să-i fiți de acum credincioși! Sau invers: voi fetelor, rămîneți credincioase celui pe care nu-l cunoașteți încă! Acesta este gîndul Bibliei. Dumnezeu vrea o tinerețe curată!

Un psihiatru mi-a spus într-o zi: „Sînt convins că o fată nu poate iubi decît o singură dată. Ea nu-și dă inima decît unui singur bărbat. Dacă ea a avut șapte flirturi, atunci e stricată pentru căsătorie. Ea se mărită cu al șaptelea, dar se va gîndi totdeauna la primul pe care l-a iubit". Atunci i-am răspuns: „Interesant! Prin studiul psihiatriei ați ajuns la aceleași concluzii ca și Cuvîntul lui Dumnezeu!"

Trebuie deci să vă spun cu toată claritatea că raporturile sexuale dinaintea căsătoriei, lesbianismul, homosexualitatea, adulterul, divorțul sînt păcate pentru care va trebui cîndva să răspundeți înaintea lui Dumnezeu cel Sfînt!

De fapt aș putea să mă opresc aici. Știu că mi-a fost de mare ajutor ca tînăr cînd am înțeles care e voia lui Dumnezeu și că El e singurul care trebuie să-Și dea verdictul în problema aceasta. Dar mi s-ar părea crud din partea mea să mă opresc aici și să nu trec la alt punct care îmi pare foarte important.

**4. Cum să ieșim din primejdie ?**

În Biblie există o istorie minunată și tulburătoare totodată. Isus, Fiul Dumnezeului celui viu, e înconjurat de mulțime. Deodată, se aude o zarvă mare. Oamenii fac loc. Și iată că o ceată de preoți și gură-cască tîrăsc o femeie tînără și drăguță. Nu mi-e greu să mi-o închipui, stînd în fața mea, cu hainele pe jumătate rupte. Ei o aduc înaintea lui Isus și strigă: „Doamne Isuse! Am surprins pe femeia aceasta în flagrant delict de adulter. Legea lui Dumnezeu spune că acest păcat merită moartea. Tu totdeauna ești foarte milos, dar împotriva Legii lui Dumnezeu nu vei putea spune nimic. Am vrea să auzim de la Tine că femeia aceasta trebuie omorîtă cu pietre!" Atunci Isus Se uită la această femeie tînără și răspunde: „Da, Dumnezeu ia lucrul acesta foarte în serios. După voia lui Dumnezeu ea e vinovată de pedeapsa cu moartea". Deja se văd fețele luminîndu-se. Unii chiar încep să adune pietre, căci adulterele se pedepseau prin omorîre cu pietre. Dar Isus continuă: „O clipă încă! Acela dintre voi care este absolut fără păcat - în gînduri, cuvinte și fapte, să arunce prima piatră". Apoi Isus Se apleacă și scrie ceva pe pămînt. Mi-ar place mult să știu ce a scris, dar Biblia nu spune. După un lung răstimp, Isus se ridică - și locul e gol. Toți plecaseră - numai femeia stă încă acolo. În Biblie se spune: „Fiind mustrați de conștiința lor, au ieșit afară unul cîte unul".

Și acum vă întreb pe voi toți: „Ați fi putut arunca prima piatră în această femeie pentru că în acest domeniu sînteți complet curați în gînduri, cuvinte și fapte? Ați fi putut arunca prima piatră? Nici unul?! Atunci înseamnă că aici sîntem o adunare de păcătoși, da, așa sîntem cu-adevărat.

Vedeți, oamenii aceștia au făcut o mare greșeală. „Fiind mustrați în conștiința lor, au ieșit afară unul cîte unul". Ei ar fi trebuit să facă invers. Ar fi trebuit să spună: „Doamne Isuse! Noi trebuie să ne așezăm lîngă femeie. Pe ea n-ai osîndit-o. Ai milă și de noi!" Nu cunosc pe nimeni altcineva în afară de Isus care să ne poată izbăvi de suferința sexuală critică din vremea noastră. Și afirm asta pentru că eu însumi am beneficiat de ajutorul Său. Cînd vorbesc despre Isus, atunci nu spun teorii. El a fost viața vieții mele și o este și astăzi. Un pastor nu este neutru, e doar un om ca ceilalți. El are nevoie de Mîntuitorul la fel ca și voi. Și eu am experimentat ce Salvator e Isus, și asta în două moduri:

a) Isus iartă vina.

Nici un preot, nici un pastor, nici chiar îngerii nu pot să ierte păcatele. Primul gînd murdar pe care l-ai avut și toate căderile care au urmat sînt greșeli ireparabile care te vor însoți în veșnicie pînă în fața judecății lui Dumnezeu - dacă nu-L afli mai înainte pe Isus, dacă nu-I mărturisești păcatele și nu ți le iartă. Isus e singurul care poate să ne ierte vina.

Așează-te în duh înaintea crucii lui Cristos și spune-I: „Eu pun aici toate păcatele mele din tinerețe înaintea Ta. Îți mărturisesc toate legăturile mele tulburi, și nu vreau să-Ți ascund nimic". Apoi ridică-ți privirea spre cruce și repetă cuvintele cîntării: „Pentru mine a curs, sîngele sfînt/ O cred și o apuc/ Curățește paguba/ Căci Cristos a murit în locul meu." Moartea Lui biruitoare mă face liber prin credință. Auziți: „Sîngele lui Isus Cristos, Fiul lui Dumnezeu, ne curățește de orice păcat". Ce cuvînt eliberator!

La 17 ani am fost soldat și la cazarmă se făcea totul pentru a-mi murdări duhul. Dar într-o zi ochii mei s-au deschis și gîndindu-mă la toate aceste murdării, am strigat: „Cine mă va elibera de tinerețea mea pierdută?" Atunci am înțeles că Isus lichidează cu trecutul meu, că El îmi iartă vina, și atunci m-am întors la El. Și astăzi n-aș mai vrea să trăiesc fără El.

Am vorbit odată despre aceasta într-o mare adunare din Düsseldorf, și anume că Isus, iertîndu-ne păcatele, lichidează cu trecutul nostru. La sfîrșitul adunării, pe cînd lumea ieșea afară, am văzut cum un bărbat înalt și distins încerca să treacă prin mulțimea care ieșea și să ajungă în fața la mine. Cînd a reușit, m-a întrebat, foarte tulburat: „Este adevărat ce-ați zis, că există o iertare a păcatelor?" „Da", am răspuns eu, „Îi mulțumesc lui Dumnezeu. Din asta trăiesc zilnic". Atunci el a zis: „Eu sînt psihiatru. Vedeți, la mine vin mulți oameni cu boli sufletești. Ei au complexe, dar nu știu de ce boală suferă. Cel mai adesea e vorba de greșeli vechi, de care nu pot sau nu vor să-și mai amintească. Trebuie să petrec ore în șir cu ei, ca să încerc să scot din adîncimile trecutului la suprafață aceste vechi istorii, din subconștient în conștient. Totuși aici încetează puterea mea. E posibil să pot aduce la lumină vechea greșeală, minciună, ceartă, necurăție. Dar adesea m-am gîndit cu deznădejde: ‚De-aș putea șterge vina!' Din cauza aceasta vă întreb, domnule pastor Busch, există într-adevăr cineva care poate să ne scape de vina noastră? Este adevărat sau nu?" Atunci i-am confirmat încă o dată plin de bucurie: „Mulțumesc lui Dumnezeu! Da!" Și mi-am dat seama ce mesaj nemaiauzit și măreț avem noi în Noul Testament: Isus ne iartă păcatele!

Și apoi

b) Isus dezleagă legături.

Am zis într-o zi unei tinere secretare foarte drăguțe:

„Domnişoară, mergeţi în iad! Legătura cu şeful dvs. e îngrozitoare! Nu-l faceţi nenorocit pe omul acesta şi pe familia lui!“ Atunci ea mi-a răspuns: „Nu pot s-o rup, căci îl iubesc“. „Da“, i-am răspuns, „totuşi omul are soţie şi copii. Sînteţi crudă!“ Şi ea a spus din nou: „Totuşi nu pot să mă despart de el!“ Atunci am simţit cît se chinuia ea însăşi la gîndul acestei legături, pe care însă n-o putea rupe. Şi am fost fericit că i-am putut spune: „Vedeţi, este adevărat că noi înşine nu putem rupe legăturile păcatului, dar în Biblie scrie: ‚Pe cine îl eliberează Fiul lui Dumnezeu, este cu adevărat liber‘. Faceţi apel la Isus! El poate să rupă şi acest gen de legături tulburi!“

Există un verset de cîntare pe care îmi place mult să-l cînt: „Isus a venit, lanţuri se frîng/ Cătuşele morţii-n două se rup“/ - Ca Pastor în oraşe mari am asistat cum lanţurile morţii s-au rupt în două! - „Căci Salvatorul deacum e aici/ Pe păcătoşi Îi aduce din păcat şi ocară/ În slava ce fi-va în veci de veci/ Isus a venit, lanţuri se frîng“.

Este clar că în toate suferinţele, frustrările şi legăturile noastre sexuale, tineri şi bătrîni, avem nevoie de Mîntuitorul. Se poate proba această minunată şi foarte reală eliberare pe care o dă Isus! Fă experienţa! Tu ai nevoie de un Mîntuitor, altfel toată viaţa ta va fi de plîns.

**5. Lumea este însetată după „agape“**

Trebuie să mai adaug încă ceva. Există multe fete care spun: „Am ajuns la vîrsta de 40 de ani şi nimeni nu ne-a luat în căsătorie. Ce să facem?“

Vedeţi: Eu sînt un pacifist sută la sută - şi de fapt am devenit aşa văzînd suferinţa unor asemenea fete. În al doilea război mondial au căzut cinci milioane de tineri germani. Asta înseamnă că la cinci milioane de fete li s-a refuzat cea mai mare dorinţă a vieţii lor de a face fericit un bărbat, că cinci milioane de fete din ţara noastră au trebuit să meargă singure pe drumul vieţii lor. Mai am nevoie de argumente împotriva războiului? Încercaţi să vă imaginaţi ce înseamnă pentru poporul nostru suferinţa tăcută a acestor cinci milioane de fete! Bărbaţii pe care vroiau ele să-i facă fericiți zac pe cîmpurile de luptă! Unor asemenea fete aş vrea să le spun: Pentru dragostea lui Dumnezeu, nu furați acum prin păcat ceea ce v-a scăpat! Nu tulburați pacea căsătoriilor! În sînul poporului nostru este o primejdie și o ispită din ce în ce mai mare. „Da, dar noi ce să facem?" întreabă ele. Iar eu le răspund: „Dacă aşa e situația voastră, acceptați-o. Nu e neapărat o catastrofă că nu te căsătorești!"

Biblia povestește de o femeie necăsătorită pe nume Tabita. Ea trăia în orașul Iope, Iaffa de azi. La moartea ei, apostolul Petru se afla tocmai prin împrejurimi, și a fost chemat. Cînd a intrat în camera mortuară, i s-a tăiat răsuflarea. Cu siguranță că-și zisese: „O s-o găsesc singură, întinsă pe pat". Dar odaia era plină de lume. O văduvă care se afla acolo i-a zis: „Haina asta mi-a cusut-o Tabita!" Iar un orb i-a povestit: „Eram așa de singur! În toate duminicile după-amiază, Tabita venea să-mi citească de la ora 3 la 4. Era cel mai frumos ceas din săptămînă". Erau acolo și copii care spuneau: „Cînd ne întorceam de la școală, găseam cheia sub ștergătoare. Nimeni nu se ocupa de noi. Pînă în ziua cînd a venit Tabita care a avut grijă de noi!" Petru a înțeles. „Tabita aceasta a avut o viață mult mai bogată decît unele femei măritate, care cu timpul au devenit acre stînd lîngă un soț plictisitor!"

În germană avem un singur cuvînt pentru dragoste. În greacă există două. Or, Noul Testament a fost scris în greacă. Dragostea despre care am vorbit la început este exprimată de cuvîntul grec „eros"; de acolo vine cuvîntul erotism. Dar celălalt cuvînt care se traduce prin dragoste, „agape", desemnează dragostea lui Dumnezeu, pe care eu o pot transmite altora.

Voi fete tinere, care nu v-ați putut căsători, acceptați-vă situația - și umpleți-vă viața cu „agape". Lumea e însetată după acest fel de dragoste.

Îmi dați voie să vă mai repet odată? Dumnezeu decide ceea ce este bine și ceea ce este rău. Ori Dumnezeu cere curăție la tineri și fidelitate în căsătorie. Iar dacă drumul nu duce la căsătorie, el trebuie acceptat așa cum este.

## 6. Dragostea la care nu avem nici un drept

În încheiere aş vrea să vă vorbesc din nou despre Isus. Tema mea s-a numit: „Dreptul nostru la dragoste". Există o dragoste la care nu avem nici un drept, care ne-a fost dată în mod gratuit. Şi aceasta e dragostea lui Isus Cristos. Noi sîntem păcătoşi, şi avem nevoie de un Salvator. Aş vrea să împărtăşesc cu voi o experienţă personală: Mă aflam pe vremea celui de al treilea Reich din nou în închisoare - din pricina credinţei mele. Duhovnicul închisorii mă vizitase şi-mi spusese: „Aveţi puţine şanse să scăpaţi". Apoi plecase. Şi eu am rămas iarăşi singur în celulă. Aceasta era foarte strîmtă. Doar sus de tot era o crăpătură îngustă care lăsa să treacă puţină lumină. Era frig şi eu eram îngheţat. Ah, toată atmosfera în care ajunsesem, era îngrozitor de rece. Mi-era dor de soţia mea, de copiii mei, de slujba mea, de tinerii mei - căci eram pastor de tineri. Şi stăteam acolo, fără cea mai mică nădejde de a ieşi viu. Cînd a venit seara, am fost cuprins de o deznădejde adîncă. Nu ştiu dacă cunoaşteţi acest sentiment. Dar chiar în clipa aceea - nu pot să vă dau decît mărturia mea, a intrat Domnul Isus în celula mea! El este viu şi poate trece prin uşi ferecate. Aşa a şi făcut şi mi-a pus înaintea ochilor moartea Sa pe cruce, moarte din pricina păcatelor mele. El mi-a şoptit la ureche: „Eu sînt Păstorul cel Bun. Păstorul cel Bun Îşi dă viaţa pentru oile Lui". În clipa aceea m-am simţit umplut de un asemenea şuvoi de dragoste divină din mîinile lui Isus, încît aproape nu l-am putut suporta, aproape era prea mult pentru inima mea. Şi am înţeles că e o dragoste pe care noi n-am meritat-o, la care nu avem nici un drept, care ne e dăruită.

Şi dragostea aceasta e deschisă şi pentru tine! De ce să laşi să treacă pe lîngă tine acest şuvoi? El vrea să-ţi umple inima!

# *Se poate vorbi cu Dumnezeu ?*

În Suabia se povesteşte o istorioară drăguţă. O trupă de dansatori pe frînghie sosise într-un sat şi se pregătea pentru reprezentaţia care urma să aibă loc chiar în seara aceea. Frînghia era deja întinsă între doi stîlpi, cînd a trecut pe acolo o femeie cu copilul ei. Copilul a întrebat-o: „Mamă, se poate într-adevăr merge pe frînghie?“ Iar mama lui i-a răspuns: „Bineînţeles că se poate, dacă ştii s-o faci. Eu una nu ştiu s-o fac“.

Acesta e primul gînd pe care aş vrea să vi-l spun:

**1. Se poate vorbi cu Dumnezeu cînd ştii s-o faci**

Dumnezeu fiind prezent, se poate vorbi cu El. Dar mulţi dintre noi trebuie să admită ca şi mama copilului: „Eu nu ştiu s-o fac!“ Desigur că se poate vorbi lui Dumnezeu. Voi puteţi vorbi cu domnul X - de ce n-aţi putea vorbi cu Dumnezeul cel viu? El e aici! Dar ştii s-o faci?

Copil fiind, am fost învăţat cîntarea: „Din cerul albastru sus/Unde îngeraşii sînt/Dumnezeu Se uită jos/cu drag...“ Atunci m-am gîndit: „N-are nici un rost să mă mai rog, căci niciodată nu voi putea striga destul de tare pentru ca Dumnezeu să mă poată auzi din cer“. Iar ruşii şi-au bătut joc: „Noi am fost cu racheta Sputnic în spaţiu. Dacă ar exista Dumnezeu, atunci ar fi trebuit să-L întîlnim“.

Vedeţi, mulţi sînt nedumeriţi şi-şi pun întrebarea: „Unde-i atunci Dumnezeu? În cer departe? Acolo sus? Şi la ce distanţă? La sute, la mii de kilometri de aici?“ Daţi-mi voie să vă răspund cît mai clar posibil: nicăieri în Biblie nu se spune că El Se află în cer departe, ci ea spune cu totul altceva. Ea spune despre Dumnezeul cel viu: „El nu este departe de fiecare din noi“. Iar în alt loc o exprimă astfel. „Tu mă înconjori pe dinpoi şi pe dinainte“. Acest lucru nu se poate înţelege decît dacă ţinem seama de faptul că simţurile noastre nu pot percepe decît o lume tridimensională şi că Dumnezeu nu e limitat la aceste trei dimensiuni, fiind totuşi foarte aproape de noi. De fiecare dată cînd ai păcătuit, El stătea alături - şi a tăcut. Sînt oameni care de patruzeci sau de cincizeci de ani I-au aruncat păcatele în față - și El a continuat să tacă.

Desigur că se poate vorbi cu Dumnezeu! Dar este ca și la dansatorii pe frînghie: Se poate dacă știi s-o faci! Totuși cei mai mulți oameni trebuie azi să spună: „Dar eu nu știu!" Și tu ar trebui să fii sincer și să mărturisești că se poate vorbi cu Dumnezeu, dar că tu nu știi s-o faci!

Iată una din caracteristicile cele mai alarmante ale epocii noastre, că oamenii au pierdut capacitatea de rugăciune și astfel, de credință. Scriitorul Franz Werfel a scris un roman cu titlul „Cerul furat". În el spune o frază care mă va urmări atîta vreme cît voi avea de a face cu oameni. Iat-o: „Caracteristica timpurilor moderne este îndobitocirea metafizică a omului". Adjectivul „metafizic" desemnează realitățile veșnice care fac parte dintr-o altă dimensiune. „Îndobitocirea metafizică" constă în faptul că omul a fost atît de mult abrutizat prin radio, TV, propagandă, publicitate, ideologii, politică, vecini, tensiuni la locul de muncă, încît nu mai are capacitatea de a se baza pe prezența lui Dumnezeu și pe posibilitatea de a-I vorbi. Se poate vorbi lui Dumnezeu? S-ar putea, dacă omul nu ar fi fost abrutizat de un secol de raționalism.

Un tînăr de 16 ani mi-a povestit într-o zi o tulburătoare experiență făcută în timpul războiului. Bateria lui tocmai suferise un bombardament și, ieșind primul din cazemată, a găsit un camarad zăcînd acolo, cu măruntaiele afară. A vrut să-l ajute, dar rănitul i-a zis: „Nu mai ajută la nimic, o să mor. Ceea ce am nevoie este ca să se roage cineva cu mine. Fă-mi acest serviciu, băiete!" Atunci tînărul a răspuns: „Cînd eram la Tinerii hitleriști, am fost învățat să înjur, nu să mă rog!" Apoi a fugit la căpitan și i-a spus: „Domnule căpitan, veniți încoace". Căpitanul a îngenunchiat lîngă rănit: „Ce vrei, camarade? " „Domnule căpitan, trebuie să mor. Rugați-vă cu mine!" „Cerule!", a strigat căpitanul, „nu știu să mă rog". Și apoi căpitanul a adus un locotenent major. În final stăteau acolo toți acești bărbați trecuți prin război, siguri pe ei, putînd să povestească gluma cea mai deocheată și să tragă înjurătura cea mai grosolană - dar nici unul nu s-a putut ruga, n-a putut spune nici măcar un „Tatăl nostru".

Tînărul mi-a spus: „Eram acolo și m-am gîndit: Dacă o să scap din războiul ăsta nenorocit, primul lucru pe care-l voi face va fi să mă duc undeva unde să învăț să mă rog, căci nu vreau să crap așa de mizerabil ca omul ăsta".

Vedeți, asta este situația actuală. Fie că mă aflu la directorul general, fie printre muncitori, unul se crede prea inteligent ca să se roage, altul e sub teroarea gîndirii libere. Noi nu mai știm să vorbim lui Dumnezeu. Ceea ce Franz Werfel, acest om înțelept, numește „îndobitocirea metafizică" este o catastrofă îngrozitoare. Nu e de mirare că omul devine neputincios la cea mai mică lovitură. Eu am stat în buncăre cu oameni care profețeau în gura mare victoria finală a Führerului și a superiorității Germaniei. Dar cînd bombele începeau să cadă, aceleași persoane urlau de frică. Ne-am rugat cu ele și le-am cîntat cîntări ca să-i ajutăm să reziste, căci ei înșiși nu știau să se roage. O da, cînd omul nu știe să se roage atunci e o adevărată catastrofă!

De curînd am avut în fața mea un om inteligent și cultivat care-mi spunea zîmbind: „Domnule pastor, rugăciunea nu te ajută cu nimic să înaintezi!" „Nu vorbiți prostii!" i-am replicat, indignat. „Cum așa?" a întrebat el uimit. Și i-am răspuns: „Îmi faceți aceeași impresie ca un amputat de-un picior care ar spune: ‚Nu are nici un sens să schiezi!' fiindcă el nu se pricepe deloc la aceasta!"

Despre schiat se poate discuta, dar nu cu cei amputați de picioare, nu-i așa? Dar așa sîntem noi. Nu știm să ne rugăm, dar asta nu ne împiedică să ne sculăm și să zicem: „N-are nici un sens să te rogi". Ascultîndu-mă, vă dați seama fără îndoială că nu mai am prea mult respect pentru oamenii din poporul meu, cel puțin în acest punct. Am motivele mele, credeți-mă. Cu cît sîntem mai de plîns, cu atît facem mai mult pe fanfaronii. Dacă aș putea numai să vă conving să vă retrageți seara aceasta într-un colț liniștit și să spuneți: „Știu, Doamne, că lucrul cel mai elementar pe care ar trebui să-l facă un creștin e să se roage! Dar eu nu știu asta!"

În fața îndobitocirii bietului nostru popor, nu resimt numai mînie, ci și o adîncă tristețe. Sînt tulburat la gîndul că biserica face ca și cum ar fi ceva de la sine înțeles că oamenii știu încă să se roage. Fără îndoială că așa e cazul și cu voi: la Crăciun se văd oameni în biserică care altfel n-ar călca pe acolo. În ziua aceea biserica e plină vîrf. Iar cînd pastorul zice: „Să ne rugăm“ - tocmai asta mă tulbură - toată lumea își împreună mîinile și-și înclină capul. Atunci mi-ar place să strig: „Nu vă prefaceți așa! Nici zece la sută nu știu să se roage! Sînteți fățarnici!“ Am dreptate sau nu? La fel e cu ceremoniile de căsătorie sau înmormîntare. Pastorul zice: „Să ne rugăm“, și oamenii rămîn nemișcați cu șapca în mînă, crezînd că faptul de a-și privi șepcile echivalează cu o rugăciune. Apoi, după serviciul respectiv, se duc să bea un pahar de vin! Cînd eram soldat, deja înainte de 1915, eram forțați să mergem la biserică. În prealabil, plutonierul ne instruia: „Vă duceți în liniște în bănci. Ajunși acolo stați în picioare cu casca în mînă, numărați rar în gînd pînă la doisprezece, apoi vă așezați!“ Iar oamenii se uitau la soldați și gîndeau: „Cît de pios se roagă ei!“ În realitate, ei numărau rar pînă la doisprezece, înainte de a se așeza! Cred că la căsătorii și înmormîntări, cînd se spune: „Să ne rugăm!“, oamenii nici măcar nu mai numără pînă la doisprezece. De aceea mă cuprinde o adîncă tristețe la gîndul că altădată, cînd se zicea: „Să ne rugăm!“, oamenii se rugau efectiv, fără să joace teatru.

Celebrul explorator al Africii centrale David Livingstone - unul din cei mai mari oameni pe care i-a cunoscut istoria, curajos, învățat și inteligent, a intrat în veșnicie în felul următor (un om din lume ar spune că a murit): Însoțit de hamalii lui băștinași, străbătea inima Africii. Într-o dimineață oamenii i-au făcut bagajul și i-au demontat corturile. A rămas în picioare numai cortul lui Livingstone. Într-adevăr, tovarășii lui știau că dimineața el se ruga, vorbea cu „Tuan“-ul lui ceresc, cu Dumnezeu! Dar de data asta dura prea mult. De aceea conducătorul hamalilor a sfîrșit prin a arunca o privire printr-o crăpătură a cortului, și a văzut că el stătea încă pe genunchi. Au tot așteptat pînă la amiază. Doar atunci au îndrăznit în sfîrșit să deschidă cortul. El stătea tot pe genunchi, dar inima încetase să-i bată.

Acest mare om, acest spirit însemnat, a murit, adică a mers acasă la Domnul, pe genunchi. Iar micul burghez german îndrăzneşte să afirme: „Nu are sens să te rogi", în loc să mărturisească, cu lacrimi în ochi, că nu mai ştie să se roage! Livingstone a ştiut să se roage. El a murit pe genunchi. Noi vom muri la spital cu ajutorul unei injecţii. Altminteri n-am suporta să murim, dacă medicii nu ne-ar administra stupefiante. Livingstone nu avea nevoie de astea. El vorbea cu Dumnezeu. Şi discutînd cu El a intrat în veşnicie.

Ce se întîmplă cu rugăciunea în familie?

În casa mea părintească - eram opt fraţi - lucrurile se petreceau astfel: Dimineaţa înainte de micul dejun ne adunam toţi. Se intona o cîntare: „Stea strălucitoare, stea de dimineaţă..." sau „Laudă pe Domnul..." Apoi se citea un pasaj din Biblie. În încheiere se ruga tatăl meu. Chiar cînd n-am mai vrut să ştiu nimic de Dumnezeu, gîndul că acasă se rugau pentru mine mă urmărea. Iar cînd am lăsat totul şi, tînăr ofiţer, m-am angajat pe o cale rea, atunci rugăciunea părinţilor a fost ca o frînghie care m-a tras înapoi.

Mai ţineţi închinarea la Dumnezeu în cadrul familiei? Vouă, soţilor, Dumnezeu vă va cere într-o zi socoteală de sufletele copiilor şi soţiilor voastre, dacă nu v-aţi condus casa cum trebuie. Cum începe la voi ziua? Se cîntă o cîntare? Se citeşte un cuvînt din Biblie? A, nu ştiţi să vă rugaţi? Ce se întîmplă cînd copilaşii vă spun: „Tăticule, roagă-te în dimineaţa asta cu noi!"?

Într-o zi, un domn distins din Essen m-a rugat să-l vizitez acasă. Acolo, aşezat împreună cu soţia lui, îmi relata: „S-a întîmplat ceva de necrezut. Fiul meu de 16 ani a revenit într-o seară de la adunarea dvs. de tineri şi ne-a întrebat: ‚Noi de ce nu ne rugăm?' Cînd i-am spus: ‚Toate astea nu sînt decît o formă goală. Nu e nimic în spatele ei!', băiatul a întrebat mai departe: ‚Tăticule, ce părere ai despre Duhul Sfînt?' ‚N-am nici o părere'. Atunci fiul a spus: ‚Tocmai asta e nefericirea familiei noastre. Avem nevoie de un tată care să ştie să ceară lui Dumnezeu călăuzirea Duhului Sfînt!'" Asta mi-a povestit omul. I-am pus atunci întrebarea: „Auziți! Vreți să-l săpunesc pe fiul dvs. pentru că a fost un pic prea obraznic cu tatăl lui?" Dar domnul a răspuns: „Nu, nu! Mi se pare că dacă fiul meu are dreptate, eu sînt într-o postură proastă!" La asta n-am putut spune decît: „Sînteți într-adevăr într-o postură proastă. Băiatul are dreptate". „Da", a spus el, „de asta mă tem și eu. Ce trebuie să fac?"

Înțelegeți: omul și-a dat seama dintr-odată că se sustrăsese de la cea mai elementară responsabilitate ca și părinte. Nu ajunge să dați copiilor voștri mîncare și să le cumpărați haine. Voi taților aveți o răspundere mai mare! Știți să vă rugați?

Ca să-mi ilustrez gîndul, mă voi servi de o legendă pe care o povestesc marinarii. După ea, un vas fantomă ar cutreiera cele șapte mări. Deși nu are echipaj, nici o furtună n-a putut-o scufunda pînă acum. Să presupunem că o altă corabie o vede apărînd la orizont. Ce va face? Va încerca desigur să o contacteze prin radio, dar nu va obține niciodată răspuns. Noi semănăm cu acest vas fantomă. Dumnezeu încearcă să intre în contact cu noi. „Cu iubire, cu necazuri/ Vii Tu Doamne spre mine/ Ca să-mi pregătești inima..." El o va face prin tot felul de evenimente și experiențe - dar mai ales prin Cuvîntul Său. Însă noi nu știm să-I răspundem. Niște vase fantomă - iată ce sîntem!

Într-o zi, cînd vorbeam despre aceste lucruri, un băiețaș a întrebat-o pe mama lui: „De ce ne jignește așa nenea de la amvon?" Sper că înțelegeți că eu nu vreau să jignesc pe nimeni, dar mi se umple inima de milă pentru bietul nostru popor văzînd în ce stare a ajuns - intelectuali și muncitori, bărbați și femei, tineri și bătrîni, nu mai știu să cheme pe Dumnezeu; și totuși El este lîngă noi.

Mulți oameni își zic „creștini" și spun că „merg la biserică", dar nu știu să se roage. Cînd fac vizite, întîlnesc tot mereu oameni care spun: „Noi sîntem foarte creștini, domnule pastor. Mama mea îl cunoștea și pe pastorul Schulze. L-ați cunoscut? Nu? Pe acela îl cunoștea mama mea foarte bine!" Atunci i-am răspuns: „O să mergeți împreună cu pastorul dvs Schulze în iad, dacă nu-L cunoaşteţi pe Isus. Întrebarea este dacă ştiţi să chemaţi Numele lui Isus, dacă ştiţi să vă rugaţi!" Te rog, pune-ţi şi tu întrebarea: „Ştiu eu să mă rog? Mă rog eu?" - şi dă-ţi singur răspunsul.

Acum veţi spune poate: „Ajunge acum, pastore Busch! Spuneţi-ne mai degrabă cum să învăţăm să ne rugăm?" Şi asta vreau să fac acum.

## 2. Cum învăţăm să ne rugăm

a) Strigătul nou-născutului

Ei, cum învaţă cineva să vorbească? Puteţi să vă amintiţi primele bolboroseli? Nu? Nici eu. Dar dacă vreţi să învăţaţi să vă rugaţi, trebuie mai întîi să învăţaţi să scoateţi strigătului nou-născutului într-o viaţă adevărată din Dumnezeu. Vreau să vă spun ce înseamnă asta.

Domnul Isus a povestit odată următoarea istorioară: Doi oameni s-au dus la biserică în acelaşi timp. Unul era distins şi influent. El s-a dus imediat în faţă şi a început să se roage: „Dumnezeule, Îţi mulţumesc că sînt un om aşa de bun!" Dumnezeu Şi-a astupat deja urechile. Omul acesta putea să vorbească cît vroia. - Dumnezeu nu mai asculta. Şi aşa ceva există. Celălalt om era un tip destul de puţin recomandabil, un om cam la marginea societăţii, un negustor la negru, sau cam aşa ceva. Biblia îl numeşte „vameş". Şi cum a ajuns în biserică, este cuprins de solemnitatea locului şi îi e teamă. Rămîne lîngă uşă şi-şi spune: „Ăsta nu-i un loc pentru mine. La crîşmă îmi place ambianţa, mă simt bine. Dar nu aici". E pe punctul să facă stînga împrejur cînd îşi aminteşte deodată pricina pentru care a venit în acest loc. El are un dor profund după Dumnezeu. Toţi avem de fapt un dor adînc după Dumnezeu. Să ne întoarcem acasă la Tatăl nostru! Aşa că omul acela nu poate pleca. Dar nici nu mai poate înainta. Amintindu-şi ce este viaţa lui, îşi împreună mîinile şi nu spune decît cîteva cuvinte: „Dumnezeule, ai milă de mine, păcătosul!" Biblia spune: „Atunci încep oştile cereşti să cînte!" Un om a ajuns la viaţă!

Primul strigăt al unei noi vieţi este: „Am păcătuit!"

Vreau bucuros să vă explic aceasta. Cînd s-a născut primul meu fiu, am stat lîngă soția mea, căci nașterea a fost foarte grea. Mă gîndeam la cuvintele lui Isus: „Femeia, cînd este în durerile nașterii, se întristează“. Și mă gîndeam că soția pe care o iubeam și al cărei cap îl sprijineam era aproape la capătul puterilor. Și iată că aud deodată un glăscior, un scîncet. Se născuse copilul! O nouă viață! Acest scîncet n-avea nimic dintr-un cîntec armonios. Dar cînd l-am auzit, am început să plîng în hohote. Mă înțelegeți, nu-i așa? Eram tulburat de acest scîncet - primul strigăt al unei noi vieți!

Și vedeți, primul strigăt al unei vieți din Dumnezeu e scos de omul care ajunge în sfîrșit la lumina adevărului și spune: „Am păcătuit! Doamne, ai milă de mine păcătosul!“ Toate litaniile tale vor rămînea fără efect, dacă la început nu e strigătul noii vieți! Încă n-am văzut nici un copil care să fi început să țină prelegeri, ci la început a fost țipătul nou-născutului. La fel se întîmplă cu cel care intră în Împărăția lui Dumnezeu.

A fost acest strigăt al nou-născutului în viața ta? Nu? Atunci, de dragostea lui Dumnezeu, retrage-te într-un colț liniștit. Scopul meu nu e să fac publicitate bisericii, ci mi-ar place să opresc pe cîțiva dintre voi de pe drumul spre iad. Și asta nu se poate face fără strigătul nou-născutului: „Am păcătuit! Doamne, ai milă de mine, păcătosul!“

Cînd fiul risipitor s-a întors acasă de la porci, primul lucru pe care l-a spus a fost: „Tată, am păcătuit împotriva cerului și împotriva ta“. În clipa cînd vei rosti aceste cuvinte, Isus, Fiul lui Dumnezeu va veni înaintea ta și-ți va spune: „Dragul meu, draga mea, Eu am murit pentru păcatele tale! Eu am plătit pentru tine!“

b) Numai copiii lui Dumnezeu știu să se roage corect

De curînd am întîlnit pe un cunoscut care avea trei copilași dulci, un băiat și două fete. Cînd s-au apropiat de mine, am observat cum copiii își asaltau tatăl cu întrebări, toți în același timp. Iar tatăl nu le putea răspunde tuturor. Cînd am ajuns în dreptul lor și am salutat: „Bună ziua, domnule Cutare! Bună ziua, copii!“, de îndată ce-au auzit salutul meu, copiii au tăcut ca prin farmec. Ei tac față de străini. Asta înseamnă că copiii nu pot vorbi cu adevărat decît numai în prezența tatălui sau a mamei lor. Cînd vine un străin, atunci se rușinează.

La fel, nici noi nu ne putem ruga cu-adevărat decît dacă sîntem copii ai lui Dumnezeu. Prin urmare, dacă nu știm să ne rugăm, e pentru că nu sîntem copii ai lui Dumnezeu.

A, da, sîntem „botezați," sîntem „confirmați," sîntem „creștini", mergem la biserică de Crăciun sau de Paști, spunem politicos „bună ziua" pastorului, și nu îl lovim în coaste. Un evanghelist spunea într-o zi despre unii din aceștia: „Sînt iepuri botezați!" Cînd cineva l-a întrebat ce vroia să zică, a răspuns: „Dacă prindeți un iepure și-l botezați, el se va grăbi să ajungă iarăși pe cîmp imediat ce e lăsat liber. Oamenii aceia fac exact același lucru: de abia botezați, se întorc iarăși în lume!" Dragi prieteni, în acest caz omul nu știe să se roage. Numai copiii lui Dumnezeu pot cu adevărat să se roage! Și din pricina aceasta numai ei pot fi cu adevărat fericiți!

Vedeți: trebuie să deveniți copii ai lui Dumnezeu! De la natură nu sînteți. Poate că aveți o spoială creștină, dar nu sînteți copii ai lui Dumnezeu. Nu devii copil decît prin naștere, și nu devii copil al lui Dumnezeu decît prin nașterea din nou. Trebuie să devii copil al lui Dumnezeu - și atunci știi să te rogi! Da, copiii lui Dumnezeu nu mai pot să trăiască fără rugăciune! Pentru ei rugăciunea este ca respirația. Băieții mei glumesc uneori zicîndu-și unul altuia: „Nu uita să respiri!" Tu uiți respirația sufletului! Pentru copiii lui Dumnezeu rugăciunea e respirație. Trebuie deci să devii un copil al lui Dumnezeu!

Vreau să vă spun pe scurt cum se poate deveni copil al lui Dumnezeu: Numai prin Isus! El spune: „Eu sînt Ușa; dacă intră cineva prin Mine, va fi mîntuit". Prin ceața groasă a acestei lumi, Isus Se apropie de tine - Isus, Omul cu urmele de cuie în palme. Ție nu ți-a păsat de El. Ți s-a părut o prostie, o nebunie treaba cu Isus. Totuși El vine spre tine. Și se poate ca tu să-L recunoști cine este: „Tu, Omul venit dintr-o altă dimensiune, Tu Fiul Dumnezeului celui viu, Tu nu ești Altul decît Mîntuitorul meu!" Primul pas pe care-l am de făcut ca să devin copil al lui Dumnezeu este să recunosc pe Isus. Iar al doilea pas este să adopt cu privire la El o atitudine de încredere: El poate să facă ordine în viața mea lăuntrică, să mă elibereze de neliniște, de lipsa de pace, de sentimentul meu de vinovăție, de păcatele tinereții mele! În Vechiul Testament un om al lui Dumnezeu spune: „Tu ai grijă de sufletul meu". Dintr-odată cineva capătă încredere în Isus, într-atîta încît s-o rupă cu trecutul și să-și pună întreaga viață în mîinile Sale. Noi numim aceasta convertire. Asta am trăit-o eu în ceasul cînd la vîrsta de 18 ani am pus capăt vieții de păcat și mi-am dat viața lui Isus. Aici nu m-a ajutat nici un om. Nici eu nu te pot ajuta. Tu trebuie s-o faci singur cu Dumnezeu. Dar riscă numai și spune-I: „Ia-mi viața, Isuse, Ție/ Ți-o predau de-acum pe veci". În clipa cînd faci asta ai devenit un copil al lui Dumnezeu. În ciuda părerilor celor care cred că poți să fii mîntuit într-un alt mod, vă repet: nu există decît o ușă de intrare în Împărăția lui Dumnezeu! Și ușa aceasta se numește Isus! Isus, care a murit și a înviat pentru noi!

Și vedeți, dacă ai devenit un copil al lui Dumnezeu, - ah, caută-L pe Isus, pe El, care te caută de atîta vreme! - , atunci știi să te rogi, căci mizeria vieții tale încetează, căci poți să-ți verși, să-ți descarci inima înaintea Lui - ca un copil tatălui lui.

Acum sînt un pastor bătrîn și am cunoscut mulți oameni. Și astăzi sînt convins că fiecare om - fiecare! - își are secretele lui întunecoase, pe care le poartă pretutindeni cu el. Dar cînd devin copil al lui Dumnezeu, atunci pot să-mi descarc inima înaintea lui Isus. Pot să-I spun tainele mele negre, eșecurile, legăturile mele tulburi. Lui pot să-I spun ce n-aș încredința nici unui om.

La încheierea unei tabere cu tinerii mei, cîțiva dintre ei au povestit din viața lor. Un băiat de 18 ani a spus: „Deși îmi ziceam creștin, eram aproape să arunc totul peste bord. Într-o zi, înainte de a merge la studiu biblic, m-am rugat: Doamne Isuse, dacă în seara asta nu-mi spui personal un cuvînt, atunci las totul baltă. Nu pot să ajung la capăt cu problemele mele, mai ales cu cele pe care mi le pune viaţa într-un oraş mare, dacă nu mă luminezi!“ Şi apoi a continuat: „Cînd am plecat de la studiul biblic spre casă, totul era clar! El îmi ascultase rugăciunea şi-mi vorbise personal!“ M-a mişcat adînc cînd tînărul acesta povestea cum a strigat la Isus din necredinţă şi îndoială - şi răspunsul a venit. Cu atît mai mult eşti ascultat cînd, copil al lui Dumnezeu fiind, strigi la El!

Mama mea trăia la Hülben aproape de Urach, în munţii Suabiei. În război mi-a scris odată: „M-am trezit azi noapte pe la ora 3. M-am gîndit deodată la copiii mei de pe front, la nepoţii mei, la voi cei din zona de bombardament şi la Elisabeta în Canada, de la care nu am nici o veste. Şi neliniştea a pus stăpînire pe mine. Aveam impresia că cineva vrea să mă strîngă de gît cu nişte mănuşi de fier. N-am rezistat. Şi atunci m-am rugat: ‚Doamne Isuse, dă-mi un cuvînt! Nu mai pot să suport starea asta!‘ Apoi am aprins lumina, am luat Biblia“ - ferice de cel ce are totdeauna pe noptieră o Biblie! - „şi am deschis-o. Şi primul cuvînt pe care l-am găsit a fost: ‚Aruncaţi asupra Lui toate îngrijorările voastre, căci El Însuşi îngrijeşte de voi‘“. Scrisoarea mamei mele s-a încheiat cu minunatele cuvinte: „Atunci am pus totul în mîinile Mîntuitorului meu. Am stins lumina şi am adormit bucuros!“ Cînd cineva a devenit copilul lui Dumnezeu, atunci poate să trăiască aşa.

Îmi aduc aminte că mama mea a spus într-o zi: „Aseară eram aşa de obosită, încît nici nu mă mai putem ruga. Atunci am zis doar: ‚Noapte bună, dragă Isuse!‘“ Ascultînd-o, mi-am zis: „Aşa vorbesc copiii lui Dumnezeu cu Domnul lor, într-un mod firesc!“ Şi El veghează într-adevăr asupra lor. Zi şi noapte Mîntuitorul meu e lîngă mine, căci Îi aparţin şi pot conta pe El în orice împrejurare.

Ai înţeles? Dacă cineva nu ştie să se roage, atunci e o catastrofă de prim ordin. Îţi doresc să scoţi strigătul nounăscutului: „Am păcătuit, Doamne, ai milă de mine, păcătosul!“ Şi îţi doresc să nu găseşti odihnă pînă nu aparţii lui Isus, pînă nu ai devenit copil al lui Dumnezeu. Din clipa aceea, nu mai am nevoie să-mi fac grijuri pentru tine.

## *Cum să trăim cînd nu mai putem crede?*

1. Fără credință nu se poate trăi

Da, trebuie să vă spun foarte clar: Cînd cineva nu poate crede, atunci de fapt nici nu poate trăi! Și nu știu ce sfat să-i dau. Omului necredincios nu-i ajută nimic. Aș vrea să vă explic de ce este așa.

Noi ne închipuim că Dumnezeu este un concept teologic, un gînd, o forță a naturii sau așa ceva. Prietenii mei, Dumnezeu este o Persoană care trăiește cu adevărat și împlinește totul în toți. Iar dacă nu am pace cu Dumnezeu, dacă nu sînt în ordine cu Dumnezeu, deci dacă nu sînt un copil al lui Dumnezeu, atunci trec pe lîngă realitate. Și asta e un lucru periculos.

A fost ceasul cel mai mare din viața mea cînd, tînăr ofițer în Primul război mondial, am înțeles dintr-odată: „Dumnezeu e aici!“ M-am simțit ca unul care a intrat cu mașina în zid. Înainte aș fi spus ca și alții: „Eu cred în ‚bunul Dumnezeu‘“, sau în alte prosti, dar n-aș fi înțeles că El este o realitate. Dar deodată mă găseam în fața realității lui Dumnezeu!

Există în Biblie un psalm emoționant care vorbește despre faptul că Dumnezeu e atît de real încît n-ai putea scăpa de El. În el se spune: „Dacă mă voi sui în cer, Tu ești acolo“. Cosmonautul american Glenn a spus că ceea ce l-a tulburat foarte mult în capsula spațială a fost gîndul că: Dumnezeu e și aici! „Dacă mă voi sui în cer“ sau dacă zbor în cosmos -, „Tu ești acolo“. De m-aș îngropa în cel mai adînc puț al unei mine - la peste o mie de metri adîncime -, și acolo L-aș întîlni pe Dumnezeu! Psalmistul spune: „Dacă mă voi culca în locuința morților, iată-Te și acolo“. Cînd am luat în urmă cu cîtva timp avionul spre California, soția mi-a pus în geamantan un bilet pe care scrisese versetul din acest psalm. L-am citit cînd mi-am deschis geamantanul în San Francisco: „Dacă voi lua aripile zorilor și mă voi duce să locuiesc la marginea mării, și acolo mîna Ta mă va călăuzi, și dreapta Ta mă va apuca“. Dumnezeu e cea mai mare realitate!

Și deoarece Dumnezeu e cea mai mare realitate, nu-L

poţi lăsa la o parte nepedepsit. Dacă trăiesc ca şi cînd Dumnezeu n-ar exista, dispreţuindu-I poruncile, nesfinţind duminica, comiţînd adulter, minţind, necinstind pe părinţi, necinstind pe Dumnezeu - atunci trăiesc pe lîngă realitate. Şi atunci mi-e cu neputinţă s-o scot la liman cu viaţa! Priviţi în jurul vostru! Oamenii nu mai ajung s-o scoată la capăt, nici chiar cei care cîştigă mulţi bani. În lăuntrul lor sînt profund neliniştiţi, în viaţa personală nu merge bine şi nici în familie.

„Cum să trăim cînd nu mai putem crede?" Nu mai poţi s-o scoţi la capăt cu viaţa şi eşti despuiat în faţa morţii. Într-o sută de ani nici unul din noi nu mai e pe pămînt. Atunci toţi vom fi de cealaltă parte.

Dacă spune cineva: „După moarte nu mai este nimic. Atunci sîntem cu toţii morţi!", cugetă totuşi puţin în cine vrei mai degrabă să te încrezi: propriei inimi sau Cuvîntului lui Dumnezeu? Cum să reacţionezi în faţa morţii, dacă pune stăpînire pe tine gîndul: „Nu pot să duc dincolo nimic din ce am adunat aici!" Poate că ţi-ai construit o căsuţă, eu nu am o casă, ci o bibliotecă frumoasă. Dar tot ce îmi este drag, chiar şi oamenii pe care îi iubesc, nimic şi pe nimeni nu pot lua cu mine. Un singur lucru îl ia omul cu sine în veşnicie: vina lui înaintea lui Dumnezeu. Închipuieşte-ţi că stai pe patul de moarte. Şi deodată îţi vine gîndul: „Trebuie să las totul, - numai fărădelegile şi păcatele, făcute de cînd eram copil, merg acum înaintea mea în faţa Dumnezeului sfînt şi drept!" Cum să o scoatem la capăt înaintea judecăţii lui Dumnezeu - fără credinţă în Cel care îndreptăţeşte pe cel nelegiuit? Noi vom sta înaintea Lui!

Domnul Isus, care e totuşi aşa de îndurător, a spus: „Nu vă temeţi de cei ce pot ucide trupul" - mie de ei mi-ar fi frică, dar El spune: sînt neînsemnaţi - „nu vă temeţi de ei, ci temeţi-vă de Acela care poate să piardă şi trupul şi sufletul în gheenă" - şi, ca şi cînd ar simţi rece pe şira spinării, Isus repetă - „da, de El să vă temeţi!"

Acum cîţiva ani trăia în Norvegia un profesor celebru cu numele de Hallesby. Am avut privilegiul să fac cunoştinţă cu el. Era un om extraordinar, unul din norvegienii aceia gravi, serioşi, importanţi. Timp de o săptămînă întreagă a vorbit în fiecare seară la radio. Nu mi-era greu să mi-l imaginez în faţa microfonului spunînd: „Se poate ca, în seara aceasta, să adormi în pace în patul tău, şi să te trezeşti mîine dimineaţă în iad! Aş vrea să te avertizez!“ Aceste cuvinte au declanşat o furtună de proteste. Căci norvegienii sînt „oameni moderni“ şi joacă în lumea noastră de astăzi un rol fantastic. Un ziarist de la cel mai mare ziar din Oslo a publicat un editorial în care spune cam aşa: „Noi nu mai sîntem în Evul Mediu! Este absolut inadmisibil ca o instituţie modernă ca radioul să fie folosit pentru a debita asemenea absurdităţi!“ Iar cînd un ziar mare scoate un asemenea articol, toate publicaţiile mai mici i se alătură. Presa întreagă repeta deci: „Nu mai sîntem în Evul Mediu. Cum îşi poate permite un profesor să mai vorbească de iad!“ De aceea radio Oslo l-a rugat pe profesorul Hallesby să pună lucrurile la punct. El a revenit în faţa microfonului şi iată ce-a zis: „Trebuie să explic problema aceasta. Ei bine, fie! Se poate ca în seara aceasta să adormi în pace în patul tău iar mîine să te trezeşti în iad! Aş vrea să te avertizez!“ A fost picătura de apă care a făcut să se reverse paharul. Au fost întrebaţi toţi episcopii din Norvegia: „Există iad sau nu?“ Chiar cotidianul de informaţii „Der Spiegel“ din Germania a preluat chestiunea şi a scris un articol lung despre „controversa cu privire la iad din Norvegia“. N-a trecut nici un an după istoria asta că am ajuns în Oslo ca să le vorbesc studenţilor şi să ţin seara cîteva conferinţe. La sosire mi s-a luat o conferinţă de presă. La hotelul meu se adunaseră reporteri de la diferite ziare. Lucru curios, în dreapta mea îl aveam pe ziaristul care începuse polemica, iar în stînga pe profesorul Hallesby care reprezenta presa protestantă. Apoi s-a dat drumul. Ziaristul cu pricina m-a interpelat primul: „Pastore Busch, sînt în dezacord cu profesorul Hallesby. Dvs. sînteţi un om modern. Ce credeţi: există iadul?“ „Da“, am răspuns eu, „bineînţeles că există iadul. E de la sine înţeles!“ „Ei, eu nu pot să înţeleg cum puteţi să afirmaţi un asemenea lucru“ a replicat el. „Sînt gata să vă explic bucuros“ am spus eu. „Eu cred că există iadul pentru că Isus Însuşi a spus-o. Şi eu mă încred fără rezerve în Cuvîntul lui Isus, care a ştiut despre aceasta mai mult ca toţi oamenii inteligenţi!"

Şi Cuvîntul lui Dumnezeu spune: „Dumnezeu vrea ca toţi oamenii să fie mîntuiţi şi să ajungă la cunoştinţa adevărului". De aceea vorbim noi despre credinţă, deoarece Dumnezeu a arătat o cale cum să trăim şi să murim în pace.

Cum să trăim dacă nu mai putem crede? Cum s-o scot la capăt, dacă nu mai pot crede? Fără credinţă n-o vom putea scoate la capăt cu viaţa!

Daţi-mi voie să vă explic aceasta într-un alt mod. Imaginaţi-vă că aveţi un peştişor auriu şi drăguţ. Într-o zi vă gîndiţi: „Bietul de tine, să stai permanent în apă rece! Stai puţin, rezolv eu!" Îl scoateţi afară din apă, îl ştergeţi cu un şerveţel şi-l puneţi într-o frumoasă cuşcă aurită şi-l hrăniţi cu cea mai bună hrană - nu ştiu exact ce mănîncă peştişorii aurii - ouă de furnici sau cam aşa ceva - Îi daţi deci cele mai frumoase şi mai grase ouă de furnici şi spuneţi: „Dragă peştişor auriu, o aşa cuşcă frumoasă aurită, ouă de furnici aşa de apetisante, un aer aşa de curat! Acum o duci bine!" Ce va face peştişorul? Va zvîcni din aripioare de plăcere şi v-ar răspunde: „Mulţumesc, o, mulţumesc!"? Nu, nu asta va face, ci se va zbate ca un nebun ca să poată respira. Iar dacă ar şti să vorbească, v-ar zice: „Nu vreau cuşca ta aurită nici ouăle tale de furnici. Vreau să mă întorc în elementul meu, în apă!" Şi vedeţi: Elementul nostru e Dumnezeul cel viu, care a creat cerul şi pămîntul şi pe noi de asemenea. „Toată viaţa purcede din Tine", aşa începe imnul naţional elveţian. Dumnezeu este elementul nostru! Şi cîtă vreme nu am pace cu Dumnezeu, pot să-i dau sufletului meu o cuşcă aurită - înţelegeţi, omul de azi dă sufletului lui totul: plăceri, călătorii, mîncare bună, vin bun, - totuşi sufletul nostru se zbate şi spune: „În fond, nu vreau nimic din toate acestea. Eu vreau să fiu în elementul meu, vreau pacea cu Dumnezeu!" Nu fii deci aşa de crud cu tine însuţi! Inima noastră e neliniştită pînă ce găseşte odihna în Dumnezeul cel viu! După cum peştele vrea să fie în elementul lui, aşa tînjeşte sufletul nostru după Dumnezeu, care e elementul nostru!

Cum să ieşim la liman cu viaţa cînd nu mai putem crede? Atunci pot doar să spun: „Nu vom putea-o scoate la capăt nici în viaţă, nici în moarte, nici în veşnicie!“ Iar dacă obiectezi: „În ansamblu, oamenii o s-o scoată la capăt destul de bine!“, atunci trebuie să-ţi răspund: „Se va vedea!“ Iată un om ca Goethe. Era frumos, era bogat, era ministru, era inteligent: pe scurt, avea totul. Dar la sfîrşitul vieţii, a spus lui Eckermann că dacă ar aduna ceasurile lui de fericire, n-ar ajunge la un total de trei zile. El nu avea pace! Nu, un om n-o poate scoate la capăt cu viaţa dacă nu are credinţă!

Acesta a fost primul lucru pe care trebuia să vi-l spun. Iar acum vine punctul al doilea:

## 2. Totul depinde de adevărata credinţă

De fapt, ce importă este ca voi să aveţi adevărata credinţă salvatoare!

Fiecare om crede doar în ceva. Student fiind, eram odată acasă la mama mea. O doamnă a venit într-o zi în vizită la ea. Deoarece mama tocmai era plecată de acasă, i-am spus doamnei: „Stimată doamnă, mama lipseşte. Va trebui să vă mulţumiţi cu prezenţa mea“. „Foarte drăguţ“ a răspuns ea politicos. După ce am invitat-o să ia loc, m-a întrebat: „Şi ce faceţi?“ I-am răspuns: „Studiez teologia“. „Ce!“ a strigat ea, „teologia? Cine mai crede încă în zilele noastre? Este imposibil!“ Şi apoi bătrîna doamnă, făcînd aluzie la Goethe - era în Frankfurt unde trăise Goethe - a declarat cu mîndrie: „Noi avem credinţa lui Goethe! Creştinismul e demodat, sfîrşit“. Deoarece conversaţia îmi era acum penibilă şi nu vroiam să încep cu bătrîna doamnă o discuţie contradictorie, am adus-o pe un alt domeniu: „Stimată doamnă, pot să vă întreb cum vă merge cu sănătatea?“ Atunci a răspuns rapid, bătînd în masă: „Bat în lemn! Ei, nu se pune o asemenea întrebare!“ Eu am întrebat: „Iertaţi-mă, ce înseamnă: ‚Bat în lemn!‘?? „Ca să nu-mi aducă nenorocire“. „Aşa deci“, am constatat eu, „aţi respins credinţa în Dumnezeul cel viu, dar aveți credință în bătutul în lemn! Ciudat. Fără îndoială că ați cîștigat la schimb!"

În acea clipă am înțeles că fiecare om are o credință. Întrebarea e numai dacă am credința adevărată, salvatoare. În epoca noastră se spune: „Esențialul e să crezi!" Iar unul adaugă: „Eu cred în ‚bunul Dumnezeu!'" - „Eu cred în natură!" - „Eu cred în destin!" - „Eu cred în Providență!" Nu, prietenii mei, esențialul e să ai adevărata credință, o credință care aduce pacea cu Dumnezeu și pacea în inimă. Îmi trebuie o credință care să mă salveze de iad, pe care s-o pot simți aici, pentru că îmi dă viață nouă. Altminteri, nu mă interesează. Mulți oameni au crezut odată în Germania, în victoria finală, în Führer. Ce s-a întîmplat cu acestea? Nu vedeți că există o credință falsă? Dar mie îmi trebuie adevărata credință, cea care mîntuie!

Dar adevărata credință, cea care salvează, este - într-un cuvînt - credința în Isus, Fiul Dumnezeului celui viu. Credința în Isus Cristos! Nu într-un întemeietor de religie, - sînt din aceștia destul de mulți - ci în Isus Cristos, Fiul Dumnezeului celui viu.

Și acum trebuie să vă spun ce e cu Isus.

Ni se relatează în Biblie o istorie minunată care ilustrează bine ce este credința salvatoare în Isus.

Urmați-mă, cu gîndul, acum două mii de ani, în afara porților Ierusalimului pe dealul Golgota, „locul craniului". Nu luați în seamă mulțimea care urlă și strigă! Nu luați în seamă nici pe soldații care sînt în gardă și-și trag la sorți hainele celor condamnați. Ridicați însă privirile în sus: pe crucea din mijloc atîrnă Fiul lui Dumnezeu. Pironit! Cu fața însîngerată de cununa de spini care I-a fost îndesată pe cap. Acolo atîrnă Dumnezeu. În dreapta Lui este răstignit un ucigaș. În stînga Lui la fel. Și aceștia sînt condamnați la moarte. Apoi se face întuneric. Moartea se apropie. Atunci unul din acești ucigași începe deodată să strige: „Ascultă, ai zis că ești Fiul lui Dumnezeu, Tu, Acela din mijloc. Dacă ești cu adevărat și nu minți, atunci coboară-Te de pe cruce și scapă-mă și pe mine!" E ușor de înțeles. În clipa morții, omul spune lucruri pe care altminteri nu le-ar fi spus. Și apoi ia cuvîntul celălalt ucigaş. El se adresează tovarăşului lui şi-i spune: „Tu tot nu te temi de Dumnezeu?“ Aici trebuie să începeţi: să recunoaşteţi că Dumnezeu e sfînt şi că mînia Lui e teribilă.

Cînd bombele cădeau peste oraşele noastre, oamenii erau înspăimîntaţi. Poate că e vina bisericii că nu li s-a spus: Dumnezeu poate fi teribil! El poate să lase să se întîmple aşa ceva! „Şi tu tot nu te temi de Dumnezeu!“ Ar trebui să se strige pe acoperişurile marilor noastre oraşe: „Tot nu vă temeţi de Dumnezeu?“ Ar trebui să se urle în agenţii şi în birouri unde lumea nu se gîndeşte decît cum să cîştige bani, chiar dacă se trece peste cadavre: „Tot nu vă temeţi de Dumnezeu?“ Ar trebui să se spună tinerilor care trăiesc în necurăţie: „Tot nu vă temeţi de Dumnezeu? Ce aveţi în cap? Sînteţi orbi?“ Trebuie să încep prin a recunoaşte că Dumnezeu e sfînt şi mînia Lui e teribilă.

Dar răufăcătorul, tîlharul continuă: „Pentru noi osînda aceasta e dreaptă! Am meritat-o doar!“ Iată al doilea lucru care conduce la credinţa salvatoare: El îşi recunoaşte propria vină.

Am întîlnit pe mulţi oameni care mi-au zis: „Eu nu pot să cred!“ I-am întrebat: „Aţi înţeles vreodată că sînteţi vinovat înaintea lui Dumnezeu?“ „Nu, eu fac ce e bine şi nu-mi pasă ce zic alţii“. Atunci i-am răspuns: „Cîtă vreme vă minţiţi aşa, nu veţi ajunge la lumină!“ Recent am întîlnit pe cineva care mi-a zis la fel: „Fac ce este bine şi nu-mi pasă ce zic alţii!“ Eu i-am replicat: „Felicitări. Eu n-aş putea spune asta. În viaţa mea multe nu merg bine“. El a răspuns: „Desigur, dacă te uiţi la amănunte!“ „O“ am spus, „Dumnezeu Se uită la amănunte! De aceea nu continuaţi să vă minţiţi singur!“ Vezi, tu ajungi la credinţa adevărată, salvatoare de abia cînd numeşti păcatul păcat, cînd numeşti comportările tale sexuale murdare curvie, cînd adulterul tău îl numeşti adulter, cînd nu-i mai spui minciunii abilitate, ci minciună, cînd nu-ţi mai îndreptăţeşti egoismul ci recunoşti că-ţi eşti propriul tău dumnezeu - şi asta e idolatrie. Acesta e al doilea lucru care mă aduce la credinţa salvatoare, anume să numesc în sfîrşit păcatul păcat, să vin înaintea lui Dumnezeu şi să-I spun: „Doamne, am meritat osînda Ta!“ E îngrozitor cum încearcă oamenii din epoca noastră să se convingă că totul este bine! Dumnezeu ne va smulge într-o zi masca de pe față!

Și apoi tîlharul nu s-a mai adresat celuilalt, ci a spus lui Isus: „Tu n-ai făcut nimic nedrept. De ce atîrni aici?" Și în clipa aceea îi trece prin minte: „El atîrnă aici pentru mine! El îmi ispășește vina!" Atunci strigă: „Doamne, adu-Ți aminte de mine, cînd vei veni în Împărăția Ta!" El a făcut al treilea lucru: El a crezut că Isus poate salva pe veci, pentru că a murit în locul nostru. Și atunci Isus spune: „Azi vei fi cu Mine în rai!"

Vedeți, aceasta e credința salvatoare: devin conștient de sfințenia lui Dumnezeu, îmi recunosc starea pierdută și-L recunosc pe Isus, care a murit pe cruce pentru mine ca pe singura mea șansă. Fără această credință n-o scoți la capăt cu viața! Dar cu această credință poți fi sigur că vei reuși! Este tot ce pot să-ți spun.

Unii mi-au reproșat că sînt prea simplist. Nu le-am putut răspunde decît: „Îmi pare rău! Dar nu există alt mijloc de a o scoate la capăt în viață, în moarte și în fața judecății lui Dumnezeu decît să vin la Isus ca păcătos ce sînt, să mă pocăiesc și să-mi recunosc păcatele și să repet cu credință: „Pentru mine a curs, sîngele sfînt/ O cred și o apuc/ Curățește paguba/ Căci Cristos a murit în locul meu". Aș vrea să nu uiți niciodată aceste cuvinte: „Isus a murit pentru mine!" Cînd te vei scula mîine dimineață, ar trebui să-ți sune în urechi: „Isus a murit pentru mine!" Cînd vei fi la servici, să-ți amintești deodată: „Isus a murit pentru mine!" Apoi - cînd îți va da har Dumnezeu, va veni clipa cînd vei putea să-L lauzi și să-I spui: „Pentru mine! Pot deci să cred!" În clipa cînd vei fi priceput aceasta, ești un copil al lui Dumnezeu! Isus spune: „Eu sînt Ușa; dacă intră cineva prin Mine, va fi mîntuit".

Acum trebuie să vă mai spun și al treilea lucru. Mulți oameni îmi zic: „Pastore Busch, e frumos ce spuneți. Dar eu nu pot s-o cred". La asta trebuie să răspund acum. Pe oamenii care vorbesc așa aș vrea să-i împart în patru grupe. Deci:

### 3. Oameni care nu pot să creadă...

a) ...pentru că nu sînt religioşi

La prima grupă aparţin oamenii care-mi spun: „Eu nu pot să cred pentru că nu sînt religios. Dvs., domnule pastor, sînteţi religios, dar eu nu sînt!“ Lor le pot răspunde doar: „Nici eu nu sînt religios“. Într-adevăr, pentru mine clopotele, tămîia şi toate lucrurile acestea au puţină importanţă. Sînt fericit că în ultimii ani am predicat în Essen într-o sală unde era numai o fanfară bună. Nu exista orgă şi nici clopote - şi nu mi-a lipsit nimic. Nu am nimic împotriva lor, dar nu le simt nevoia. Sînt aşa de puţin religios!

Cînd Isus, Fiul lui Dumnezeu, a fost pe pămînt, existau foarte mulţi oameni religioşi. Erau cărturari, preoţi, farisei - cu toţii foarte religioşi. Printre ei, saducheii aveau tendinţe mai liberale. Aceşti oameni ar spune astăzi: „Eu Îl caut pe Dumnezeu în natură“. În timpul perioadei naziste au spus: „Dumnezeu este în steagurile noastre“. Tot religios! Şi aceşti oameni religioşi au răstignit pe Fiul lui Dumnezeu. El nu le convenea. Apoi existau oameni total nereligioşi: prostituate, afacerişti - Biblia îi numeşte vameşi - meşteşugari furaţi de meseria lor, pentru că trebuiau să lupte pentru pîinea lor zilnică; un om distins cu numele de Zacheu care adunase atîţia bani că nu ştia ce să facă cu ei. Aceştia erau toţi oameni total nereligioşi. Totuşi ei s-au întors spre Isus! Cum aşa? Ei au ştiut că sînt vinovaţi înaintea lui Dumnezeu, că în viaţa lor nu toate sînt în ordine şi că au dat peste un Mîntuitor care îi face copii ai lui Dumnezeu! Atunci au crezut în El.

Domnul Isus nu a venit să facă din nişte oameni religioşi unii încă şi mai religioşi, ci Domnul Isus a venit să salveze pe păcătoşi de moarte şi de iad şi să-i facă copii ai lui Dumnezeu! Iar cînd sînt oameni care zic: „Eu nu pot să cred pentru că nu sînt religios“, atunci le pot spune: „Aveţi cea mai mare şansă să deveniţi copii ai lui Dumnezeu!“ Păcătoşi sîntem cu toţii - şi o ştim toţi! Dar: „Isus a murit pentru mine!“ Vă repet: Isus nu a venit ca să facă pe oamenii religioşi şi mai religioşi, ci din nişte păcătoşi pierduți copii ai Dumnezeului celui viu!

b) ...pentru că nu vor să creadă

A doua grupă constă din cei care spun: „Eu nu pot să cred" dar în realitate, dacă ar fi sinceri, ar trebui să recunoască: „Eu nu vreau să cred!" Căci dacă ar veni la credință, întreaga lor viață ar trebui schimbată. Și asta nu le place. Ei știu că nu totul e în ordine în viața lor. Dar dacă ar deveni copii ai lui Dumnezeu, atunci ar trebui să vină la lumină. Nu, asta nu vor. Și atunci colegii lor i-ar privi prost! Și ce ar spune toate rudeniile, dacă ar deveni deodată creștini? Nu, mai bine nu! Și dacă întîlniți oameni care vă spun: „Eu nu pot să cred!" atunci observați-i mai îndeaproape ca să vedeți dacă nu cumva, în fond, n-ar trebui mai degrabă să spună: „Nu vreau să cred!"

Există o istorie tulburătoare în Biblie. Iată-L pe Fiul lui Dumnezeu, pe Domnul Isus, stînd pe muntele Măslinilor. La picioarele Lui se întinde orașul sub strălucirea orbitoare a razelor de soare. Iar puțin mai departe, drept în față, se ridică colina templului despre care chiar și păgînii spuneau că ar trebui socotit printre minunile lumii. Toate acestea stau la picioarele Lui. Dar deodată ucenicii Lui văd cu groază cum curg lacrimile pe fața lui Isus. Se uită la El surprinși și întrebători. Apoi Domnul Isus izbucnește: „Ierusalime, Ierusalime! De cîte ori am vrut să strîng pe copiii tăi cum își strînge găina puii sub aripi, și n-ați vrut! Acum stați sub judecata lui Dumnezeu. Iată că vi se lasă casa pustie..." Acestea sînt unele din cele mai zguduitoare cuvinte din Biblie: „Și n-ați vrut!" Așa au spus și cei din Ierusalim: „Nu putem crede!" - dar nu voiau să creadă!

Vedeți, cine nu vrea să creadă, acela nu este obligat la aceasta! Îmi dați voie să v-o spun: în biserică există încă tot felul de constrîngeri. Dar în Împărăția lui Dumnezeu totul se face de bunăvoie. Cine vrea să trăiască fără Dumnezeu, acela poate s-o facă! Dumnezeu ni Se oferă. Dar noi Îl putem respinge. Vrei să trăiești fără Dumnezeu? Ai voie! Vrei să trăiești fără pace cu Dumnezeu? Ai voie! Vrei să trăiești fără Biblie? Ai voie! Vrei să calci poruncile lui Dumnezeu? Ai voie! Vrei să profanezi duminecile, să curveşti, să te-mbeţi, să minţi, să furi? Ai voie! Cine nu vrea pe acest Mîntuitor, pe care L-a trimis Dumnezeu, ca să salveze pe păcătoşi, acela are voie să-L respingă. Cine vrea să meargă în iad, acela are voie s-o facă! La Dumnezeu nu există constrîngere. Numai însă să-ţi intre bine în cap că va trebui să suporţi urmările. Dumnezeu îţi oferă prin Isus iertarea păcatelor şi pacea. Tu poţi să spui: „N-am nevoie de ele! Nu le vreau!“ Atunci ai voie să trăieşti aşa! Dar să nu crezi că în ultimele cinci minute din viaţa ta vei mai putea apuca ceea ce ţi-a oferit Dumnezeu o viaţă întreagă. Tu poţi să respingi oferta de pace a lui Dumnezeu în Isus, dar apoi trebuie să trăieşti toată veşnicia fără pacea cu Dumnezeu. Şi acesta e iadul!

Iadul e locul unde cineva e scăpat definitiv de Dumnezeu. Acolo nu vei mai fi invitat de Dumnezeu. Nimic nu te va mai atrage spre El. Poate că acolo vei vrea să te rogi, dar nu mai poţi. Atunci vrei poate să chemi Numele lui Isus, dar el nu-ţi mai trece prin minte. Tu nu eşti obligat, desigur, să accepţi mesajul pe care ţi-l aduc. Poţi să nu te converteşti la Isus. Dar să-ţi fie clar că prin aceasta alegi iadul! Tu ai deplina libertate!

„Şi n-aţi voit!“ a spus Isus celor din Ierusalim. El nu i-a silit. Dar ce-au ales ei a fost groaznic.

c) ...pentru că au văzut atîtea în viaţa lor.

A treia grupă din cei ce spun: „Nu pot să cred!“ avansează o explicaţie curioasă, pe care n-am auzit-o niciodată de la femei, ci numai de la bărbaţi. Explicaţia sună astfel: „Domnule pastor, am trecut prin atîtea încît nu mai pot să cred!“ Eu întreb: „Prin ce-aţi trecut? Nici eu n-am avut o viaţă monotonă!“ „Da..., eu am trecut prin atîtea, încît nu mai pot să cred!“ Acest gen de frază circulă între bărbaţi ca o fantomă. În acest caz, obişnuiesc să-i iau puţin peste picior şi să spun: „Dar credeţi ce scrie în Mersul trenurilor? Credeţi orice informaţie pe care v-o dă un poliţist?“ „Da!“ „Atunci nu mai spuneţi: ‚Nu mai cred în nimic!‘, ci spuneţi: ‚Nu mai cred nimic în afară de ceea ce scrie în Mersul trenurilor şi în ce spune poliţia‘“ Şi aşa s-ar putea continua, înțelegeți. Atunci spun: „Vedeți, în viața mea întunecată, plină de păcat, murdărie, noapte și greșeală a venit Isus. Și atunci am cunoscut că El este Fiul lui Dumnezeu, trimis de El! Și apoi mi-am predat viața Aceluia care a făcut așa de mult pentru mine: Isus. Și dacă într-adevăr n-ai mai putea crede în nimeni și în nimic, pe Acela, care Și-a dat viața pentru tine, Îl poți crede ce spune, da, pe Acela Îl poți crede. Ei cred atîtea, numai în Acela, în care s-ar putea încrede total, ceea ce încă nimeni nu a regretat, nu! Ciudat! Și atunci spun că ar fi trecut prin atîtea. Ei încă n-au trecut prin destule!"

d) ...pentru că ceva i-a revoltat.

A patra categorie de persoane care nu pot să creadă, sînt cele care au fost scandalizate de biserică sau revoltate de practicile, tradițiile sau învățăturile ei.

În fața mea stă o tînără studentă care îmi explică: „Eu studiez științele naturii". Îi spun: „Frumos, domnișoară! Dar ce vă frămîntă?" Atunci ea răspunde: „Domnule pastor, am auzit o conferință de-a dvs. Simt că aveți ceva ce mi-ar place și mie, dar eu nu pot să cred! Știți, nu pot accepta toate dogmele și tradițiile bisericii. Aș avea impresia că trebuie să înghit un mănunchi de fîn uscat!" Atunci am rîs și am răspuns: „Domnișoară, nu e nevoie să înghițiți un mănunchi de fîn! Ați auzit vreodată de Isus?" „Da", spune ea. „Ce-ați zice dacă v-aș spune că Isus este un mincinos?" „Nu", răspunde ea, „asta n-o cred!" „Credeți că Isus a zis adevărul?" „Da", spune ea, „cred". Merg mai departe: „Domnișoară, există vreun om căruia i-ați spune: ‚Cred că n-ai mințit niciodată!'?" „Nu", răspunde ea, „n-aș spune-o nimănui". „Vedeți", am spus eu, „domnișoară, deja credeți. Îi acordați încrederea lui Isus. Este nemaipomenit! Cu asta se începe: Dvs. credeți că Isus spune adevărul. Biblia spune: ‚Viața veșnică este aceasta: să cunoască pe Isus Cristos, pe care L-ai trimis Tu'. Nu mai aveți nevoie să vă bateți cu dogmele și tradițiile bisericii. Din pîcla acestei lumi vă iese cineva în întîmpinare. Și dvs. vedeți tot mai clar semnele cuielor și urmele cununii de spini care vorbesc despre faptul că El a luat asupra Sa vina dvs. şi v-a iubit cînd încă nu vă iubea nimeni. Fie ca văzînd pe Isus să vi se deschidă ochii şi să puteţi spune: ‚Mîntuitorul meu, Domnul meu şi Dumnezeul meu!' Credinţa nu înseamnă să înghiţi dogme ca un mănunchi de fîn uscat, pentru că aşa a spus pastorul sau preotul, ci să crezi înseamnă să cunoşti pe Isus Cristos!"

„Ha", spune unul, „eu unul nu pot să cred pentru că preoţii, pastorii...", apoi îşi dă drumul. Şi aud astfel istorii despre pastori. Unul a avut aventuri cu femei. Altul a luat din banii bisericii. Peste tot s-a întîmplat ceva cu pastorii. „Ei, cum mai vreţi să cred!" Şi mă înroşesc pînă în vîrful urechilor, căci mă cunosc bine pe mine însumi. Eu nu am luat din banii bisericii, dar dacă oamenii ar şti tot ce se petrece în mine, ar vedea bine că nici eu nu sînt perfect. Ce să răspund atunci la asta? O să vă fac să observaţi că nicăieri în Biblie nu se spune: „Crede în pastorul tău şi vei fi mîntuit", ci în Biblie stă: „Crede în Domnul Isus şi tu vei fi mîntuit". Un pastor este - da, ştiu, nu totdeauna este aşa, dar dacă funcţionează aproape normal - un indicator spre Isus. Fie că stîlpul indicator e cam îndoit sau înclinat sau spălat de ploi, asta nu deranjează prea mult. Cu condiţia să se poată vedea ce indică. În ce mă priveşte, nu m-aş duce să ascult nici un pastor care nu e un indicator spre Isus, Fiul lui Dumnezeu răstignit şi înviat. Dar n-o să mă supăr din pricina stîlpului indicator care îmi arată calea şi ţinta, ci eu merg pe cale pînă la ţintă. Şi această ţintă este: „A venit Isus, izvorul harului". Vrei atunci să te înfăţişezi înaintea lui Dumnezeu la judecata de apoi şi să-I spui: „Doamne, n-am vrut mîntuirea Ta, n-am acceptat iertarea păcatelor mele pentru că pastorul nu avea nici o valoare!"? Aşa vrei să stai cîndva înaintea lui Dumnezeu? Asta mă face să mă gîndesc la băiatul acela care spunea: „Aşa-i trebuie tatălui meu că am mîinile îngheţate. El nu avea decît să-mi cumpere mănuşi!"

Nu, prietenii mei, nu este adevărat cînd spune cineva: „Nu pot să cred!"

Există un cuvînt al lui Isus care e colosal şi care sună

așa: „Cine vrea să facă voia lui Dumnezeu, va cunoaște dacă învățătura Mea este de la Mine“. Întrebarea este deci de a ști dacă sînt gata să mă supun și să fac, pînă în cele mai mici amănunte, ceea ce recunosc ca adevărat. Atunci voi putea merge înainte.

**4. Ce să facem cînd nu mai putem crede**

Vreau să-ți spun în încheiere cîteva cuvinte:

a) Roagă-L pe Dumnezeu să-ți dea lumină!

El este lîngă tine. Spune: „Doamne, ajută-mă să am credință. Fă-mă să văd lumina!“ El ascultă acest fel de rugăciune.

b) Bazează-te pe prezența lui Dumnezeu!

Isus e aici! Du-te într-un colț liniștit și spune-I: „Doamne Isuse, vreau să-Ți dau viața mea“. Asta am făcut și eu cînd, în necredința mea, mi-a fost teamă de Dumnezeu, și apoi am auzit despre Isus.

c) Citește Biblia!

Petrece în fiecare zi un sfert de oră singur cu Isus! Citește un pasaj din Biblie și ascultă ce are Dumnezeu să-ți spună. Citește ascultînd! Și apoi împreună-ți mîinile și spune-I: „Doamne Isuse, am așa multe să-Ți spun. Nu reușesc s-o scot la capăt cu viața mea, ajută-mă!“

d) Caută părtășie!

Caută părtășia cu oameni care vor și ei în mod serios să fie creștini! Nu rămîne singur! Nu există călători solitari pe calea către cer. Caută părtășia cu creștini care merg pe același drum!

## *Cum să trăim dacă ne însoțesc neîncetat greșeli și lipsuri ?*

În Württemberg se aude uneori zicîndu-se: „Acum e serioasă treaba!“ Astfel aș vrea să vă spun și la tema noastră: „Acum e serioasă treaba! Acum treaba devine serioasă!“

„Cum să trăim dacă ne însoțesc neîncetat greșeli și lipsuri?“ Mai întîi trebuie să vă spun că întrebarea este rău pusă: „...dacă ne însoțesc neîncetat greșeli și lipsuri“. De fapt noi tragem întotdeauna această povară după noi. Greșelile și lipsurile noastre ne urmează pretutindeni unde mergem. De aceea sînt foarte fericit că pot să vorbesc de un lucru atît de minunat, de un cadou care îl copleșește pe om cu bogăție și fericire. Acest lucru nu se poate cumpăra în nici o țară din lume. Chiar dacă ai fi miliardar și, pentru a-l dobîndi, ai fi gata să-ți vinzi toată averea, nu l-ai putea cumpăra. Nu ți l-ai putea procura nici prin relații - chiar dacă de atîtea ori în zilele noastre se poate obține prin relații ceea nu se poate căpăta cu bani. Acest lucru minunat, despre care vreau să vorbesc, nu poate fi obținut nici prin relații. Nu există posibilități pentru procurarea lui. El poate fi primit numai în dar. Și acest lucru mare, minunat și slăvit, despre care vreau să vă vorbesc, care nu se poate nici cumpăra, nici procura prin relații, se numește: iertarea păcatelor.

Știu că mulți sînt acum dezamăgiți și gîndesc: „Iertarea păcatelor?“ Și atunci se naște imediat întrebarea:

### 1. Am într-adevăr nevoie de aceasta ?

Sînt convins că jumătate din voi spune: „Iertarea păcatelor? Nu e nevoie!“ Recent, un tînăr mi-a explicat aceasta în felul următor: „Noi trăim într-o epocă în care se crează nevoia prin publicitate. Strămoșii noștri n-au cunoscut nici guma de mestecat, nici țigările. Printr-o publicitate neobosită, la radio, TV și pe afișe, am fost aduși treptat la starea de-a nu mai putea trăi fără țigări, de pildă. Se trezește o nevoie, apoi se începe vînzarea! Și el a urmat:

„La fel face și biserica. Ea spune oamenilor: ‚Voi aveți nevoie de iertare‘, și pe urmă ea le-o vinde. De fapt noi n-avem deloc nevoie de ea, ci voi creați nevoia pentru a vă putea vinde marfa“. Așa este? Să presupunem că un trecător te-ar întreba pe stradă: „Bună ziua. Cum vă numiți?“ „Mă numesc Meier“. „Domnule Meier, aveți nevoie de iertarea păcatelor?“ Domnul Meier răspunde: „Nu!! Aș avea nevoie de două mii de mărci, dar nu de iertarea păcatelor!“ Este exact? Este mai întîi trezită o nevoie care la început nu există, pentru ca apoi să i se răspundă cu Biblia?

Eu vă spun: Este o mare eroare, o eroare capitală. Noi n-avem nevoie mai acută ca iertarea păcatelor! Cine socotește că nu are nevoie de iertarea păcatelor, acela nu cunoaște pe Dumnezeul sfînt și de temut. S-a vorbit atîta de Dumnezeul dragostei, încît nu mai știm că Dumnezeu - așa scrie în Biblie - este un Dumnezeu de temut! Ceea ce m-a trezit din viața mea de păcat a fost gîndul care mi-a trecut brusc prin minte: Ai de ce să-ți fie teamă de Dumnezeu! Cine zice: „Eu nu am nevoie de iertarea păcatelor“ nu cunoaște pe Dumnezeul cel viu, care poate nimici trupul și sufletul în iad. Da, într-adevăr: poți fi pe veci pierdut! Asta spune Isus, care trebuie s-o știe. Și chiar dacă toată lumea ar spune: „Nu credem asta!“, tot ar fi pierdută! Isus știe ce ne așteaptă dincolo. Și El ne avertizează insistent împotriva pierzării! Iar noi stăm aici cu păcatele noastre și îndrăznim să spunem: „Noi n-avem nevoie de iertarea păcatelor! Biserica trezește numai o nevoie care nu există deloc!“ Ce prostie! De nimic nu avem mai multă nevoie ca de iertarea păcatelor!

Trebuie să vă povestesc aici o experiență. Aveam odată o adunare în frumosul oraș Zürich, în palatul Congresului, în fața unui auditoriu foarte numeros. Deși multe persoane au trebuit să rămînă în picioare, am remarcat doi domni care se întrețineau vesel și al căror comportament arăta clar că ei veniseră din pură curiozitate. Unul din ei avea un barbișon drăguț - asta mă frapase și-mi zisesem: „Păcat că nu pot purta și eu unul ca al lui!“ Începîndu-mi conferința, mi-am propus să captez interesul acestor doi domni. Și efectiv, ei au fost foarte atenți pînă în clipa cînd am rostit pentru prima oară cuvintele „iertarea păcatelor". Atunci am văzut fluturînd pe buzele celui cu barbișon un zîmbet batjocoritor care a șoptit celuilalt ceva la ureche. Sala era foarte mare, și cum cei doi se aflau chiar în spate, n-am putut să aud ce-i spunea, dar am putut să ghicesc după expresia feței. Trebuie că a fost ceva de genul. „Iertarea păcatelor! Pălăvrăgeala tipică a pastorilor! Cerule!" Și trebuie că s-a gîndit: „Eu nu sînt deloc un criminal. Eu nu am nevoie de iertarea păcatelor!" - Așa spui și tu, nu-i așa? În orice caz, văzînd reacția acelui om, m-a cuprins mînia. Știu că mînia nu e bună înaintea lui Dumnezeu, dar nu am putut-o opri. „O clipă !" am spus eu. „Vreau să fac acum o pauză de treizeci de secunde, în care fiecare va putea să răspundă prin da sau nu la întrebarea pe care o să v-o pun: ‚Vrei să renunți la iertarea păcatelor pentru toată veșnicia, doar pentru că crezi că nu ai nevoie de ea?'" Și vreme de o jumătate de minut, o liniște profundă a planat peste miile acelea de oameni. Și deodată am văzut pe omul cu barbișon pălind și sprijinindu-se de perete, așa de speriat era! Trebuie că-și zisese: „Acum spun că nu sînt un criminal, dar pe patul de moarte, cînd lucrurile vor fi foarte serioase, atunci voi vrea totuși să am iertarea păcatelor. N-aș vrea să renunț la ea pentru toată veșnicia". Nici tu, nu-i așa?

Există un dicton pe care l-am auzit de nenumărate ori în viața mea: „Fac ce este bine și nu-mi pasă ce zic alții!" Dar închipuiți-vă că nu l-am auzit niciodată din gura oamenilor de mai puțin de patruzeci de ani! Cei mai tineri știu foarte bine că viața lor are multe greșeli. Doar cînd ne-am înăbușit conștiința, ajungem să spunem o minciună așa de mare. Iar cînd spune cineva: „Eu fac ce este bine și nu-mi pasă ce zic alții", atunci ripostez: „Tu ai mai mult de patruzeci de ani. Dacă vorbești așa, înseamnă că te-ai sclerozat. Ți-ai înăbușit conștiința!" Într-adevăr, cîtă vreme conștiința nu ne e înăbușită, știm foarte bine că lucrul de care avem cea mai mare nevoie este iertarea păcatelor noastre.

Acum cîțiva ani Bill Halley a dat un spectacol în Essen.

El face parte din acei muzicieni moderni pe care i-aş numi „mişcă-şolduri“. Mii de tineri se strînseseră la „Grugahalle“ ca să-l asculte, pe el şi pe orchestra lui. De la prima bucată, spectatorii au început să demoleze sala. Pagubele s-au ridicat la cca 60000 de mărci. Un tînăr poliţist mi-a spus după aceea: „Eram aşezat chiar în faţă şi a trebuit să mă prind de scaun cu mîinile, ca să nu fac la fel!“ A doua zi după spectacol, traversînd centrul oraşului, am văzut trei tineri care păreau să fi participat la seara respectivă. M-am îndreptat spre ei şi le-am spus: „Bună ziua! Pariez că şi voi aţi fost aseară la spectacolul lui Halley!“ „Bineînţeles, domnule pastor!“ „O“, am răspuns eu, „mă cunoaşteţi? Ce frumos! Dar spuneţi-mi: Nu înţeleg în fond de ce aţi demolat aşa sala?“ Şi drept răspuns am primit: „Ah, pastore Busch, totul e numai deznădejde!“ „Ce?“ am întrebat eu, „deznădejde - în legătură cu ce?“ Atunci el a răspuns: „Asta n-o ştim nici noi!“

Un mare teolog şi filozof danez, Soren Kierkegard, povesteşte că, copil fiind, se ducea deseori la plimbare cu tatăl lui. Uneori, acesta se oprea şi, privindu-şi fiul cu un aer gînditor, îi zicea: „Copile dragă, tu porţi în tine o deznădejde tăcută“. Citind aceasta, m-am gîndit: Cînd cineva a fost patruzeci de ani pastor într-o metropolă, ştie la ce se referă asta.

Şi acum te întreb: Cunoşti şi tu această deznădejde lăuntrică a vieţii? Vreau să-ţi spun de unde vine. Pentru aceasta să facem o călătorie de exploatare în propria noastră inimă. Vreau să mă folosesc de o ilustraţie. Ca pastor în regiunea Ruhr am coborît adesea în fundul minei. Este ceva interesant. Primeşti un costum de lucru şi o cască, apoi eşti coborît cu bena, să zicem pînă la al optelea nivel. Se poate merge mai jos? Fără îndoială, dar nu se merge, căci acolo e porţiunea de colectare a apelor de infiltraţie din puţul minei. De cînd sînt la Essen, cablul s-a rupt o singură dată. În ziua aceea, bena a căzut în jos fără oprire pînă în mlaştină. Groaznic!

Mina şi mlaştina ei mă duc cu gîndul la om. Cum ştie oricine, există mai multe „nivele“ în viaţa noastră. În exterior, cineva poate părea vesel, pe cînd în interior este cu totul altfel. Astfel că cineva poate să zîmbească, dar în suflet să fie moarte. Uneori dăm impresia că facem un joc din viață, pe cînd în străfundul ființei noastre, în taina inimii noastre, se ascunde o deznădejde întunecată. Așa spun medicii, așa spun filozofii, așa spun psihologii, așa spun psihiatrii. Despre asta vorbesc filme și romane. Este neliniștitor să vedem modul în care deznădejdea sau spaima se arată uneori la suprafață. Un psihiatru îmi spunea într-o zi: „Nu vă puteți închipui cîți tineri vin la consultații!" Totuși cei mai mulți oameni nu întreabă deloc de unde vine deznădejdea, ci încearcă să scape de ea - prin droguri sau alcool. Dar n-ar fi mai înțelept să vezi realitatea așa cum este?

Că deznădejdea se află în locul cei mai adînc din inima omului se pare că e o descoperire a epocii noastre. Cel mai uimitor este faptul că Biblia a constatat deja aceasta de trei mii de ani. Ea spune: „Inima este nespus de înșelătoare și de deznădăjduit de rea". Și vedeți: Biblia ne spune și de ce este așa. Ea numește mai multe motive: că prin căderea în păcat ne-am depărtat de Dumnezeu, că de atunci trăim în afara adevăratului nostru element - știți, Dumnezeu e elementul nostru! -, că în fond ne temem de judecata Dumnezeului celui viu asupra vieții noastre. Dar cel mai important motiv pentru adînca deznădejde a inimii noastre e vina noastră înaintea lui Dumnezeu! Aceasta e cea mai mare problemă a vieții noastre, pe care noi înșine n-o putem rezolva! Ne dăm seama de asta. Și de aceea există o atît de mare deznădejde în inimile noastre.

Avem nevoie de iertarea păcatelor? Bineînțeles! Da, de nimic nu avem mai mare nevoie ca de iertarea păcatelor noastre!

Ce-i atunci păcatul? Păcatul e orice ne desparte de Dumnezeu. Noi ne-am născut deja păcătoși. Dați-mi voie să folosesc un exemplu:

Un copil născut în Anglia în timpul războiului cu siguranță că n-ar avea nimic împotriva noastră a nemților, dar el aparține poporului dușman. La fel, de la natură ne-am născut în tabăra dușmană lui Dumnezeu: în această lume. Astfel că din natură sîntem deja despărțiți de Dumnezeu. Și acum ne despărțim tot mai mult de Dumnezeu, prin aceea că înălțăm un zid de vinovăție. Fiecare încălcare a poruncii lui Dumnezeu e ca o piatră pe care o adăugăm acestui zid. Astfel că păcatul este o realitate înspăimîntătoare.

Trebuie să vă povestesc aici cum mi-am dat seama pentru prima oară de realitatea teribilă a păcatului și de faptul că el este ireversibil. Am avut un tată extraordinar de care mă lega ceva deosebit. Într-o zi, pe cînd stăteam la mansardă ca să mă pregătesc pentru un examen, m-am auzit strigat de jos: „Wilhelm!“ Așa mă numesc eu. Scot capul pe fereastră și întreb pe tatăl meu care mă strigase: „Ce s-a întîmplat? Unde arde?“ Atunci el îmi spune: „Trebuie să merg în oraș. Vrei să mă însoțești? În doi e mai frumos!“ „Ah, tăticule“, strig eu în jos, „tocmai acum am ceva important de pregătit pentru examen, și nu pot să vin“. „Atunci mă duc singur“, spune el. Două săptămîni mai tîrziu era mort. Obiceiul la noi era ca odată trupul pus în sicriu, fiii celui defunct să facă cu schimbul pentru a-l veghea. E noapte liniștită. Toată lumea doarme, numai eu stau singur lîngă sicriul deschis. Dintr-odată îmi trece prin minte cum mă rugase tatăl meu cu două săptămîni mai înainte ca să-l însoțesc în oraș. Dar eu spusesem nu! Mă uit la el și spun: „Ah, tată, mai roagă-mă odată! Și dacă vrei ca să merg cu tine o sută de km, o să merg!“ Dar gura lui rămîne mută. Și am înțeles în clipa aceea că lipsa mea de politețe era o realitate groaznică asupra căreia nu mai puteam reveni, chiar dacă aș fi avut o veșnicie înaintea mea.

Ce credeți, cîtă vină e în viața noastră, cîte greșeli și păcate există în ea? Cum să trăim dacă ne însoțește povara greșelilor și păcatelor? Fără iertarea păcatelor, n-o vom putea scoate la capăt!

Iar la moarte? Cum este aceasta? Vrei să-ți duci cu tine în veșnicie toată vina? Mi-am imaginat adesea cum este asta. La vîrsta mea este normal, nu-i așa? Mă văd deci ținînd mîna unei ființe dragi. Apoi vine clipa cînd trebuie s-o las, și ea pe mine. Iar barca vieții mele alunecă în tăcere pînă în prezența lui Dumnezeu. Da, crede-mă. Într-o zi vei sta în fața Lui! Cu toată vina ta, cu toate greșelile și păcatele tale vei sta atunci înaintea Dumnezeului viu și sfînt! Ce groază vei simți cînd vei descoperi că ai luat cu tine toată grămada de greșeli și păcate.

Avem nevoie de iertarea păcatelor? De nimic n-avem mai mare nevoie ca de iertarea păcatelor, mai mult ca de pîinea zilnică!

**2. Dar unde există așa ceva ?**

Este cu putință oare ștergerea trecutului? Și dacă da, unde se află iertarea păcatelor noastre?

Tocmai v-am povestit ce s-a întîmplat între tatăl meu și mine. Niciodată nu mi-am mai putut repara greșeala. Înțelegeți? În fond nu putem repara nimic din ce-am greșit! Efectele rămîn înaintea lui Dumnezeu! Se încasează polița! A fost un om cu numele Iuda, care-și trădase Mîntuitorul cu treizeci de arginți. Și într-o zi și-a dat seama că a greșit. S-a dus la cei în mîna cărora Îl dăduse pe Isus, le-a dat banii înapoi și le-a spus: „Am comis o nedreptate! Luați-vă banii înapoi! Vreau s-o repar!“ Atunci ei au dat din umeri și i-au spus :„ Ce ne pasă nouă? Asta te privește pe tine!“ Tu poți să te adresezi cui vrei, fiecare îți va răspunde: „Asta te privește pe tine!“

Există oare cu toate acestea o posibilitate ca greșelile și păcatele să fie șterse și lichidate? Unde se află ea? Unde există iertarea păcatelor?

Prieteni mei, bărbații din Biblie răspund într-un cor unanim, plini de bucurie. De la început pînă la sfîrșit, din Vechiul pînă în Noul Testament, refrenul Bibliei este: Există iertarea păcatelor!

Unde? Ieșiți cu mine în fața porților Ierusalimului spre dealul Golgotei. Nu vom da nici o atenție mulțimii de oameni, nici celor doi răufăcători de la dreapta și stînga, nici soldatului roman, ci Omului care este răstignit pe crucea din mijloc. Cine e Omul din mijloc? Nu e unul dintre noi. Într-o zi El S-a prezentat mulțimii și a spus: „Cine Mă poate dovedi că am păcat?“ Și nimeni n-a putut. Apoi a fost implicat într-un proces, cînd a fost interogat de autoritățile romane și de sanhedrinul iudaic. Nici ei n-au găsit nimic împotriva Lui. El nu este unul dintre noi. El nu are nevoie de iertarea păcatelor. Dar atunci de ce este pe cruce?! Cine este Omul? El nu este originar din lumea oamenilor, ci a venit spre noi dintr-o altă dimensiune, din lumea lui Dumnezeu. Eu vorbesc despre Isus, Fiul lui Dumnezeu, și El atîrnă pe cruce? De ce? Cum așa? Prietenii mei, Dumnezeu e drept: El trebuie să pedepsească păcatul. Și atunci a aruncat păcatele noastre asupra Fiului Său, care le-a ispășit în locul nostru. „Pedeapsa care ne dă pacea a căzut asupra Lui". Acesta e marele mesaj al Bibliei: Judecata lui Dumnezeu stă pe acest Isus, ca noi să avem pace! Deci aici putem căpăta iertarea păcatelor!

Unde pot să scap de vina mea? Unde capăt pacea cu Dumnezeu? La piciorul crucii lui Isus! „Sîngele lui Isus Cristos, Fiul lui Dumnezeu, ne curățește de orice păcat." Să o apucăm!

Un american cu numele de William L. Hull a publicat o carte interesantă. El a fost pastorul care l-a vizitat pe Adolf Eichmann, ucigașul a milioane de evrei, de treisprezece ori în timpul detenției lui, a avut lungi discuții cu el, a auzit ultimele lui cuvinte, l-a însoțit pînă la locul execuției și a fost prezent cînd cenușa i-a fost împrăștiată în Marea Mediterană. El a publicat conținutul discuțiilor lui cu Eichmann sub titlul: „Luptă pentru un suflet". La început el relatează: „Obiectivul meu a fost să salvez acest păcătos groaznic pentru ca să nu meargă în iad. Dar a fost tulburător să constat că acest om, care din biroul lui a asasinat milioane de persoane și a afundat lumea în atîtea suferințe groaznice, a îndrăznit să zică pînă în ultima clipă: „Nu am nevoie de nimeni care să fi murit pentru mine. Nu am nevoie de iertarea păcatelor. Nici n-o vreau".

Vrei să mergi pe urmele lui Eichmann și să mori ca el? Nu? Dacă nu vrei asta, atunci întoarce-te din toată inima la Isus, Fiul lui Dumnezeu, ca singurul din lume care ne poate ierta păcatele, pentru că a murit ca să le plătească.

Cînd pastorul Hull discuta cu Eichmann, aproape că îi era teamă să ofere unui om ca el iertarea păcatelor prin sîngele lui Isus. Era oare cu putință ca un asemenea criminal să poată fi iertat? Da! Da! „Sîngele lui Isus Cristos,

Fiul lui Dumnezeu, ne curăţeşte de orice păcat". Dar eu trebuie să-I mărturisesc păcatele, apoi să-I spun cu privirile ridicate la cruce: „Şi pentru mine a curs, sîngele sfînt/ O cred şi o apuc/ El şterge toată vina mea/ Căci Isus muri în locul meu."

Biblia foloseşte imagini mereu noi ca să ne facă să înţelegem cum iartă păcatele Isus cel răstignit şi înviat - Isus nu a rămas doar în moarte, ci a înviat a treia zi, sper că ştiţi că El e viu.

Ea foloseşte de exemplu imaginea garantului. Un garant se obligă să intervină pentru mine, dacă nu pot să plătesc. Cineva trebuie să plătească! Totdeauna se întîmplă aşa în viaţă! Cineva trebuie să plătească! Şi prin fiecare păcat din viaţa noastră ia fiinţă o îndatorire înaintea lui Dumnezeu. Biblia spune: „Plata păcatului e moartea". Dumnezeu cere, ca plată pentru păcatele noastre, moartea noastră. Şi acum vine Isus şi merge pentru păcatul nostru în moarte, ca noi să avem viaţă. El devine garantul nostru înaintea lui Dumnezeu. Şi acum e valabil faptul: Fie plăteşti pentru păcatul tău în iad - fie vii la Isus şi spui: „Doamne Isuse, vreau să cred că Tu ai plătit pentru mine!" Ernst Gottlieb Woltersdorf mărturiseşte într-un cîntec: „Nu ştiu altceva să spun/ Decît că un garant veni/ Să poarte păcatul meu/ A luat asupra-Şi contul meu/ Şi l-a plătit complet/ Încît din toată suma/ Nu a lipsit nici un bănuţ".

A doua ilustraţie din Biblie e cea a răscumpărării. Un om a căzut în mîinile unui negustor de sclavi. El nu se poate răscumpăra singur. Atunci vine un domn prietenos la piaţa de sclavi şi întreabă : „Cît costă omul acela? Îl răscumpăr". Din care moment este sclavul liber? Din clipa în care e plătit ultimul bănuţ. Domnul Isus a plătit pentru tine la Golgota ultimul bănuţ! Tu poţi s-o crezi şi să spui: „Doamne Isuse, acum îţi aduc păcatele mele şi cred că Tu le-ai şters". Isus răscumpără! Isus eliberează pe robii păcatului! Phillip Friedrich Hiller cîntă: „Păcatele sînt iertate,/ O, ce cuvînt de viaţă/ Pentru duhul chinuit/ În Numele scump al lui Isus...."

Biblia aduce mereu imagini noi. Ea foloseşte imaginea

împăcării. Asta o știe și cel mai întunecat păgîn că are nevoie de împăcare. De aceea există în toate religiile o armată de preoți care aduc jertfa împăcării: Dumnezeu recunoaște însă numai o singură jertfă de ispășire: „Iată Mielul lui Dumnezeu care ridică păcatul lumii!“ Mulți preoți au adus multe jertfe. Dar Isus Însuși e Preotul care ne împacă cu Dumnezeu! Și El Însuși e jertfa care ne împacă cu Dumnezeu! Numai El ne poate împăca cu Dumnezeu. Albert Knapp spune într-un cîntec: „Veșnic Să-L privesc în față/ Cum a stat ca și un miel/ Așa de-nsîngerat și palid/ Pe lemnul crucii de ocară/ Și și la mine s-a gîndit/ Cînd a strigat: S-a săvîrșit!“

O altă imagine biblică e cea a spălării. Un creștin a scris fraților săi: „El ne-a iubit și ne-a spălat de păcatele noastre cu sîngele Său“. Cunoașteți istoria cu fiul risipitor care a ajuns la porci? Vai, cît de mulți au ajuns la porci! Și nu poți să spui decît : „Ce păcat de ei!“ Dar apoi fiul risipitor își vine în fire și aleargă, așa cum este, spre casă și se aruncă în brațele tatălui. El nu s-a curățit mai întîi, nu și-a cumpărat un costum și pantofi noi. El a venit așa cum era. Apoi tatăl l-a spălat și l-a îmbrăcat cu haine noi. Mulți oameni cred că ar trebui mai întîi să devină buni, și apoi să fie creștini. Este o eroare catastrofală. Noi putem veni la Isus așa cum sîntem, murdari și ticăloși. Și cît de murdărită și de pîngărită e viața noastră! Vino la Isus așa cum ești! El te face curat! El face totul nou! „Sîngele lui Isus Cristos, Fiul lui Dumnezeu, ne curățește de orice păcat“. Așa mărturisește apostolul Ioan. Și la rîndul nostru noi putem mărturisi la fel.

Nu vă pot arăta acum toate imaginile din Biblie. Dar sper că veți începe și voi să citiți Biblia, ca să cunoașteți tot mai mult acest minunat mesaj despre iertarea păcatelor.

Cum să trăim cînd ne însoțesc permanent greșelile și păcatele? Nu pot s-o scot la capăt! Dar reușesc atunci cînd L-am găsit pe Isus și am aflat prin El iertarea păcatelor! Atunci încetează adînca teamă și deznădejde. A te da lui Isus nu e o chestiune întunecată și tristă, dimpotrivă, înseamnă să ieși din noaptea spaimei la lumina soarelui primăvăratec al harului lui Dumnezeu. Şi asta îţi doresc din toată inima.

Deci: Avem nevoie de iertarea păcatelor? Da! Unde o găsim? La Isus, Mîntuitorul răstignit şi înviat!

## 3. Cum ajung la aceasta?

Poate că acum crede cineva - să sperăm: „Asta-i grozav! Trebuie să fie ceva minunat să ai iertarea păcatelor! Dar cum ajung la ea? Nici un ziar nu scrie despre asta, nici un roman modern nu tratează subiectul, nici un film nu mi-o spune. Cum ajung la ea?“ Da, cum ajung la ea?

Aici nu te prea poate ajuta altcineva. Cel mai bun lucru ar fi să cauţi încă astăzi un loc liniştit şi acolo să-L chemi pe Isus. El a înviat doar. El e viu! În Biblie cei care au venit la credinţă sînt astfel descrişi: „toţi cei ce cheamă Numele lui Isus“. Acum fă şi tu pur şi simplu acelaşi lucru.

Ştii ce înseamnă să faci un apel? Auzi: cu Isus ai fir direct! Se poate să nu te fi slujit de el pînă acum. E o nenorocire! Dar acum cheamă-L! Nici n-ai nevoie să formezi un număr. Spune doar: „Doamne Isuse!“ - şi El este deja pe fir. Contactul cu El e stabilit. Asta înseamnă rugăciune.

Şi ce spui apoi? Tot ce ai pe inimă! Spune: „Doamne Isuse, am o legătură tulbure cu cineva. Nu mai reuşesc să o rup. Ştiu însă că e păcat. Doamne Isuse, ajută-mă!“ - „Doamne Isuse! În afacerile mele ceva nu-i în ordine. De ani de zile fac declaraţii false de impozit. Dar dacă fac altfel, risc să dau faliment. Doamne, ajută-mă!“ - „Doamne Isuse, îmi înşel soţia. Şi nu pot să ies din asta. Doamne Isuse, ajută-mă!“ Înţelegi, ceea ce nu poţi spune nimănui, lui Isus poţi să-I încredinţezi totul. El te aude. Goleşte-ţi inima înaintea Lui! Asta te va elibera. Mărturiseşte-ţi toată vina.

Întreabă-L: „Doamne Isuse, pastorul Busch a spus că prin sîngele Tău totul se aranjează. E adevărat?“ Spune-I asta. Cheamă-L încă astăzi. Începe să vorbeşti cu Isus pe firul care a fost atîta vreme nefolosit. Prelungeşte convorbirea cît timp vrei. Tu poţi vorbi cu El! Da, vino alături de „cei ce cheamă Numele lui Isus“!

„De acord“, spui tu, „dar cînd Îi voi spune tot, El nu-mi va răspunde nimic!“ Ba da, ascultă-mă bine! Acum vreau să-ți arăt linia pe care vorbește El cu tine. Ia un Nou Testament. Citește mai tîrziu Vechiul Testament. Dar nu fă începutul cu Vechiul Testament, căci e mai dificil. Începe în Noul Testament cu Evanghelia după Ioan, apoi citește Evanghelia după Luca. Citește-le așa cum ai citi un articol dintr-un ziar. Și atunci vei observa că prin aceste texte îți vorbește El! Asta deosebește Biblia de toate celelalte cărți, că prin acest fir Domnul cel viu vorbește cu mine.

Cineva îmi spunea: „Dacă vreau să ascult pe Dumnezeu, mă duc în pădure“. Atunci i-am răspuns: „E absurd! Dacă mă duc în pădure, atunci aud foșnetul copacilor, cîntecul păsărelelor și murmurul izvoarelor. Este foarte frumos. Dar pădurea nu-mi spune dacă păcatele îmi sînt iertate sau nu, nici cum pot să primesc o inimă nouă și să găsesc har la Dumnezeu. Asta mi-o spune Dumnezeu numai prin Biblie.

Pune-ți deoparte în fiecare zi un sfert de oră liniștit pentru Isus. Cheamă-L atunci pe Domnul Isus și spune-I totul: „Doamne Isuse, am atîtea de făcut astăzi și nu le pot termina singur“. Înțelegi: spune-I totul! Apoi deschide Noul Testament și citește jumătate de capitol. „Doamne Isuse! Acum vorbește Tu!“ Și dintr-odată este acolo un cuvînt al lui Dumnezeu pentru tine. Îți vei spune: „Asta mi-o spune mie“. Subliniaz-o și scrie eventual și data pe margine.

Cînd am fost tînăr, am intrat odată într-o casă. Pe pian era o Biblie. Cînd am luat-o în mînă, am constatat că multe pasaje erau subliniate cu verde sau cu roșu și date erau scrise pe margine. Cum familia era numeroasă, am vrut să știu cui îi aparține Biblia. „Este Biblia lui Emi a noastră“. M-am uitat la Emi mai îndeaproape - și m-am căsătorit cu ea. O așa fată doream să am, care să fi înțeles că Isus vorbește cu noi pe firul acesta și nu pe altul.

Cînd oamenii au controverse cu privire la Biblie, mi se face rău. Ei spun: „Biblia a fost scrisă numai de oameni“ - și alte prostii de felul acesta. Asta mă plictisește!

În timpul primului Război mondial am fost o vreme

telefonist. Pe atunci nu se cunoștea telegrafia fără fir. Noi aveam niște aparate mici, la care se racordau fire. Într-o zi am trebuit să mă duc la un post de observație aflat pe o înălțime. Încă nu a fost o lucrare terminată, de aceea stăteam culcat în iarbă și încercam să stabilesc legătura cu bateria. Deodată, văd sosind pe înălțime un infanterist ușor rănit. Îi strig: „Hei, aruncă-te pe burtă! Sîntem repe-rați. În curînd o să primim foc!“ El se aruncă pe burtă, se tîrăște pînă la mine și spune: „Am primit un glonte ca-re îmi va aduce o permisie. Pot să mă întorc acasă. Auzi, da-i vechi rău aparatul tău!“ „Da“, spun eu cu jumătate de glas, „e un model vechi“. „Și bornele sînt slăbite!“ „Da“, confirm eu, „așa e“. „Și uite, aici s-a spart o bucată din el!“ Atunci am izbucnit: „Auzi, acum tacă-ți gura. N-am vreme să-ți ascult criticile! Eu trebuie să mă con-centrez asupra legăturii!“ La fel e și cu Biblia. Eu vreau să ascult glasul lui Isus - și atunci vin oamenii și spun: „Bi-blia e scrisă numai de oameni!“ Atunci pot numai să răspund: „Ah, țineți-vă gura! Eu aud aici glasul lui Isus!“

Înțelegi: Nu te lăsa păcălit! El vorbește pe firul acesta!

Și caută părtășie cu oameni care vor să meargă pe același drum!

Vedeți, cînd în discuțiile mele cu oamenii spun cînd și cînd așa ceva, ei îmi răspund totdeauna: „A, asta-i pentru bunică-mea. În biserică sînt numai oameni bătrîni“. Iată de ce mă bucur că am fost pastor de tineri de peste trei-zeci de ani și am făcut cunoștință cu așa de mulți tineri care ar putea să confirme ce am spus, anume că există iertarea păcatelor, că se poate vorbi cu Isus și că El răs-punde.

Caută o asemenea părtășie cu oameni care au și ei expe-riențe cu Isus. Da, se pot găsi oameni, care vor și ei să meargă cu Isus calea către cer.

Și acum Isus stă înaintea voastră și vă spune: „Veniți la Mine voi toți cei trudiți și împovărați pentru că vă în-soțesc permanent greșeli și păcate. Și Eu vă voi da odih-nă! Eu pot să vă dau iertare de păcate!“

## *Cum să trăim, cînd alții ne calcă pe nervi?*

Ni se întîmplă tuturor să fim călcați pe nervi. Uneori, nu trece o zi întreagă fără ca cineva din cei ce ne înconjoară să ne calce pe nervi. De fapt, ne călcăm reciproc pe nervi. Dar mai sînt și excepții. De pildă, soția mea nu mă calcă pe nervi. Dar sînt și alții dimpotrivă care mă exasperează. Și pe voi? Bineînțeles că da. Asta crează fricțiuni continue în familii, cu vecinii, la servici - și chiar și în mediile creștine. Lumea e plină vîrf de aceasta. Există mulți oameni care ar putea spune: „Ce bine aș duce-o, de n-ar fi cutare sau cutare!" Căci pentru ei respectivul nu e numai un spin în ochi, ci și un țepuș în viață. De aceea trebuie să abordăm acestă problemă: cum să trăim cînd ne calcă alții pe nervi?

Prietenii mei, trebuie să așez totul într-un context mai larg. Vedeți, poate că cineva tot tușește - și în realitate are ceva grav la plămîni. Atunci nu-l mai ajută bomboanele de tuse. El are nevoie de un diagnostic mai exact și de un tratament potrivit! Înțelegeți imaginea. Iar faptul că ne calcă pe nervi e numai un semn că trupul omenirii e bolnav. Călcatul pe nervi are motive mai profunde decît, să zicem, caracterul neplăcut al vecinei. De aceea trebuie să așez acum această chestiune într-un cadru mult mai larg. Vreau să vă arăt că acest călcat pe nervi e un simbol pentru boala omenirii.

**1. Lumea în care trăim.**

Vedeți: concepția mea despre lume este din Biblie. Și găsesc că e singura valabilă; toate celelalte vor fi răsturnate după vreo douăzeci de ani.

Iar Biblia spune: cînd Dumnezeu a creat lumea, ea era desăvîrșită. Atunci Adam nu o călca pe Eva pe nervi și nici Eva pe Adam. Era o armonie deplină. Nici Dumnezeu nu-l călca pe nervi pe om, și nici omul pe Dumnezeu. Înțelegeți: ei toți erau una. Dumnezeu și oamenii, și oamenii între ei. Nu existau fisuri în relațiile lor.

Și acum Biblia relateză că la începutul istoriei omenirii a avut loc o catastrofă, pe care ea o numește căderea în păcat. Se povestește că omul a fost pus la încercare. El nu trebuia să mănînce dintr-un anume pom. Aceasta îi interzisese Dumnezeu. Totuși interdicția l-a ispitit și, pentru că putea să aleagă, a ales răul, neascultarea. A luat din fructul oprit. Și în acea clipă, la căderea în păcat, la începutul istoriei omului, s-a produs ruptura.

Atunci s-a rupt legătura dintre Dumnezeu și om. El a alungat pe om din rai și a pus la intrare niște heruvimi. De atunci sîntem noi despărțiți de Dumnezeu. De atunci Îl călcăm noi pe Dumnezeu pe nervi - și El pe noi. Dovadă este faptul că e deajuns să vorbiți de Dumnezeu oamenilor că ei se enervează: „Mai tăceți odată! Nici nu se știe măcar dacă există Dumnezeu!“ Între Dumnezeu și noi este o prăpastie înspăimîntătoare.

În aceeași clipă s-a produs ruptura și între oameni, fapt care se arată la copiii lui Adam și Eva. Atunci au început oamenii să se calce pe nervi unii pe alții.

Erau doi frați. Între frați se întîmplă adesea să se calce pe nervi unul pe celălalt. Ei erau foarte diferiți, Cain și Abel, deși nu s-ar putea spune în fond de ce anume. Într-o zi, Cain plugarul a ieșit pe cîmp, cu sapa în mînă. A trecut pe acolo și Abel. Pot să-mi închipui ce s-a petrecut în capul lui Cain: „Să dispară ipocritul ăsta molîu! Nu pot să-l mai văd!“ Și chiar în clipa aceea Abel se îndreaptă spre el și-i spune cîteva cuvinte. Atunci Cain ia sapa și lovește fața pe care o urăște, pînă ce fratele său zace mort la picioarele lui. Prietenii mei, noi toți sîntem oameni civilizați, de aceea nu ne omorîm cu lovituri de sapă. Dar dacă citiți ziarele, simțiți că și asta se întîmplă. Iar cînd mă gîndesc la procesele ucigașilor din al treilea Reich, îmi zic: în fond mentalitatea lor era ca și cea a lui Cain: „Eu urăsc pe oameni!“ Și așa au făcut să moară sute de mii de oameni.

Cain își vine în fire cînd își vede fratele mort. Se înspăimîntă puțin. Dar apoi ia sapa, face o groapă, rostogolește în ea cadavrul și-l acoperă cu pămînt. Se uită în jur și-și spune: „Nu e nimeni primprejur, nimeni n-a văzut nimic!“ Noi oamenii totdeauna credem că dacă n-a văzut nimeni, nu s-a întîmplat nimic. Ce istorii întunecate trag oamenii după ei! Cain pleacă de acolo. Începe să se neliniştească. Deodată un glas îl cheamă: „Cain!“ „Ei, cine mă strigă?“ „Cain!“ şi simte un fior rece pe spate, căci ştie deodată cine l-a chemat: Dumnezeul cel viu! El era acolo! El văzuse totul ca un observator tăcut! „Cain!! Unde este fratele tău Abel?“ Cain vrea încă să se apere: „Nu sînt păzitorul fratelui meu!“ „Cain!“ spune Dumnezeu, „sîngele fratelui tău strigă din pămînt la Mine“.

Vedeţi, istoria arată aşa de clar că de la căderea în păcat totul s-a despărţit. Oamenii s-au despărţit unii de alţii; ne călcăm reciproc pe nervi. Între Dumnezeu şi om s-a produs o ruptură; Dumnezeu îl calcă pe Cain pe nervi - după cum El enervează pe unii din voi. Şi totuşi nu putem scăpa de aproapele nostru - şi nici de Dumnezeu! Asta-i lumea în care trăim!

## 2. Sfaturile nu ajută la nimic

Da, nu ajută nici un sfat. De exemplu, nu ajută să vorbeşti despre „bunul Dumnezeu“. Între Dumnezeu şi noi e un zid, o prăpastie. În timpul războiului, cînd casa mea şi jumătate din Essen ardeau, o femeie s-a repezit spre mine strigînd: „Cum poate să îngăduie asta Dumnezeul dvs?“ Atunci i-am răspuns: „El poate s-o facă. Căci s-ar putea ca El să vă fie duşman!“ De la căderea în păcat, totul s-a despărţit: Dumnezeu şi oamenii! Noi sîntem despărţiţi, rupţi de Dumnezeu şi de oameni. Şi acesta e cel mai profund motiv pentru care noi oamenii ne călcăm pe nervi. Dacă un vecin ne exasperează, asta-i din pricina căderii - noi sîntem oameni decăzuţi şi despărţiţi de Dumnezeu. Şi toate sfaturile nu ajută la nimic!

De curînd am fost la graniţa elveţiană. În interiorul postului de frontieră se afla un afiş drăguţ pe care scria: „Împreună este mai bine!“ Mi-am zis: „E clar. Dar lozinca asta nu mă ajută deloc cînd cineva mă calcă pe nervi!“ Sau deunăzi am văzut pe un afiş: „Fiţi drăguţi unul cu altul!“ Americanii au la fiecare colţ de stradă afişe pe care scrie: „Keep smiling!“ - „Zîmbiţi prietenos - continuaţi să zîmbiţi!“ Dar toate acestea nu schimbă cu nimic situaţia. Toate sfaturile nu ajută la nimic!

Îmi amintesc de o familie pe care o vizitam cînd eram tînăr student la teologie. Era complet dezbinată. Toți membrii locuiau în același sat, dar erau toți certați rău între ei. În entuziasmul meu de începător, îi adunasem într-o seară laolaltă cu intenția lăudabilă de a-i împăca unii cu alții. Am cheltuit multă energie. Către orele 11 rezolvasem totul și ei și-au dat mîna. Încîntat, mi-am zis: „Într-o zi vei fi un pastor bun. Este un debut excelent". Am plecat vesel spre casă și am dormit fără vise. A doua zi dimineața întîlnesc o tînără femeie care făcea parte din familia împăcată și-i spun: „Ce frumos a fost aseară!" „Frumos?" răspunde ea, „atunci nu știți ce s-a întîmplat?" Întreb: „Ce anume?" și pălesc. Pe drumul de întoarcere cearta a reînceput. Și după aceea a fost mai rău ca înainte! Rîdeți? Ei bine, eu unul n-am rîs. Mi-am dat seama dintr-odată cît de serioasă e problema căderii în păcat, că relațiile noastre cu Dumnezeu și cu aproapele s-au rupt - și chiar sfatul cel mai bun nu ajută la nimic.

Adesea îmi scriu oamenii: „Dragă domnule pastor, în cutare și cutare localitate am rude care trăiesc certate între ele. N-ați putea să mergeți să le vedeți?" Refuz să merg, deoarece știu că nu slujește la nimic să le dau sfaturi. Gîndiți-vă o clipă la persoanele care vă calcă pe nervi. Aș putea să vă dau sfaturi cu toptanul - dar n-ar ajuta. Este groaznic, deși la prima vedere ar putea să pară comic. Vreau să vă zugrăvesc puțin situația. Mă aflu într-o familie. Deodată intră fiul de 17 ani, lălîu, în blugi, cu părul „a la Beatles". Observ cum tatălui său îi sare țandăra. „Uitați-vă la el!" spune el, „uitați-vă la el!" Tatăl este un funcționar conștiincios și corect. Puteți să vă închipuiți ce simte tatăl cînd îl vede pe băiatul dezordonat. Sau luați cazul unei drăguțe mame creștine, dar cam legalistă. Fiica își rujează buzele. Mama: „Ce mă calcă pe nervi!" Fiica: „Ce mă calcă pe nervi!" Nu este peste tot așa? Un om pe cale să divorțeze, cînd i-am spus că divorțul este un păcat, mi-a răspuns: „Domnule pastor, tăceți! Chiar modul în care nevastă-mea soarbe supa mă calcă pe nervi!"

Vi se pare că asta-i de rîs? Mie mi se pare ceva groaznic!

Voi spuneți: „Astea-s fleacuri!“ Fleacuri? Astea sînt simptome ale unei lumi bolnave, decăzute, răzvrătite, în care trăim ca oameni fără Dumnezeu!

Exasperarea poate uneori să îmbrace forme foarte grave. Cunosc în Essen o tînără fată care are scleroză multiplă și e complet paralizată de această boală îngrozitoare. Ea locuiește într-o casă mică. Alături locuiește un tînăr egoist și brutal, care se uită la TV în fiecare seară de la 7,30 pînă la 11 dînd sonorul la maxim. Biata fată bolnavă aude totul prin zidul subțire care o desparte de respectivul. Ea l-a rugat pe tînăr: „Vă rog să dați mai încet sonorul!“ Atunci el a dat drumul și mai tare. Închipuiți-vă: An de an, seară de seară, ceas de ceas merge așa. Ce brutali sîntem noi! Puteți să vă imaginați în ce măsură o calcă pe nervi tînărul acesta pe biata fată și invers? O luptă tăcută prin zid, care face viața extrem de chinuitoare!

Cînd am fost tînăr pastor, am avut 150 de confirmanzi. M-am hotărît să-i vizitez pe toți. Ei locuiau în case cu chirie. La prima vizită era ceartă în casă, la a doua la fel, la a treia la fel. Într-o zi, la catiheză, am cerut să se scoale în picioare cei, la care nu e ceartă. S-au ridicat vreo trei sau patru. „Ei“, am spus eu, „la toți ceilalți e ceartă?“ „Da“. Am întrebat pe cei cîțiva la care nu era ceartă: „La voi de ce nu este ceartă?“ Atunci au răspuns: „Pentru că locuim singuri!“

Asta-i situația. Și cu acestea toate trebuie să ajungem la capăt, trebuie să fim veseli și fericiți, să ne vedem de muncă, pe cînd trăim într-o tensiune nervoasă continuă: Dacă ne cade ceva pe picior, ne doare. Dar cînd ceilalți ne calcă neîncetat pe nervi, este de nesuportat.

### 3. Dumnezeu intervine!

Dacă n-aș avea altceva de spus decît ce am spus pînă acum, atunci mai bine aș fi tăcut. Dar eu am un mesaj nemaiauzit de mare, tulburător pentru voi: În sînul acestei enervări, a acestei iritări reciproce, Dumnezeu intervine în îndurarea Sa nemărginită. El nu rămîne pasiv în fața stării de plîns a acestei lumi. Nu, El intervine.

Și El o face în chip minunat. Așa este mesajul nemaipomenit al Bibliei. El dărîmă zidul care ne desparte de el și vine la noi în Persoana Fiului Său Isus. Dacă oamenii din epoca noastră refuză Evanghelia pentru că o socotesc fără importanță, aceasta nu vorbește împotriva Evangheliei lui Isus, ci e o dovadă a prostiei timpului nostru, deoarece Isus e singura șansă pentru noi! Ce să se petreacă mai mult decît ca Dumnezeu să dărîme zidul, care ne desparte de El și să ne dea pe Fiul Său, - în mijlocul rupturii noastre cu Dumnezeu, al exasperărilor și certurilor noastre? Iar dacă Fiul lui Dumnezeu, Domnul Isus vine, atunci se schimbă întrega situație!

a) Isus dăruiește pace cu Dumnezeu

Acum aș vrea să vă arăt că în Isus e reunit totul. Isus nu a fost despărțit de Dumnezeu. Isus e Fiul lui Dumnezeu. Recent mi-a spus cineva: „Isus a fost un om ca și noi, în cazul cel mai bun un întemeietor de religie". I-am răspuns: „Atunci nu ne referim la aceeași persoană. Eu vorbesc despre Cel ce-a zis: ‚Eu sînt de sus, voi sînteți de jos'". Da, despre El vorbesc eu, despre Fiul Dumnezeului celui viu, Ființa minunată care a venit în lumea noastră pierdută și blestemată. Nu există ruptură între Dumnezeu și El. Și nimeni nu L-a călcat vreodat pe nervi, nici măcar Iuda, care L-a trădat. Dacă pe mine m-ar trăda cineva, acela m-ar călca pe nervi. Dar Isus l-a iubit pe Iuda pînă la capăt. Aș vrea să vă fac să vedeți istoria lui Isus astfel: ca pe Omul pe care nimeni nu L-a călcat pe nervi!

Luați povestirea minunată din ajunul morții Lui, cînd a luat cina cu ucenicii. Știți: în Orient nu se stă pe scaune, ci în jurul mesei sînt perne mari pe care stau întinși oamenii. Nu-mi pot imagina prea bine cum ar putea cineva mînca într-o asemenea poziție - ceea ce e sigur este imposibilitatea de a se sluji de cuțit și furculiță. Dar ei așa mîncau. La început își scoteau sandalele și aveau obiceiul de a-și spăla picioarele de praf. Ucenicii făcuseră în ziua aceea un drum lung cu Isus. Obosiți, și-au scos sandalele și s-au aruncat pe perne. Și-mi imaginez cum s-a uitat Petru la Ioan făcîndu-i semn cu ochiul, ca și cînd i-ar zice: „Cineva trebuie să aducă apă și un burete ca să spele picioarele celorlalți. Acum ai putea odată s-o faci tu, ești doar cel mai tînăr. Ioan, dacă și acum încerci să te eschivezi, o să mă calci pe nervi!" Dar Ioan ridică din umeri, zicîndu-și: „Petru ăsta mă enervează. Totdeauna vrea să-mi țină lecția că sînt cel mai tînăr. Iacov ar putea la fel de bine să meargă să caute apa și buretele pentru spălatul picioarelor!" Iar Iacov se gîndește: „De ce tocmai eu? Sînt unul din ucenicii preferați ai Învățătorului. De data asta să se ocupe Matei!" În clipa aceea toți se calcă reciproc pe nervi, pentru că fiecare ar vrea să scape de ceea ce ar trebui să facă. Și atunci Se ridică Isus. Ucenicii se sperie: „Sper că n-o va face El?!" Totuși, El o face! Iese din încăpere și revine, cu șorțul robului din casă, iar în mîini un lighean cu apă și cu buretele - și le spală la toți picioarele. Chiar și lui Iuda! Chiar și lui Petru! Chiar și lui Ioan! Chiar și lui Iacov! Chiar și lui Matei! Mai că aș fi spus: chiar și mie! Acesta e Isus, care reunește în El totul: Dumnezeu e în El, iar El iubește pe ceilalți,

Trebuie să vi-L arăt pe Isus, așa îmi place cel mai mult, cum atîrnă pe cruce! Aș vrea să vă duc în afara porților Ierusalimului, pe dealul unde urlă mulțimea de oameni, unde stau soldații romani cu sulițele lor, unde se ridică cele trei cruci. La Acela care stă pe crucea din mijloc mă refer eu. Acela cu cununa de spini. Asupra Lui aș vrea să vă atrag atenția. Prietenii mei, acolo moare El pentru voi, ca să vă smulgă din această mizerie, unde fiecare se enervează și enervează pe altul, și să vă împace cu Dumnezeu. Dacă vrei ca tot ce se află între Dumnezeu și tine să fie dat la o parte, atunci vino la crucea lui Isus. Acest Isus, care a murit și a înviat pentru tine, este oferta de pace a lui Dumnezeu. Aruncă toate îndoielile - căci ai foarte multe - peste bord! Și apoi aruncă-te în brațele lui Isus! Aruncă vechile legături și toată vina la picioarele lui Isus! Poți s-o faci, dacă te uiți la crucea lui Isus. Dă-I mîna și spune-I: „Ție vreau să-Ți aparțin!" În clipa aceea ai făcut pasul spre pacea cu Dumnezeu. Pavel spune în Epistola către Romani: „Deci, fiindcă sîntem socotiți neprihăniți, prin credință, avem pace cu Dumnezeu, prin Domnul nostru Isus Cristos". Isus e oferta de pace a lui Dumnezeu. Accept-o! Cel mai groaznic lucru e că sînt mulți oameni care au auzit într-adevăr despre ea și totuși încă n-au ajuns niciodată la această stare de pace cu Dumnezeu. E îngrozitor! Aș vrea să mă lupt cu inimile voastre! Aș vrea să mă lupt cu sufletele voastre, ca să acceptați această ofertă de pace a lui Dumnezeu!

Am avut azi o discuție cu cîțiva ziariști. Am ajuns să ne întrebăm ce s-ar putea lua în serios în epoca noastră. Atunci le-am spus: „Vreau să vă mărturisesc deschis: După ce-am trăit două războaie și regimul nazist, n-aș ști într-adevăr ce să iau în serios în epoca noastră. Frumoasele maxime pe care ni le servesc gînditorii și politicienii noștri nu sînt luate în serios nici de ei înșiși - și nici de mine. N-aș ști ce altceva aș putea lua în serios între cer și pămînt decît oferta de pace a lui Dumnezeu în Isus!" Pe asta o pot lua în serios. Este singurul lucru care mai poate fi luat în serios. Dar se merită. Iar dacă tineri și bătrîni spun aici: „Nu mai putem să luăm nimic în serios!", Evanghelia este exact ceeea ce vă trebuie: în Isus Dumnezeu v-a luat foarte în serios. La rîndul vostru, luați în serios oferta de pace pe care v-o face El prin Isus!

Vedeți: Isus restabilește contactul între Dumnezeu și noi. Nenorocirea e că poate tu ești „creștin" și „plătitor de impozit bisericesc" - dar nu ai pace cu Dumnezeu! Eu îți spun: pentru tine a murit Isus și a luat asupra Sa toată vina ta ca tu să poți veni acum, să I te arunci la picioare și să-I spui: „Doamne, vin la Tine ca un păcătos-pierdut. Cred acum în Tine și Te primesc ca Mîntuitor!" - și astfel să ajungi la viață, la pacea cu Dumnezeu!

b) Isus dăruiește pace cu aproapele

Unde pătrunde Isus, aduce nu numai pacea cu Dumnezeu, dar și cea cu aproapele. Se încetează atunci călcatul pe nervi.

Acum ascultați cu atenție: Există printre voi creștini formidabili. Dar cîtă vreme alții vă calcă pe nervi, nu merge treaba. E clar? O să-mi spui poate: „N-o cunoașteți pe vecina mea! O hoașcă bătrînă!" Dar eu îți răspund: „Cîtă vreme n-o vei iubi, ceva nu va fi în ordine la tine. Căci cînd vine Isus în viața noastră, adio cu nervii slabi pe care cad adesea cei din jurul nostru!"

Vedeți: unde pătrunde Isus, acolo El dăruiește pace cu Dumnezeu și cu cel care mă calcă pe nervi. Iar dacă ai în jur oameni care te calcă pe nervi, atunci trebuie să Îl ai pe Isus! Altminteri nu te ajută nimic! Și tensiunile acestea vor sfîrși prin a te termina nervos. Isus trebuie să-ți dea pacea cu Dumnezeu și să intre înlăuntrul tău - și apoi va merge bine și cu ceilalți!

Am un prieten care stă foarte aproape de mine. Locuința lui e foarte drăguță, dar proprietarul e dificil și foarte zgîrcit. Recent, el i-a scris prietenului meu o scrisoare nerușinată: „Veți face asta și veți face aia, și veți plăti atît și atît!“ Prietenul meu mi-a povestit ce s-a petrecut după aceea: „Citind scrisoarea, m-am enervat la culme. M-am așezat la birou ca să-i răspund. Și dintr-odată am văzut înaintea mea imaginea lui Isus care a murit pentru mine - dar și pentru proprietar. Și atunci n-am mai putut. M-am dus la el și i-am spus: ‚Domnule, vreți într-adevăr să vorbim așa unul cu altul? Sîntem amîndoi totuși oameni cu care se poate vorbi! De ce să nu stăm și să discutăm calm aceste lucruri? Eu țin cu adevărat la dvs. și nu e necesar să vorbiți așa cu mine‘. Atunci proprietarul a fost complet dezarmat și nu a mai avut loc cearta, ci astăzi sînt prieteni foarte buni, proprietarul cel dificil și ucenicul lui Isus.

Pot să vă mai spun o istorie frumoasă? Cunosc un om numit Dapozzo. El este un evanghelist francez. Din lagărul de concentrare s-a întors cu un braț complet zdrobit. El mi-a povestit o întîmplare pe care n-am uitat-o niciodată. El a spus: „În lagăr unde eram m-a chemat într-o zi la el comandantul lagărului. Am fost dus într-o cameră în care era pusă masa, dar cu un singur tacîm. Apoi a intrat comandantul. Mie mi-era o foame de lup. Comandantul s-a așezat la masă și a fost servit cu un ospăț regesc. Un fel după altul. Iar eu trebuia să stau acolo și să-l privesc. El își lingea buzele - iar eu muream de foame. Dar ce era mai rău încă nu venise. La sfîrșit i s-a adus cafeaua. Atunci a scos din buzunar un pachețel pe care l-a pus pe masă și a spus: ‚Priviți acest pachet. Vi l-a trimis soția din Paris. E plin de prăjiturele!‘ Știam cît de puţin era de mîncare şi cît trebuia să fi economisit soţia mea ca să-mi facă aceste prăjiturele. Şi apoi comandantul s-a pus să le mănînce una cîte una. L-am rugat: ‚Daţi-mi vă rog barem una, nu vreau s-o mănînc, ci s-o păstrez ca amintire de la soţia mea‘. A mîncat-o zîmbind pe ultima“. Aceasta era o clipă cînd exasperarea atinge punctul culminant şi se transformă în ură! Şi Dapozzo a continuat: „În acea clipă am fost conştient ce înseamnă că ‚dragostea lui Dumnezeu a fost turnată în inimile noastre‘. Am simţit dragoste pentru omul acesta. M-am gîndit: ‚Bietul de tine! N-ai pe nimeni care să te iubească. Eşti înconjurat de ură! Ce bine e că sînt copilul lui Dumnezeu!‘ “ Înţelegeţi: i-a fost milă de comandant şi nu s-a mai simţit călcat pe nervi. Atunci omul a simţit asta, s-a ridicat de la masă şi dus a fost! Dapozzo l-a vizitat după război. Atunci omul a pălit: „Vreţi să vă răzbunaţi?!“ „Da“ a spus Dapozzo, „vreau să mă răzbun. Aş vrea să beau o ceaşcă de cafea cu dvs. Iar în maşină am adus tortul. Şi acum să mîncăm şi să bem împreună!“

Zguduit, omul şi-a dat brusc seama că cineva care s-a supus lui Isus Cristos nu se mai află sub stăpînirea urii, ci a fost eliberat de exasperare, pentru că dragostea lui Dumnezeu a fost turnată în inima lui.

Eu sînt un bătrîn pastor de oraş mare şi am auzit adesea oamenii plîngîndu-se: „Sînt aşa de singur. Nimeni nu mă iubeşte“. Nu mai pot să aud asta. Atunci aş vrea să le spun: „Şi tu? Unde este omul care s-ar putea scula şi ar zice: ‚Acesta mi-a acordat dragoste‘. Ştiţi: o găsesc foarte prost - scuzaţi că mă exprim aşa, dar eu vin din ţinutul Ruhr-ului, acolo se vorbeşte mai nepoliticos - cînd oamenii se vaită că nu există dragoste în lume, cînd tu însuţi eşti un sloi de gheaţă!

Cînd am înţeles aceasta, mi-am zis: „Aş vrea să-mi arăt dragostea mea altora“. Dar mi-am dat seama că era cu neputinţă. Inima noastră e nespus de egoistă. Da, există oameni pe care îi poţi iubi, pentru că sînt simpatici. Dar pe cei care te calcă pe nervi? Îmi aduc aminte de o conversaţie cu un muncitor comunist, care spunea: „Am manifestat în favoarea culi-lor din Shanghai!“ I-am răspuns: „Grozav! Dar ce e cu vecinul dvs?“ Atunci a izbucnit: „Dacă îl întîlnesc, îi sparg capul!“ Înțelegeți: „Iubește pe cel de departe“ nu e așa de greu, dar cu „iubește pe aproapele tău“ se complică treaba.

Ori, eu sînt de părere că lumea s-ar schimba cînd eu îl pot iubi pe aproapele meu, chiar și pe cel dificil, chiar și pe cel periculos sau pe cel care îmi vrea răul. Asta nu se face de la sine. Este un dar al lui Dumnezeu. Prietenii mei, desigur că asta nu e simplu. Eu însumi am experimentat că atunci cînd Isus vine în viața noastră, ne dăruiește pacea cu Dumnezeu și apoi vrea să ne dăruiască și pacea cu aproapele, asta doare foarte mult, pentru că El ne arată atunci că noi enervăm pe alții mult mai mult decît ne enervează ei pe noi, că sîntem mai greu de suportat pentru ei decît invers. De cînd Îl cunosc pe Isus, El îmi arată cît de vinovat sînt față de ceilalți. Și atunci apreciez tot mai mult faptul că Isus a murit pentru mine pe cruce și că-mi dă iertarea păcatelor.

Înțelegeți: Isus produce cea mai mare revoluție din lume. Dar El trebuie să fie primit! De aceea aș vrea să vă rog să nu vă mărginiți numai a-mi asculta cuvintele, ci să-L și luați pe Isus în serios. Aș dori să puteți spune: „Am găsit pe Isus și El m-a găsit pe mine!“

## *Trebuie să se schimbe totul, dar cum?*

În tinerețea mea se citeau cu pasiune nuvelele unui scriitor pe nume Max Eyth, care astăzi e uitat. El era inginer de profesie și-și scotea temele cărților lui din începuturile erei tehnice. Una din nuvele era intitulată: „Tragedie profesională“. Acolo zugrăvește pe un tînăr inginer, care, printr-un straniu concurs de împrejurări primește într-o zi o comandă foarte importantă. I se cere să construiască un pod deasupra unui fluviu într-un loc unde acesta devenise un adevărat braț de mare. Dificultatea proiectului consta și prin faptul că podul va fi supus acțiunii fluxului și refluxului. Iar la începutul erei tehnice nu se dispunea încă de mijloace moderne. Tînărul construiește deci acest uriaș pod. Cînd e gata se sărbătorește inaugurarea cu muzică, drapele și ziariști. Notabilitățile trec cu trenul peste pod. Tînărul stă în punctul central al interesului. Numele lui figurează în toate ziarele. Acum e un om cu faimă. La Londra deschide un uriaș birou de arhitectură și se căsătorește cu o femeie bogată. El are tot ce-i dorește inima. Și totuși, în viața lui este un secret ciudat, știut numai de soția lui, care îi întunecă viața. Totdeauna cînd vine toamna, el dispare. El pleacă să-și vadă podul. Iar cînd noaptea furtuna urlă și ploaia cade în rafale, atunci stă la picioarele podului, învăluit în impermeabil și îi e frică. El simte literalmente forța furtunii care se dezlănțuie împotriva stîlpilor. Și de fiecare dată reface calculele pentru a se asigura că ei sînt într-adevăr destul de solizi, că a evaluat corect forța vîntului. Cînd a trecut furtuna, pleacă din nou la Londra și redevine omul celebru care ocupă un loc așa de important în viața mondenă a metropolei. Nimeni nu observă teama tainică care îl roade.

„Oare e bine construit podul? Oare e destul de puternic?“ Aceste întrebări chinuitoare sînt secretul întunecat al vieții lui. Max Eyth zugrăvește în mod tulburător cum inginerul, plin de teamă, într-o noapte cu furtună grozavă, supraveghează iarăși podul. El vede un tren angajîndu-se pe pod. El urmărește cu privirea lanternele roșii de la ultimul vagon. Deodată ele au dispărut, și știe că trenul s-a prăbușit în apele adînci ale mării deslănțuite. Podul se rupsese pe la mijloc.

Cînd, tînăr fiind, am citit pentru prima oară această nuvelă mi-a venit gîndul: „Nu este aceasta istoria vieții fiecărui om?“ Noi toți construim podul vieții noastre. Și din cînd în cînd, cînd avem o noapte fără somn sau cînd ne tulbură ceva în mod deosebit, se trezește teama: „Am construit oare corect podul vieții mele? E destul de solid pentru a putea rezista furtunilor existenței?“ Și atunci știm foarte precis că ceva nu e în regulă. Podul vieții noastre nu e în ordine! Acesta e primul lucru pe care aș vrea să vi-l arăt:

**1. Ceva nu e în regulă**

Ca pastor într-un oraș mare, am avut ocazia să întreb pe mulți oameni: „Spuneți-mi, viața dvs. e perfect în ordine?“ Încă niciodată n-am întîlnit pe cineva care să nu fi sfîrșit prin a recunoaște : „Perfect în ordine? Nu! Ar trebui multe să fie altfel!“ Desigur că nu pot să spun unde este cel mai slab punct al podului vieții voastre. Dar voi înșivă știți cu toții foarte bine: „Multe ar trebui să fie altfel!“

De aceea luăm de multe ori hotărîri bune: „Vreau să mă schimb! Vreau să fiu mai bun în cutare și cutare domeniu!“ Spuneți-mi: Credeți într-adevăr că un om se poate schimba? Nu, un om nu se poate schimba în fond! Biblia spune asta cu un realism brutal: „Poate un Etiopian să-și schimbe pielea, sau un leopard să-și schimbe petele? Tot așa, ați putea voi să faceți binele, voi, cari sînteți deprinși să faceți răul?“

Lumea e plină de lecții de morală și de hotărîri bune, dar nici un om nu se poate schimba singur. Este un cuvînt dur. Și eu stau adesea tulburat printre oamenii cu care vin în contact și simt: „Voi știți precis că podul vieții voastre nu e deloc în ordine!“ Și atunci ei întreabă: „Da, dar ce să facem atunci? Noi nu ne putem schimba singuri!“ Așa e: cel imoral nu-și poate da o inimă curată. Mincinosul nu poate spune adevărul. Egoistul nu poate fi dintr-odată altul; chiar dacă reușește să simuleze puțină dragoste, rămîne la fel de egoist ca și mai înainte. Iar necinstitul nu se poate face cinstit. Dacă ați ști numai unde e punctul slab al podului vieții voastre! Dar Dumnezeu poate să vi-l arate.

Este un adevăr zguduitor pe care ni-l arată Biblia. Eu nu-mi dezvolt ideile mele, ci vă vestesc ce spune Cuvîntul lui Dumnezeu. Și vedeți: Biblia aduce acum un mesaj nemaiauzit, uluitor. Ea spune: Dumnezeul cel viu a trimis pe Cineva în lume care ne poate schimba pe noi și întreaga noastră viață! Și Acesta nu e altcineva decît Fiul Său, Domnul Isus!

## 2. Totul se poate schimba

Prietenii mei, nu știu dacă e vina bisericii că oamenii își imaginează că creștinismul ar fi ceva plictisitor. Eu găsesc că e mesajul cel mai extraordinar că Dumnezeu a trimis în lume pe Fiul Său, pe Isus, ca singura șansă pentru noi! Acest Isus spune cuvîntul nemaiauzit: „Iată Eu fac toate lucrurile noi!“ El și numai El poate să schimbe pe oameni!

Am văzut alcoolici care au devenit liberi. Femei bătrîne egoiste, care au chinuit pe toți cu egoismul lor, au fost dintr-odată schimbate și au început să se gîndească la ceilalți. Bărbați, care erau legați de necurăția lor, au fost izbăviți. Isus transformă! Isus vine - și iată: toate lucrurile devin noi! Acestea nu sînt basme. Aș putea să vă dau o grămadă de exemple.

De aceea noi care știm exact că podul vieții noastre nu e complet în ordine, avem nevoie de acest Mîntuitor. Noi avem nevoie de Domnul Isus - nu de un creștinism, ci de Cristos! Înțelegeți: nu avem nevoie de o religie, de o dogmă, de o apartenență la o biserică, ci de un Mîntuitor viu. Și El e aici! Pe El puteți să-L chemați încă de astăzi și să-I spuneți toată durerea vieții voastre. Acesta e cel mai minunat mesaj pe care îl am.

Dați-mi voie să ilustrez ceea ce v-am spus printr-un exemplu. Recent am petrecut o săptămînă în München. Printre frumusețile orașului se numără și parcul uriaș din inima orașului, Grădina Englezească. Deoarece hotelul meu era în apropiere, mă plimbam pe acolo în fiecare dimineață. La intrarea în parc, ducea un mic pod de lemn peste un rîușor. În stînga podului, apa formează o mică cascadă. Într-o zi, am văzut că la baza cascadei dansa o bucățică de lemn. Și pentru că aveam timp, am urmărit cum lemnul se întorcea neîncetat în jurul lui. Din cînd în cînd, se părea că o să fie antrenat de curent și o să poată pluti mai departe. Dar vîrtejul îl prindea iarăși. A doua zi dimineața cînd am revenit, lemnul era tot acolo. Mereu dădea impresia că o să fie dus de curent, dar de fiecare dată vîrtejul îl apuca din nou. Puteți să vă imaginați aceasta? Curentul era destul de puternic - dar bucata de lemn continua să se miște în cerc.

Așa este viața multor oameni. Ea descrie fără încetare aceleași vechi cercuri: aceleași păcate, aceleași nevoi, aceiași necurăție, aceiași disperare în inimă. In fiecare zi, aceleași cotidiene, aceeași rutină, aceeași întorcere în cerc! Și acolo este un curent, un curent viu care iese din Fiul lui Dumnezeu, din Isus. Acest Isus a murit pe cruce pentru noi. Puteți să credeți că dacă Dumnezeu L-a lăsat pe Fiul Său să moară de o moarte așa de groaznică, a avut un motiv pentru aceasta, chiar dacă încă nu îl înțelegem. Priviți-L, în duh, cum agonizează pe cruce! „Și pe mine mă mîntuiește El acolo!“ Moartea aceasta trebuie să aibe un sens. Nu puteți trece pe lîngă ea fără să încercați să o înțelegeți. Și apoi Dumnezeu L-a înviat a treia zi din mormînt. Din acest Isus iese un curent de mîntuire! Dar noi sîntem ca lemnul din Grădina Englezească, noi ne tot răsucim în jurul nostru. Cînd eram în Grădină, mă gîndeam: „Ar fi deajuns să împing ușor bucata de lemn ca să ajungă în curent“. Dar nu puteam să o ating fără să cad în apă. Noi nu sîntem o bucată de lemn. Pasul afară din cercul vicios, pasul în curentul mîntuirii care iese din Fiul lui Dumnezeu, noi înșine trebuie să-l facem. Iar la sfîrșit constatăm că Dumnezeu a pus totuși mîna. Dar acum trebuie să vă spun: Voi înșivă trebuie să faceți acest pas în curentul mîntuirii! Sînt oameni care simt foarte clar că Dumnezeu acționează în inima lor ca să facă pasul care îi va face să iasă din vechiul cerc vicios și să fie antrenați de curentul eliberator care emană din Isus.

### 3. Ori așa, ori așa.

Aș vrea să vă explic aceasta prin cîteva istorioare biblice: Apostolul Pavel fusese întemnițat în Cezarea, unde își avea reședința guvernatorul roman. Noul procurator roman al Iudeii era un om cu numele Festus. Acesta a primit într-o zi vizita împăratului iudeilor Agripa și a soției lui Berenice, care i-au spus: „Ascultă Festus. Tu ai aici un prizonier foarte interesant numit Pavel, pe care am vrea să-l ascultăm și noi odată". Și într-o zi are loc iarăși un proces public cu interesantul prizonier numit Pavel. Erau adunați ofițeri romani, politicieni și funcționari. Apar Festus, Agripa și Berenice și iau loc pe tron. Legionarii romani s-au ridicat în picioare. Un fast măreț. Apoi este adus acuzatul, Pavel. Totuși după cîteva minute rolurile s-au schimbat: Nu mai e Pavel acuzatul, ci întraga societate din jurul lui. Și apoi Pavel ține un discurs evanghelistic puternic în care le explică ascultătorilor lui cine este Isus. De data asta nu a vorbit așa de mult de păcatele lor, ci L-a zugrăvit înaintea ochilor lor pe Acela care a spus: „Cine însetează, să vină la Mine și să bea", „Voi, cu setea voastră, cu conștiințele încărcate, cu dorul vostru după Dumnezeu și cu frica voastră de moarte, auziți: Isus Își întinde mîinile și spune: ‚Veniți la Mine voi toți cei trudiți și împovărați'. Așa va fi spus Pavel. Astfel l-a proslăvit el pe Isus, pe care-L întîlnise personal. Și cînd a terminat, guvernatorul Festus îi spune: „Frumos știi să vorbești, Pavele. Dar cred că ce spui tu e puțin cam trăznit. Te lași dus de temperamentul tău". Festus nu înțelesese nimic. Biblia spune despre asemenea oameni: „Inima lor este nesimțitoare ca grăsimea". Inimi unse cu grăsime, peste care totul alunecă! Astea există poate și printre voi. Așa era domnul Festus. Dar împăratul Agripa este complet zguduit și pronunță un cuvînt care m-a mișcat profund „Nu lipsește mult ca să mă convingi ca să devin creștin, un ucenic al lui Isus". „Nu lipsește mult" - și apoi a plecat. Și apoi a rămas la cele vechi. Ca la bucata de lemn din Grădina Englezească totul se învîrte în vechiul cerc, în vechea rutină, în vechea viață - pînă-n moarte și-n iad. Totdeauna aceeași cîntare veche a păcatului și a îngîmfării. Iar la tine cum e? Rămîn lucrurile tot cum au fost? În acest caz, Isus a murit degeaba pentru tine. Iar învierea Lui nu îți e de nici un folos. Pentru tine nu mai e nici iertare, nici libertate, nici pace cu Dumnezeu. Mai trebuie doar un pas: „Nu lipsește mult ca să devin creștin". Nu este zguduitor? Oameni, care își zic creștini - și totuși nu sînt copii lui Dumnezeu. Oameni, care-și zic creștini - și totuși sînt pierduți. Oameni, care-și zic creștini - și totuși rămîn fără pace.

Și acum aș vrea să vă arăt contrariul. Apostolul Pavel a ajuns într-o zi în orașul european Filipi. Acolo existau localuri de distracții, un teatru și tot ce se găsește într-un oraș care se respectă. Și pentru că într-un oraș cuviincios trebuie să existe și o închisoare, era și aceasta existentă. Ea era condusă de un fost ofițer roman, care poate că acceptase postul din pricina vreunei răni vechi. Și într-o zi îi sînt aduși acestui temnicer, cum îl numește Biblia, doi prizonieri cum rar a avut el din aceștia: apostolul Pavel și însoțitorul lui, Sila. Aceștia predicaseră cu putere în oraș. Însă cum după predică se stîrnise o tulburare în popor, autoritățile puseseră să-i bată și apoi să fie aruncați în închisoare. Pavel și Sila au fost deci predați temnicerului: „Păzește-i bine pînă dimineață!" Iar temnicerul a spus: „Să-i păzesc bine? Las' pe mine!" În fundul închisorii are o celulă unde se scurge apă pe ziduri. Acolo îi aduce pe cei doi și îi încuie cu picioarele în butuci. Iar dacă m-ați întreba ce religie avea omul, atunci v-aș spune: ca și cei mai mulți dintre voi. El credea în „Dumnezeu drăguțul", poate chiar în mai mulți „Dumnezei drăguți". Știți: în Roma existau religii care nu erau luate în serios. Ca și la noi! Puteți să vă imaginați temnicerul? Și apoi i se întîmplă ceva foarte ciudat care nu va putea fi niciodată elucidat complet. Primul lucru este că Pavel începe să cînte la miezul nopții o cîntare de laudă lui Isus. Mă gîndesc că pînă în clipa aceea Pavel folosește timpul tot gîndindu-se la tratamentul nedrept pe care-l suferise, loviturile, întemnițarea, picioarele în butuci. Totul era greu de înghiţit. Dar deodată îi vine gîndul: „Domnul Isus, Fiul lui Dumnezeu, m-a răscumpărat doar cu sîngele Său! Eu sînt doar un copil al lui Dumnezeu! Eu am pace cu Dumnezeu! Şi sînt şi aici în mîna Sa!“ Şi atunci începe să cînte o cîntare de laudă. Iar Sila cîntă vocea a doua sau basul. Ce minunat! Şi aud şi ceilalţi întemniţaţi! Erau sunete care nu mai fuseseră auzite în această închisoare. Prietenii mei, eu în cursul detenţiilor mele am ajuns să cunosc închisorile poliţiei de stat. Tot ce se aude aici sînt înjurături, strigăte, plînsete şi urletul gardienilor. Cînd am vrut odată să cînt o cîntare de laudă, mi s-a interzis imediat. Se pare că au înţeles pînă astăzi că e periculos cînd cineva cîntă laudă lui Dumnezeu. Dar atunci încă nu era cazul. Pavel şi Sila au continuat deci să cînte. Desigur că aceasta a mirat pe temnicer: „Oare ce-o fi cîntînd acolo?“ El trage cu urechea „Parcă sînt cîntece religioase! S-a mai văzut vreodată să ia cineva lucrurile acestea în serios, şi chiar aici în închisoare? În gaura aia de jos îţi piere tot cheful de cîntat. Şi oamenii ăia cîntă spre slava Dumnezeului lor!“ De abia se culcă din nou că temnicerul simte scuturăturile unui cutremur puternic. Asta-i de la Dumnezeu. Porţile temniţei sar în lături. Lanţurile prizonierilor se rup. Temnicerul sare din pat, se îmbracă cu strictul necesar şi apoi vede că uşile sînt deschise! „Vai, prizonierii au scăpat. Acum o să fiu retrogradat! Am încurcat-o!“ Şi vrea să se omoare. Dar Pavel îi strigă de jos: „Nu-ţi face nici un rău. Toţi sîntem aici!“ Biblia nu relatează nimic despre ceea ce se petrece înlăuntrul lui. Dar în clipa aceea omului îi trece prin cap: „Există un Dumnezeu viu, care intervine în favoarea slujitorilor Lui! Există un Dumnezeu viu pe care L-am hulit cu întreaga mea fiinţă. El nu poate decît să mă respingă! Există un Dumnezeu viu, care cunoaşte păcatul meu, toate murdăriile pe care le-am făcut! Există un Dumnezeu viu - şi eu sînt pierdut!“ El se năpusteşte în celula lui Pavel şi strigă: „Domnilor, ce să fac ca să fiu mîntuit?“ El simte deodată că viaţa lui e ca lemnul din Grădina Englezească. Ea nu face decît să se întoarcă în jurul ei. Lucrurile au rămas mereu în acelaşi punct. Totuşi acum întrebarea e vitală:

„Ce să fac ca să intru în curentul vieții?" Poate că noi i-am fi ținut acum o predică lungă sau i-am fi făcut morală. Poate că i-am fi spus: „Scoate-mă mai întîi de aici!" Totuși Pavel spune doar o frază: „Trebuie să-l ai pe Isus, crede în Domnul Isus Cristos și vei fi mîntuit, tu și casa ta!" Temnicerul nu prea știe multe despre aceasta, a auzit doar vag că Isus salvează de mînia lui Dumnezeu, de judecată, de iad, de vechea viață. Înțelegeți: chiar în acea clipă, el primește șocul salvator care-l smulge din vechiul lui mod de viață și-l antrenează în curentul mîntuirii. El aparține acum lui Isus. Se povestește apoi în chip minunat cum îi scoate pe Pavel și pe Sila din temniță, le spală rănile și îi ascultă atent vorbind despre Isus și se lasă botezat în aceeași noapte, ca să devină proprietatea lui Isus. Povestirea se încheie cu cuvintele: „Și s-a bucurat cu toată casa lui că a crezut în Dumnezeu". Acum intrase în curentul vieții! Acum aflase pacea cu Dumnezeu!

Despre unul se spune: „Nu lipsește mult". Celălalt s-a văzut împins în curentul eliberator. Ce se va întîmpla cu tine?

**4. Ia în serios oferta lui Isus!**

„Totul trebuie să se schimbe - dar cum?"

Înainte de toate e important un lucru: Trebuie să faci cunoștință cu Isus!

Era imediat după război. M-a sunat la telefon directorul unui liceu: „Domnule pastor, am aici cincisprezece tineri. Ei și-au luat bacalaureatul la armată. Dar acesta nu e valabil decît cu condiția de a urma cursuri timp de un semestru pentru a-i ajunge din urmă pe ceilalți. Sînt foști locotenenți parașutiști, căpitani de infanterie și de artilerie și alții. Bineînțeles că sînt foarte supărați că trebuie să revină pe băncile școlii. Ați fi de acord să le dați cursuri de religie?" Am acceptat - și m-am dus într-acolo cu frica-n sîn. Ei stăteau acolo cu uniformele lor stricate: acești tineri războinici încenușați din pricina prafului de pușcă. „Bună ziua!" i-am salutat. „Trebuie să țin aici cursuri de religie". Nici n-am apucat să-mi termin introducerea, că s-a și ridicat unul și și-a dat drumul: „Cum poate Dumnezeu să îngăduie un asemenea război groaznic?!" Şi un altul a continuat: „Unde-i atunci dragostea lui Dumnezeu?! De ce tace cînd milioane de evrei sînt gazaţi?" Şi tot aşa. Întrebările plouau peste mine. În cele din urmă am ridicat mîna şi am spus: „O clipă! Voi îi daţi înainte ca un orb cu bastonul în ceaţă! Să vorbeşti despre Dumnezeu în felul acesta nu are nici un sens! Dumnezeu ne este total necunoscut şi ascuns. El nu S-a revelat decît prin Isus şi, înainte de a continua, trebuie mai întîi să ştim cine este Isus. Domnilor, înainte de a relua discuţia, trebuie să faceţi mai întîi cunoştinţă cu revelaţia lui Dumnezeu. Cu asta ne vom ocupa. De aceea data viitoare să veniţi cu Bibliile voastre". Şi apoi am citit: „La început Dumnezeu a făcut cerurile şi pămîntul". Am citit despre căderea în păcat şi despre judecata lui Dumnezeu asupra omenirii căzute. Şi i-a impresionat adînc pe toţi cuvîntul din Biblie: „Vei şti şi vei vedea ce rău şi amar este să părăseşti pe Domnul Dumnezeul tău". Asta trăiesc popoarele, şi asta trăiesc indivizii. Iar apoi am citit despre Isus! Fără oprire am citit despre moartea şi învierea Sa. Îmi rămîne neuitată ora aceasta, cînd s-a făcut dintr-odată tăcere adîncă, în timp ce unul citea şi ceilalţi ascultau. Ne reţineam răsuflarea cînd citeam despre marile lucruri pe care le-a făcut Dumnezeu în Isus - şi în ei s-a produs o asemenea schimbare încît n-au mai avut chef să continue genul de discuţie sterilă de la început. Ei îşi ziceau creştini - dar nu ştiau nimic despre Dumnezeul cel viu care a venit spre noi în Isus Cristos şi care a făcut totul pentru noi.

Şi apoi:

Trebuie să-L luaţi în serios pe acest Isus şi invitaţia Lui.

Isus povesteşte odată o pildă: Un împărat a făcut o nuntă fiului său. El şi-a trimis slujitorii ca să spună invitaţilor: „Veniţi, căci totul este gata!" Atunci au început să se scuze fiecare. Primul spune: „Aş veni bucuros, dar tocmai am încheiat o afacere importantă şi trebuie să mă ocup de ea" - Înţelegeţi. Mi se spune: „Sînteţi pastor. La dvs. e cu totul altfel ca la noi. Puteţi să faceţi ce vreţi". - Un altul se scuză: „Mulţumesc mult. Dar tocmai m-am căsătorit. Înţelegeţi: luna de miere. Nu te poţi ocupa de altceva" - Şi așa, pînă la sfîrșit, n-a venit nici unul. Am încercat să-mi închipui atitudinea interioară a acestor oameni: „De fapt aș fi venit la nunta fiului împăratului, dar a intervenit ceva“.

Așa se întîmplă cu cei mai mulți dintre voi: de fapt aș vrea să fiu copil al lui Dumnezeu - dar nu reușesc. Da, de fapt...! Ah, te rog, primește-L pe Isus în credință!

Sînt așa mulți oameni care spun: „Și eu cred“. Germanii, în timpul celui de al treilea Reich au crezut într-o grămadă de lucruri: în Führer, în Germania, în victoria finală, în arma minune etc. În toate lucrurile posibile am crezut deja. Dar nu ajunge ca să am o credință, ci trebuie să am și pace cu Dumnezeu. Și asta o primesc numai prin Isus! Iar acum vreau să vă spun ce înseamnă credința, folosind cîteva exemple.

Ca tînăr pastor am făcut vizite din casă în casă într-o parohie groaznică. Pretutindeni mi se trîntea ușa în nas și mi se spunea: „Nu cumpărăm nimic!“ Dar eu puneam piciorul în întredeschizătura ușii și răspundeam: „N-am nimic de vînzare. Sînt pastor“. „N-avem nevoie de popă!“ Într-o zi am intrat într-o locuință a cărei ușă de la intrare dădea drept în bucătărie și am văzut un tînăr care mergea furios de colo pînă colo. „Bună ziua!“ zic eu. „Bună!“ „Eu sînt pastorul“. Atunci se oprește și urlă: „Ce, un popă?! Asta-mi mai lipsește! Tocmai asta-mi lipsea! Afară! Eu nu mai cred în nimic, mi-am pierdut credința în omenire“. Trebuie să fi suferit vreo lovitură dură. I-am răspuns: „Tinere, ne putem da mîna. Și eu mi-am pierdut credința în omenire!“ „Cum așa?“ întreabă el uluit. „Ca pastor trebuie să vă păstrați credința în omenire!“ „Crezi?“ am replicat eu. „Îmi pare rău, dar am pierdut-o. Am fost în război. Și cînd mă gîndesc la obscenitățile, la toată necurăția, la tot acest egoism care e în lume, nu, mulțumesc, nu mai cred în omenire!“ „Aveți dreptate“ recunoaște el, „dar atunci nu înțeleg de ce sînteți pastor!“ „O“, spun eu, „am primit o nouă credință, pe care nimic n-o poate zgudui...“ „Ha, aș fi curios să știu și eu despre ce credință este vorba“. Și atunci am putut să-i vestesc Evanghelia: „Este vorba de totala mea încredere în Isus

Cristos, care a venit ca singura șansă pentru lume!" „Isus?" se miră el. „Dar ăsta-i creștinismul. Și eu credeam că s-a terminat cu el". „Deloc. El intră în acțiune acolo unde toate celelalte credințe au dat greș!"

Aș dori ca voi să aruncați peste bord toate credințele voastre false, și să găsiți încrederea în Isus!

Imediat după război am cumpărat un Opel P4 vechi, căci intenționam să călătoresc mult. Era o adevărată piesă de muzeu! Cînd am plecat pentru prima oară cu micul meu P4, un prieten mi-a strigat: „Ia te uită! Pleacă pastorul cu mașina! Acum trebuie să capitonăm toți copacii!" L-am întrebat supărat: „Crezi că nu pot conduce o mașină?" „Ba da, doar ai un carnet de conducere!" „Hai, urcă atunci!" l-am invitat eu. „Nu, mai bine nu! Încă nu mi-am făcut testamentul", a răspuns el. În clipa aceea a trecut pe acolo soția mea. „Soție, hai urcă-te!" i-am spus eu. Și ea s-a urcat. Fără șovăire! Ea trăiește și azi. În clipa cînd a părăsit pămîntul solid ca să se urce în mașină, mi-a încredințat viața ei. Așa să faceți și voi față de Isus: încredințați-I viața fără rezerve!

Deunăzi am citit o relatare zguduitoare din al doilea război mondial, cînd orașul Stalingrad a fost complet încercuit de armata rusă și ultimul avion german urma să plece. El era plin de răniți. Și au mai venit și alți soldați - răniți mai ușor sau pe jumătate înghețați de frig. Toți vroiau să plece cu avionul. Dar el era plin. Atunci s-au agățat de avion, prinzînd fiecare cu mîinile ce putea: clanța ușii sau trenul de aterizare. Apoi avionul s-a înălțat. Cînd a aterizat, nu mai era nici unul din cei ce se agățaseră de el. Ei fuseseră duși de furtună, căci le înghețaseră mîinile. Numai cei ce erau înăuntru au fost salvați!

Atunci a trebuit să mă gîndesc: Evanghelia Fiului lui Dumnezeu, Isus, care a murit și a înviat pentru noi, este asemenea unui avion salvator. Cu el poți să scapi de la pierzare. Are locuri destule. Dar sînt așa de mulți care nu sînt înăuntru, care nu s-au urcat niciodată în El, care atîrnă doar pe dinafară. Ei merg poate la biserică de Crăciun. Sînt poate botezați - ceea ce nu-i împiedică să facă și să creadă ca toată lumea. Iar dacă mor, pastorul trebuie să mărturisească ce oameni buni au fost ei. Înțelegeți: în fond, ei au rămas tot afară. Iar într-o zi vor fi duși de furtună. Numai cei ce sînt în interior vor fi salvați! Ești tu cu adevărat înăuntru?

Iadul va fi odată plin de oameni care au știut de Isus, dar care nu s-au urcat în El. Înțelegeți: credința în Isus înseamnă să te urci în El. Urcă-te. El e singurul în care te poți încrede pe deplin.

În încheiere aș vrea să vă mai zugrăvesc încă o dată crucea lui Isus. Veniți cu mine în duh la Golgota, pe dealul din afara porților Ierusalimului. Acolo atîrnă pe cruce Fiul lui Dumnezeu. Aici sub această cruce e singurul loc din toată lumea unde poate afla cineva iertare de păcate, unde totul se schimbă!

În orașul Lübeck există o minunată biserică veche, domul din Lübeck, în care se află un vestit tablou cu răstignirea, pe care l-a pictat Hans Memling în secolul XV. Cînd biserica aceasta a suferit un bombardament în 1942 și a ars, un soldat necunoscut s-a năpustit cu cîțiva prieteni în biserică ca să salveze din flăcări această operă de artă. Puțin după război, am ținut cîteva conferințe la Lübeck. Într-o zi, directorul unui muzeu de artă mi-a spus: „La mine în pivniță se află renumitul Memling. Dacă vreți să-l vedeți, vi-l arăt cu plăcere“. Bineînțeles că nu am lăsat să-mi scape ocazia. Împreună cu directorul și cu un prieten am coborît în pivniță. Un tablou minunat: Ostași pe cai cu lănci, mercenari aruncînd cu zarul, o mulțime pestriță, femei ce plîng, farisei batjocoritori. Deasupra tuturor se înălțau cele trei cruci. Totuși am descoperit apoi ceva foarte ciudat. În mijlocul înghesuielii, la piciorul crucii, e un spațiu liber. „E ciudat“ am observat eu, „că în toată aglomerația asta este un loc liber chiar la piciorul crucii. La ce s-o fi gîndit Hans Memling?“ Acești pictori medievali vroiau să transmită un mesaj prin tablourile lor; erau deja într-un anume fel niște expresioniști. Și atunci prietenul meu mi-a explicat: „Eu cred că vroia să spună: Aici sub crucea lui Isus e un loc liber. Aici poți să stai tu!“

Mă gîndesc adesea la acest tablou: „Aici, sub cruce jos/

Își pierde moartea boldul/ În rănile lui Isus/ Din mîinile întinse/ Primesc eu mîntuirea..." Da, mă bucur că sub crucea lui Isus, Fiul lui Dumnezeu, este un loc liber pentru mine. Și pentru tine e liber acest loc! Oare să rămînă pentru tine locul liber pînă în veșnicie?

## *Fără mine!*

Fiecare epocă dă naştere propriilor ei formule, pe care le tot auzi în toate ocaziile posibile şi imposibile, potrivite şi nepotrivite. Una din cele mai cunoscute formule din vremea noastră este aceasta: „Fără mine!“ Ea înseamnă: „nu vreau cu nici un preţ; este exclus“. Cu această expresie lovim în jurul nostru, lovim pe alţii, da, ne lovim de moarte chiar şi pe noi înşine. Vedeţi: „Fără mine!“ este o formulă extrem de periculoasă, chiar mortală. Dar ea poate primi şi un înţeles foarte pozitiv. Ei, să cercetăm acum ambele cazuri.

**1. Noi n-o spunem cînd ar trebui**

Există o povestire străveche în Biblie care e totuşi foarte actuală şi ilustrează bine acest aspect al problemei. Vreau să v-o povestesc.

Aţi auzit cu siguranţă vreodată de Avraam, acest om al lui Dumnezeu, despre care se relatează chiar la începutul Bibliei: „Avraam a crezut în Domnul, şi credinţa aceasta i-a fost socotită ca neprihănire“. Avraam era un om care îşi cunoştea exact greşelile pe care le făcuse în viaţă, dar trăia în aşa fel înaintea ochilor lui Dumnezeu încît şi-a recunoscut păcatele, le-a mărturisit lui Dumnezeu şi a primit prin credinţă înfierea lui Dumnezeu. Acest Avraam ajunge într-o zi într-o situaţie foarte dificilă cu nepotul lui, Lot. Biblia relatează: „Avraam era foarte bogat în vite“. Şi: „Lot, care călătorea împreună cu Avraam, avea şi el oi şi boi“. Iar apoi: „S-a iscat o ceartă între păzitorii vitelor lui Avraam şi păzitorii vitelor lui Lot“. Din lipsă de spaţiu vital, certurile dintre păstorii unuia şi cei ai celuilalt luau forme tot mai ameninţătoare. Tot mereu alergau păstorii la stăpînii lor şi povesteau, foarte excitaţi, despre certuri puternice şi schimburi de cuvinte şi gesturi. Situaţia se înrăutăţea văzînd cu ochii. Acum, prietenii mei, dacă aţi fi fost Avraam, unchiul cu mult mai în vîrstă a lui Lot, ce-aţi fi făcut în această situaţie? Dacă eu aş fi fost unchiul acestui Lot, i-aş fi spus: „Ăsta-i mod de purtare a păstorilor tăi faţă de ai mei? Să pleci de aici!“

Atunci Lot ar fi răspuns: „Niciodată! Eu îmi vreau dreptul meu. Să pleci tu!“ Și așa cearta ar fi continuat la nesfîrșit. Vedeți, în clipa cînd se părea că ruptura dintre Avraam și Lot era inevitabilă, bătrînul evlavios stă înaintea ochilor lui Dumnezeu, se uită apoi la nepotul său Lot și se gîndește: „Ceartă? Ruptură? Fără mine! Fără mine!“ Și astfel pune mîna pe umărul lui Lot și-i spune: „Dragul meu, să nu fie ceartă între mine și tine, sîntem doar frați!“ Și apoi îi face o propunere care să rezolve totul, chiar dacă ea părea să-l dezavantajeze. Dar ce conta: „Ceartă? Fără mine!“

Pot să adresez o întrebare bărbaților și femeilor aici de față: Ați trăit probabil situații cînd ați fost provocați în modul cel mai neplăcut. Ați gîndit și voi: „O ceartă? Fără mine!“? Ați reacționat la fel? Nu, cu siguranță că ați primit provocarea și aveți și astăzi o ceartă cu doamna X sau cu vecinul. Vedeți, de cîte ori ar fi fost locul să spunem formula aceasta scurtă: „Fără mine!“ Domnul Isus spune: „Ferice de cei împăciuitori!“ Tot creștinismul nostru valorează atît de puțin pentru că în clipele hotărîtoare nu spunem: „O ceartă? Fără mine!“, pentru că în asemenea situații eșuăm jalnic.

Vreau să vă povestesc acum o altă istorie care îmi place mult. Cunoașteți minunata istorie din Biblie, istoria tînărului numit Iosif, care a fost vîndut de frații lui? El a ajuns ca sclav în Egipt, în marea și renumita țară pentru cultura ei, în casa unui om bogat numit Potifar, care avea numeroși sclavi și locuințe luxoase. Din tinerețea lui, Iosif încheiase un legămînt cu Dumnezeul cel viu. El Îi spusese lui Dumnezeu: „Vreau să-ți aparțin!“ Și iată că acum e singur în țara Egiptului. El vede pe ceilalți sclavi furînd și mințind. El nu face ca ei. Ei își bat joc de el. Dar stăpînul lui capătă încredere în el și începe să-i încredințeze responsabilități. Știți: creștinii sînt luați în batjocură, dar lor li se pot încredința sarcini, pentru că se știe că nu fură și nu mint. Și așa se face că Iosif, ajuns la vîrsta adultă, a fost pus peste casa lui Potifar și peste tot ce-i aparținea. Biblia merge pînă la a zice: „Egipteanul n-avea altă grijă decît să mănînce și să bea“. Poate că i-ar fi plăcut să lase şi aceasta în seama lui Iosif, dar era un lucru de care trebuia să se îngrijească el însuşi. Acum Iosif devenise un bărbat foarte frumos. El se îmbrăca cu gust şi eleganţă. De aceea nu e de mirare că tînăra soţie a stăpînului lui a sfîrşit prin a-l remarca. Ea era o păgînă - care n-avea nici o ocupaţie, căci sclavii făceau totul. Ori, cum zice proverbul, „Lenea e mama tuturor viciilor". Într-o zi îi cad ochii pe Iosif. Apoi începe să flirteze cu el. Dar Iosif nu-i dă nici o atenţie. Atunci se produce scena aceea tulburătoare cînd, aflîndu-se în casă singură cu Iosif, ea se ridică dintr-odată înaintea lui, pradă unei patimi dezlănţuite, îl apucă de haină şi-l roagă: „Iosife, culcă-te cu mine!" Este emoţionant cum povesteşte Biblia mai departe că Iosif, după o clipă de meditaţie spune: „Fără mine! Fără mine! Un adulter? Fără mine!"Ah, vedeţi: Aşa vorbim noi. Oamenii din Biblie au vorbit mult mai frumos. La fel a vorbit şi Iosif. El a spus aşa: „Cum aş putea să fac eu un rău atît de mare şi să păcătuiesc împotriva lui Dumnezeu?" Asta însemna: „Fără mine! Fără mine!"

Nu există vreunul din cei mai în vîrstă dintre noi care să nu se fi găsit într-o clipă sau alta în acest fel de situaţie, ispitiţi de un păcat care astăzi nici nu se mai vrea a fi considerat ca atare, păcatul necurăţiei. Aţi spus şi voi: „Dumnezeu mă vede! Fără mine!"? Ce simţim văzînd atitudinea lui Iosif? Ah, cred că nici nu ne-ar fi trecut prin minte că ar fi trebuit să spunem: „Fără mine!" - „Fără mine!" - pentru că este o poruncă a lui Dumnezeu care ne spune să trăim curaţi şi înfrînaţi în cuvintele şi faptele noastre. Această formulă nu ne-a prea venit în minte în clipele acelea! Dar eu vă spun: lui Dumnezeu Îi trece prin minte! Şi în acea zi lui Dumnezeu Îi va trece prin minte păcatele noastre. Ce păcat că în clipa hotărîtoare nu ne trec prin cap aceste două cuvinţele: „Fără mine!" Ar fi un mod excelent de a reacţiona în ceasul ispitei, cînd sîntem pe punctul să încălcăm vreuna din poruncile lui Dumnezeu. Este de altfel una din caracteristicile epocii noastre că nu se mai ţine seama de poruncile lui Dumnezeu.

A trebuit odată să ţin o conferinţă în faţa tuturor pastorilor din Hanovra cu ocazia ordinării noului lor episcop. El însuşi mă rugase să vorbesc despre tema: „Ce ne lipseşte nouă, pastorilor şi bisericilor noastre? Atunci am spus în acea predică: „De fapt am un singur lucru să vă spun. La toţi ne lipseşte teama că am putea ajunge în iad, că Dumnezeu ia într-adevăr lucrurile în serios şi că nu se poate trata cu El în problema poruncilor Lui".

„Fără mine!" este o formulă excelentă de folosit atunci cînd duhul veacului ne ispiteşte să călcăm vreuna din poruncile lui Dumnezeu.

Există în Biblie o istorie emoţionantă. Fiul lui Dumnezeu stă pe un munte. Şi diavolul - credeţi că există un diavol, nu-i aşa? E foarte real, puteţi fi siguri de asta - stă lîngă El, Îi arată împărăţiile lumii şi slava lor, şi Îi spune: „Îţi voi da toate aceste lucruri, dacă Îţi pleci doar o clipă genunchiul înaintea mea!" Dar Fiul lui Dumnezeu îi răspunde atunci: „Fără mine! Poate toată lumea să se închine înaintea ta - fără mine!" El, Domnul Isus, a exprimat-o mai frumos: „Domnului, Dumnezeului tău să te închini".

De ne-ar trece prin cap formula „Fără mine!" în clipa potrivită, nu-i aşa? Ce păcat că nu o spunem cînd ar trebui să o facem!

**2. O spunem cînd n-ar trebui să o spunem**

Ah, prietenii mei, cei mai mulţi spun „Fără mine!" cînd nu trebuie.

Înaintea mea stă un tînăr, un om de ispravă cum s-ar spune. Îi spun: „Omule, ce-ar putea deveni din tine, dacă te-ai hotărî să-ţi dai viaţa Dumnezeului celui viu!" „Nu", răspunde el, „fără mine!"

Noi Îl tratăm pe Dumnezeu ca... Dar să vă dau un exemplu: Medicul mi-a prescris să mă plimb în fiecare zi cîte o oră. De curînd m-am plimbat de-a lungul Gării de sud din Essen. Şi iată că în mijlocul drumului văd o canapea veche: Nemaiputînd fi folosită proprietarii au pus-o în timpul nopţii în grădina publică, zicîndu-şi: „Oraşul n-are decît să se descurce şi să facă cu ea ce-o vrea!" Imi pot bine imagina istoria acestei canapele. Poate că au moştenit-o de la vreo bunică care tocmai a murit. Tinerii au însă o locuință modernă cu mobilă modernă. „Da", spune bărbatul, „ce să facem acum cu o asemenea canapea veche? Pur și simplu nu se mai potrivește cu stilul nostru de viață. Și nu știi niciodată dacă nu sînt carii ascunse în ea. Mai bine ne descotorosim de ea!" Și o lasă în grădina publică. La fel face și omul de azi cu Dumnezeul cel viu. Dumnezeu nu se potrivește cu stilul nostru de viață. El nu se potrivește în societatea noastră, în gîndirea modernă pluralistă. Ce să facem acum cu Dumnezeu? Să punem canapeaua veche în biserică! Ea este și așa închisă peste săptămînă.

Prietenii mei! Dumnezeul cel viu nu e o canapea veche. E clar? Dumnezeul cel viu nu e o piesă de mobilă veche de care ne putem debarasa după plac din viața noastră pentru că nu mai e modernă. Aveți vreo idee cum este Dumnezeul cel viu? Poate e vina bisericii că Dumnezeu a devenit o „problemă". Ar trebui să ne treacă fiorii numai la pronunțarea numelui de „Dumnezeu!" O, atitudinea aceasta indiferentă față de El: fără mine!

Trebuie acum să mă refer puțin mai pe larg. Vedeți: Se vorbește tot mai mult că tot Occidentul nostru este bolnav nu numai trupește cu cancer și toate celelalte boli posibile, ci bolnav psihic. Este un lucru groaznic că sîntem bolnavi psihic. Știați că numărul depresiunilor psihice crește mereu? Oamenii inteligenți încearcă să descopere boala de care suferă bătrîna noastră lume civilizată. Iar un medic elvețian a spus ceva foarte inteligent: „Epoca noastră suferă de lipsa de Dumnezeu". Vedeți: În Evul Mediu, Dumnezeu mai juca un rol - mărturie stau marile catedrale. Totuși omul a încercat apoi să scape de Dumnezeu. Întregul marxism este o încercare uriașă de a scăpa de Dumnezeu. S-a încercat înlocuirea Lui prin tehnică. Unii savanți și-au tocit pana vrînd să dovedească că Dumnezeu nu există! Masele au urlat: „Religia e opiul poporului!" Băiețașul cel mai prost se întreba unde putea să Se ascundă Dumnezeu și continuînd să-și sugă degetul, exclama: „Eu nu L-am văzut încă niciodată, deci nu există!" Da, s-a făcut totul pentru a scăpa de Dumnezeu.

Și știți care e rezultatul astăzi? Omul nu a scăpat de

Dumnezeu! Eu caut încă ateul care să aibă curajul să spună sincer: „Dumnezeu nu există!“ Dar un asemenea om nu se poate găsi. Și chiar de s-ar găsi, ar fi așa de prost că nu s-ar putea ține cont de el. Marele fondator al fizicii atomice moderne, profesorul Max Planck, înainte de moarte a publicat o broșură intitulată „Religie și științăˮ. În ea spune: „Pentru noi oamenii de știință e de la sine înțeles că Creatorul cel viu stă la baza oricărei cunoașteriˮ. Vedeți, nu am putut scăpa de Dumnezeu!

Am ținut recent o serie de conferințe într-un orășel din vechiul ducat Berg. Într-o seară, ieșind din biserică, am văzut un grup de tineri de vreo douăzeci de ani stînd în fața bisericii. „De ce nu intrați?“ i-am întrebat eu. „Hm!“ este răspunsul. Spun: „Hm! nu este un răspuns! Spune-miˮ, mă adresez eu unuia dintre ei, „există Dumnezeu?“ Atunci el răspunde: „Nu știu!“ Eu îi spun: „Dar e groaznic, tinere! Ori există, și atunci trebuie să-I aparții, ori nu există, și atunci trebuie să ieși din biserică. Ți-ai cerut deja ieșirea?“ „Nu!“ Mă adresez altuia: „Există Dumnezeu?“ „Cred că daˮ. „O! Spune-mi: Păzești poruncile Lui?“ „Nu!“ Și am continuat tot așa cu ceilalți. Nu era nici unul care să fi îndrăznit să nege pe Dumnezeu. Dar nici nu era vreunul care să fi vrut să aparțină în mod serios lui Dumnezeu. Și așa este pretutindeni.

Cînd fac vizite, oamenii îmi spun: „Și eu cred în ‚bunul Dumnezeu‘, dar las altora grija de a merge la bisericăˮ. Înțelegeți: omul nu neagă pe Dumnezeu, dar nici nu-I aparține!

Problema lui Dumnezeu rămîne nerezolvată. Iar problemele nerezolvate dau un complex, o boală psihică care sfîrșește prin a distruge pe om. Și noi ne distrugem pentru că nu avem curajul de a clarifica cum stă treaba cu Dumnezeu! În biserici se află de zece ori mai multe femei ca bărbați. Unde sînt aceștia? Vă garantez că ei se distrug psihic, înainte de a merge în iad, pentru că nu au curajul de a-și da viețile lui Dumnezeu, dar nici nu pot scăpa de El.

În fața unei asemenea situații, noi creștinii avem un mesaj senzațional, anume că acest Dumnezeu, pe care-L tratăm într-un mod atît de josnic, „a nimicit zidul care ne despărțea de El și a venit la noi în Isus. Un Mîntuitor divin este în lume! Și nu numai că a venit, dar a și murit pe cruce pentru noi. Ce putea să facă Dumnezeu mai mult decît să moară pe cruce pentru voi? Apoi a înviat din morți, zdrobind boldul morții și lăsînd cale liberă vieții. Iar noi spunem drept răspuns: „Da, e foarte frumos, merită să o auzi odată, dar: fără mine!“ Mi se face rău față de o asemenea inconsecvență, pur și simplu mă îmbolnăvește!

Ca tînăr pastor aveam în parohia mea un muncitor care mă respingea întotdeauna și rîdea de mine cînd vroiam să-i vorbesc despre Isus. Cînd l-am întrebat: „Cum vrei să înfrunți odată moartea?“, a răspuns: „Voi popii totdeauna încercați să ne înfricoșați vorbindu-ne despre moarte! Fără mine!“ Așa se încăpățîna. Pînă cînd s-a aflat dintr-odată pe patul morții la nici 40 de ani. Soția lui a trimis să mă cheme în plină noapte. Am alergat la el și i-am zis: „A venit clipa cînd Isus te cheamă pentru ultima oară“. Era groaznic! El vroia să se roage - și nu mai putea. I-am spus pasaje din Biblie, cuvinte de har, dar nu mai putea să le asimileze. El spusese: „Fără mine!“ Acum, nu mai vroia Dumnezeu! Și El a murit pradă unei profunde deznădejdi - fără pace cu Dumnezeu.

Vă implor, luați în serios acest mesaj uluitor: „Fiindcă atît de mult a iubit Dumnezeu lumea, încît a dat pe singurul Lui Fiu, pentru ca oricine crede în El, să nu piară, ci să aibă viață veșnică“. Dar acest Isus face încă și mai mult. El spune ceva extrem de neliniștitor: „Iată, Eu stau la ușa inimii și bat“. Ah, prietenii mei, există atîtea feluri de creștini. Sînt unii care se mulțumesc să-și plătească impozitul bisericesc - oameni drăguți, dar groaznic de plictisitori. Sînt alții care merg la biserică doar de Crăciun - îi plîng pe acești creștini de sărbători! Există creștini care își lasă nevestele să meargă la biserică, dar ei înșiși nu folosesc posibilitatea - groaznic de ieftin! Sînt alții care spun: „Eu sînt botezat“ Minunat! Dar dacă aceasta e totul! Și există creștini care au auzit Cuvîntul Domnului celui viu: „Iată Eu stau la ușă și bat. Dacă aude cineva glasul Meu și deschide ușa, voi intra la el", și care spun: „Fără mine!" Ce groaznic! „Doamne Isuse, puțin creștinism vreau într-adevăr; dar să Te las să-mi stăpînești toată viața, asta-i prea mult. Fără mine!" Așa spunem noi: „Fără mine!" cînd nu trebuie.

Tu nu te-ai afla aici, dacă n-ai avea un pic de interes pentru Evanghelie. Auzi, tu poți experimenta slava lui Isus de abia cînd dai atenție ciocănitului Lui la ușa inimii tale, cînd Îi deschizi și-L primești în viața ta!

### 3. Este Unul, care ar fi avut toate motivele să spună: „Fără Mine!" și care nu o spune

Acest Unul e Domnul Isus Însuși. El ar fi avut într-adevăr toate motivele să spună: „Fără Mine!" - și care nu o spune. Dumnezeu să fie lăudat că nu o spune!

Dați-mi voie să vă spun aici o istorioară. Un poet danez pe nume Jacobsen a scris o nuvelă tulburătoare: „Ciuma la Bergamo". Bergamo este un orășel italian în apropiere de Ravenna, construit pe panta muntelui și unit cu exteriorul doar cu o potecă stîncoasă. În acel orășel, scrie Jacobsen, a izbucnit în Evul Mediu ciuma. Groaznic! Zi și noapte se aud clopotele pentru cei morți. Oamenii se roagă la Dumnezeu. Ei strigă după ajutor. Dar fără rezultat: ciuma bîntuie cu și mai multă furie. Descurajați, oamenii devin indiferenți. Ei spun: „Dumnezeu e mort!" Ei scot afară din pivnițe butoaiele cu vin și se pun să bea fără reținere, pînă cînd, beți morți, bărbați și femei se cuplează fără să știe cine e cu cine. Începe o bacanală, o orgie a disperării. Zile în șir. Tuturora le este egal. Toate instinctele s-au dezlănțuit. În mijlocul dansului, cade jos cîte unul din ei, cu fața neagră. Ei îl lasă acolo, și orgia continuă. „Să mîncăm și să bem, căci mîine vom muri!" Într-o zi se opresc dintr-odată. Ei aud un cîntec, un coral. Se grăbesc spre poarta orașului. Acolo văd o procesiune de penitenți urcînd spre oraș și cîntînd o litanie: „Kyrie eleison - Doamne, ai milă de noi!" Înaintea lor merge un călugăr tînăr, purtînd o cruce grea de lemn. Procesiunea ajunge la poarta orașului. Oamenii din Bergamo stau și rîd: „Idioților! Aici, Dumnezeu a murit! Încetați cu litania voastră prostească! Dumnezeu e mort! Haideți să mîncăm și să bem, căci mîine vom muri!“ Dar călugărul din fruntea procesiunii își urmează drumul. Ușile bisericii sînt deschise, deși nimeni nu le mai călcase pragul. Procesiunea intră înăuntru. Călugărul proptește crucea de un stîlp. Apoi gloata sălbatică a desfrînaților sortiți morții dă și ea năvală în biserică, urlînd și rînjind. Un ucenic de măcelar cu șorțul însîngerat se urcă pe altar, ia în mînă un potir de aur și urlă: „Beți! La noi Dumnezeu e mort!“ Atunci călugărul cel palid se urcă la amvon și face semn cu mîna. Îndată se așterne tăcerea. Apoi el începe să vorbească: „Vreau să vă povestesc ceva. Cînd Fiul lui Dumnezeu era pe cruce și I se bătuseră piroanele în palme, mulțimea de atunci a început și ea să rîdă și să-și bată joc. Și chiar și cei doi tîlhari din dreapta și din stînga Lui și-au bătut joc. În clipa aceea Fiul lui Dumnezeu Și-a zis: ‚Pentru oamenii aceștia să mor Eu, pe care nu-i interesează moartea mea?! Să-Mi dau viața pentru această omenire ticăloasă și împietrită?!‘ Și strigînd: ‚Fără Mine! Fără Mine!‘ - S-a smuls cu puterea Lui divină din cuie, a sărit jos de pe cruce, Și-a luat înapoi haina de la ostașii romani cu un gest care a făcut ca zarurile să se rostogolească pe dealul Golgota în jos, S-a înfășurat cu ea și S-a înălțat la cer spunînd: ‚Fără Mine!‘ Iar crucea a rămas goală! Și acum nu mai e nici mîntuire, nici salvare, nici viață veșnică. Acum nu mai e decît moarte și iad!“ Așa predică călugărul. S-a făcut o liniște de moarte. Ucenicul măcelar sărise demult de pe altar. El stă sub amvon. Potirul îi alunecase din mînă. „Nu mai e mîntuire, nici salvare...“ Dintr-odată acest sălbatic ucenic măcelar face trei pași înainte, întinde mîna spre călugăr și strigă cu glas pătrunzător: „Tu, ăla de sus, pune-L iarăși pe Mîntuitorul pe cruce! Atîrnă-L iarăși pe cruce!“

Prietenii mei, călugărul nu a relatat corect faptele așa cum s-au petrecut ele. Și unul din lucrurile cele mai mișcătoare este că Fiul lui Dumnezeu nu a spus: „Fără Mine!“, ci El continuă într-un anume fel să Se lase răstignit de acești oameni care spun: „Muncă, plăceri, și toate lucrurile acestei lumi sînt pentru noi mult mai importante ca mîntuirea noastră“.

Acest Mîntuitor, care n-a încetat pînă în ziua aceasta să Se ocupe de noi, ar avea toate motivele să spună: „Fără Mine! Faceți ce vreți!“ Dacă eu aş fi Isus, atunci din partea mea aş lăsa lumea să se piardă. Dar Isus, Fiul lui Dumnezeu, Mîntuitorul, nu spune: „Fără Mine!“ ci continuă să ne caute. Cît timp să Se mai ocupe de tine? Cînd vei vrea în sfîrşit să înțelegi că Isus tînjeşte să fii al Lui? Cînd ți se vor deschide ochii, ca să spui: „Mîntuitorul meu şi Izbăvitorul meu!“?

Ultimul punct îl voi spune în cîteva cuvinte.

**4. „Fără Mine nu puteți face nimic“**

Ştiți, noi spunem „Fără mine!“ cu semnul exclamării. Isus a spus odată: „Fără Mine“ - dar fără semnul exclamării. Şi apoi continuă: „Fără Mine nu puteți face nimic“. Aceasta e perfect adevărat. Tot ceea ce faceți fără El n-are nici o valoare în lumina veşniciei.

Am observat odată cum se băteau pe stradă cîțiva băieți. Şi, probabil din greşeală, un băiețaş mic a primit şi el bătaie. Pe cînd mă întrebam dacă nu era cumva cazul să intervin, am fost martorul unei scene mişcătoare. Micuțul a reuşit să iasă din grămadă. Cu ochii plînşi, cu nasul curgînd, a luat-o la fugă. S-a oprit apoi la o oarecare distanță, s-a întors şi a strigat: „O s-o vedeți, am să vă spun fratelui meu mai mare!“ Atunci am văzut că, dintr-odată, totul a reintrat în ordine. El avea un frate mai mare, căruia putea să-i spună totul şi care era gata să-l ajute. Şi m-am gîndit: „Băiatul meu, ce bine e că ai un frate mai mare!“ Şi m-a cuprins o mare bucurie la gîndul că şi eu am în Isus un Frate mai mare, care mă ajută! Ce minunat că acest Frate mai mare intervine aşa puternic pentru ai Săi, încît spune chiar: „Fără Mine nu puteți face nimic!“

Poetul de cîntare Havergal a scris: „Ia-mi viața, Tu Isuse/ Ție Ți-o predau deplin/ Şi tot ce am, şi timp şi vise/ Îți aparțin de-acum, Amin“.

Aş dori ca şi tu să spui Mîntuitorului tău, care a făcut atîtea pentru tine: „Doamne Isuse, fără Tine nu mai vreau să fac nimic!“

## *Există siguranță în lucrurile religioase?*

Ei bine, e foarte clar că în lucrurile „religioase“ nu există siguranță sau certitudine. „Religia“ este prin definiție căutarea omului după Dumnezeu. Asta înseamnă neliniște și nesiguranță permanentă. Dar „Evanghelia“ este cu totul altceva. Ea înseamnă căutarea lui Dumnezeu după noi. De aceea întrebarea trebuie formulată mai bine: „Există siguranță sau certitudine în creștinism?“

### 1. Față de Dumnezeu ne permitem o ciudată incertitudine

În primul rînd trebuie să spun că noi oamenii de azi sîntem de fapt niște tipi ciudați. Cînd bărbatul cel mai solid are cea mai mică durere, se duce fuga la doctor și-i spune: „Domnule doctor, așa mă doare de tare. Oare ce poate să fie?“ Oamenii vor să știe exact ce au! Sau un alt caz: O familie caută o servitoare. Și într-adevăr se prezintă o fată. „Bine“, îi spune stăpîna casei, „o să ai camera ta cu apă caldă și rece, televizor și combină muzicală. O să-ți dau o zi întreagă de concediu pe săptămînă“. „Asta-i frumos și bine“, spune fata, „dar aș vrea să știu cîți bani o să capăt la sfîrșitul lunii“. „Ei“, răspunde stăpîna, „despre asta mai avem timp de discutat. Întîi să văd cum lucrezi“. „Nu, nu“ replică fata, „atunci nu primesc postul. Eu vreau să știu dinainte cît o să cîștig“. Are fata dreptate? Sigur că are! Cînd ne angajăm undeva cea mai importantă întrebare este totuși: „Cît e salariul?“ „În ce categorie de salarizare mă încadrez?“ Vrem să știm exact ce avem. În chestiuni bănești nu îngăduim nici o incertitudine. Da, în toate domeniile vrem să știm exact ce avem. Numai în cel mai important domeniu - anume relația noastră cu Dumnezeul cel viu - ne mulțumim cu o ciudată confuzie și neclaritate.

Acum mulți ani am ținut adunări în Augsburg, sub un cort care fusese ridicat pe Plärrer (numele unui loc pe care au fost strigate anunțurile), terenul unde avea loc și tîrgul anual. Organizatorii acestor adunări au avut o idee genială. Deoarece sîmbătă seara cîrciumile erau pline vîrf, s-au hotărît să aranjeze o adunare sîmbătă seara la miezul nopții. Dar nu s-a anunțat nimic, deoarece altminteri ar fi venit creștinii curioși. După ora 23,30 prietenii mei au plecat cu automobilele ca să culeagă pe chefliii care ieșiseră din localurile care închideau la miezul nopții, precum și pe chelneri și pe fetele de la bar, care se duceau spre casă de la lucru. Unele după altele, mașinile își descărcau conținutul în fața cortului. Iar cînd, la miezul nopții, am urcat pe estradă, aveam în fața mea un auditoriu cum nu mai avusesem niciodată. Formidabil! Unii erau cam afumați. Chiar în fața mea era așezat unul, gras și cu o țigară pe jumătate fumată în gură, iar pe cap o pălărie, pe care băieții mei o numesc „pepene". Mă gîndeam: „De-ar ieși bine!" Apoi am început să vorbesc. În clipa cînd am rostit pentru prima oară Numele lui Dumnezeu, grasul cu pepenele începe să strige: „Ăsta nu există!" Toți rîd. Atunci mă aplec peste pupitru și spun: „Sînteți absolut sigur că nu există Dumnezeu?" El se scarpină în cap, încît pepenele cade într-o parte, își mută țigara în celălalt colț al gurii și spune în sfîrșit: „Ei, nimeni nu știe ceva precis despre asta!" Atunci îi rîd în nas și-i răspund: „Îmi pare rău, dar eu am informații sigure!" „Ei nu", exclamă el, „de unde ați putea avea aceste informații sigure despre Dumnezeu?" Atunci i-am explicat că prin Isus am informații foarte exacte despre Dumnezeu. Și dintr-odată s-a făcut o mare tăcere în adunare.

Aveți siguranță cu privire la Dumnezeu? Eu mă adresez astfel creștinilor: puteți să rostiți cuvintele cîntării: „Pot s-o jur c-o știu precis/ căci vina mea a fost plătită/ și contractul a fost rupt"? Și răspunsul? „Da, sper să fie așa".

Înțelegeți, e ciudat că față de Dumnezeu păgînii și creștinii s-au resemnat să trăiască în incertitudine! Dacă aș merge prin oraș și i-aș întreba pe oameni: „Spuneți-mi, credeți că există Dumnezeu?" atunci mi-ar răspunde: „Da, ar trebui să existe un Dumnezeu". Dar dacă întreb mai departe: „Îi aparțineți?" atunci aș primi ca răspuns: „Știu eu?!" Cîtă confuzie și neclaritate își permit oamenii în acest domeniu!

Unul dintre tinerii mei prieteni a făcut de curînd aceeași tristă experiență. El este student și cîștigă niște bani în timpul vacanțelor ca muncitor în construcții. Într-o zi află colegii de muncă că el este membru activ într-o mișcare evanghelică de tineri. „Omule!" îi zic ei. „Tu mergi la pastorul Busch?" „Da". Atunci au început toți să-și bată joc de el. „Mergi fără îndoială duminica la biserică?" „Sigur!" „În fiecare duminică! Ai înnebunit?" „Nu", spune el, „mă duc și peste săptămînă la studiu biblic!" „Omule, trebuie să-ți fi pierdut mințile!" și încep să-și împroaște veninul: „Popii îi prostesc pe oameni!" „Întreg creștinismul a eșuat, deși a avut vreme două mii de ani!" „Biblia este o mare absurditate!" Pe scurt, asupra tînărului cade o ploaie de batjocuri. Dar el are o piele ca de elefant și lasă totul să alunece peste el. Cînd camarazii au terminat, el spune: „Dacă asta-i atitudinea voastră față de creștinism, presupun că ați ieșit toți din biserică?" Tăcere generală. Apoi unul din cei mai în vîrstă reia: „Ce înseamnă ‚să ieși din biserică'? Omule, și eu cred în ‚bunul Dumnezeu!' Tu faci așa ca și cum ai fi singurul creștin! Și eu cred în ‚bunul Dumnezeu!'" Atunci intervin și ceilalți: „De fapt, te arăți ca și cum ai fi mai bun decît noi! Și noi sîntem creștini! Și noi credem în ‚bunul Dumnezeu!'" Rolurile erau acum inversate. Dintr-odată ei strigă la unison: „Și noi credem în ‚bunul Dumnezeu!'" Și noi sîntem creștini!" Cînd au terminat, prietenul meu spune: „Dar atunci de ce vă bateți joc de mine?" Răspuns: „Ah, ne enervezi! Cu tine nu se poate discuta!"

Înțelegeți: Muncitori constructori, niște tipi solizi care, după ce au transpirat bine, pot să golească mai multe halbe de bere, mai întîi își bat joc gălăgios de creștinism, și apoi spun: „O clipă, și noi sîntem creștini!" Ce să crezi despre asta? Nu e zguduitor? Față de Dumnezeu își îngăduie cea mai mare incertitudine. Cînd sînt păgîni, cînd sînt creștini. N-am dreptate? Mă tem că cei mai mulți dintre voi trăiesc la fel în această nesiguranță și neclaritate.

**2. Biblia vorbeşte de o certitudine slăvită**

Acum poate că o să mă întrebaţi foarte miraţi: „Bine, pastore Busch, dar are atunci credinţa creştină ceva de a face cu siguranţa? Geniul creştinismului nu stă tocmai în faptul că nu se ştie nimic, ci se crede totul?" De curînd cineva mi-a repetat nişte vorbe pe care le-am tot auzit în decursul anilor: „Eu ştiu că doi ori doi fac patru. Dar în ce priveşte credinţa creştină, nu se poate şti nimic, ci trebuie doar să crezi". După această concepţie deci, ar trebui ca în faţa adevărurilor creştine să-ţi încui mintea în geamantan sau s-o dai la garderobă şi să hrăneşti o credinţă oarbă. Aceasta e convingerea celor mai mulţi.

Sau îmi va zice poate vreunul din voi: „Da, pastore Busch, dar nici voi creştinii nu sînteţi de acord între voi. Există catolici, protestanţi şi mulţi alţii. Iar la protestanţi sînt luterani, reformaţi şi mulţi alţii. Cine are atunci dreptate?" Eu cred că creştinătatea însăşi e convinsă că în fond credinţa creştină e tot ce poate fi mai confuz, mai nesigur. Dar asta e o uriaşă eroare.

Vedeţi, ce e creştinismul aflăm numai din Noul Testament. Şi acolo fiecare rînd e plin de certitudini strălucite. Aceasta este absolut sigur! E ridicol că creştinătatea trăieşte într-o asemenea confuzie. Dar aceasta nu e greşeala Evangheliei. Noul Testament în întregime e plin de certitudini slăvite. Vreau să vă arăt pe scurt cîteva din ele.

E cea mai mare siguranţă că Dumnezeu există! Nu o fiinţă supremă, nu Providenţa, nu Destinul, nu un ‚bunul Dumnezeu', ci există Dumnezeu, Tatăl lui Isus Cristos. De unde ştim asta? El S-a revelat pe Sine în Isus! Acum o ştim sută la sută. Deschideţi Biblia unde vreţi, aici nu sînt tratate probleme religioase, ci se afirmă: Dumnezeu există! Şi El S-a descoperit în Isus! Iar omul, care trăieşte fără Dumnezeu, trăieşte fals, dea-ndoaselea.

Apoi mai este siguranţa că acest Dumnezeu, care poate distruge popoarele şi face judecată, El mă iubeşte cu o dragoste arzătoare. Noi nu presupunem asta doar, ci în Romani 8 se spune: „Eu sînt sigur - sigur -, că nici viaţa nici moartea, nu mă vor putea despărţi de dragostea lui Dumnezeu care este în Isus Cristos, Domnul nostru".

Dragostea lui Dumnezeu a venit la noi în Isus! Asta nu o presupunem, o știm. Unde e dragostea lui Dumnezeu? El ne-a iubit în Isus. Ucenicii lui Isus cîntă: „Mă închin puterii dragostei / Ce se arătat în Isus..." Știți voi aceasta? Aveți voi această certitudine?

Oamenii din Biblie au avut de asemenea certitudinea că ei aparțin lui Dumnezeu. Așa spune David în Psalmul 49: „Dar mie Dumnezeu îmi va scăpa sufletul din locuința morților, căci m-a luat sub ocrotirea Lui". Nu: „Sper că mă va mîntui odată", ci: „Știu că m-a luat sub ocrotirea Lui". Sau: „El ne-a izbăvit de sub puterea întunericului, și ne-a strămutat în Împărăția Fiului dragostei Lui". Ucenicii lui Isus au experimentat o schimbare radicală a existenței lor prin Isus și ei o știu! Sau: „Noi știm că am trecut din moarte la viață". Știm! Puteți să spuneți și voi așa? Sau: „Duhul adeverește împreună cu duhul nostru că sîntem copii ai lui Dumnezeu". Aici scrie: „Sîntem!"

Biblia e plină de certitudini. De unde vine atunci în poporul nostru fraza aceasta absurdă: „Eu știu că doi ori doi fac patru. Dar în ce privește creștinismul, nu se poate ști nimic, ci trebuie doar să crezi"? Că doi ori doi fac patru știu, dar că Dumnezeu există, asta o știu și mai sigur! Eu știu că doi ori doi fac patru, dar știu încă și mai sigur că Dumnezeu ne-a iubit în Isus. Iar oamenii care s-au întors la Dumnezeul cel viu spun: „Noi știm că doi ori doi fac patru, dar știm cu mult mai sigur că noi am devenit copii ai lui Dumnezeu!"

Acum vă întreb: „Unde se găsește actualmente în creștinism o asemenea certitudine strălucită?" - Unde? Nu e dovada că ne-am depărtat de Biblie și că ar trebui să ne întoarcem înapoi la ea? Să o sfîrșim odată cu mini-doza de creștinism! Nu se merită să ai un pic de creștinism. Se merită într-adevăr să fii un creștin biblic. Asta se merită! Să fii sigur că Dumnezeu există, că te iubește arzător, și că poți să-I aparții, asta se merită! Tot restul nu se merită!

Și această siguranță strălucitoare sună spre noi și din cartea noastră de cîntări. Vreau să amintesc unele versete: „Acum o știu și cred precis/ O laud chiar fără teamă/ Că Dumnezeu, cel mai înalt și bun/ E prietenul și Tatăl meu." Confirmanții mei au trebuit s-o zică întodeauna cu glas tare: „Acum o știu și cred precis." La examinare, confirmanții o strigau așa de tare, că părinții lor tresăreau și ridicau ochii. Eu am vrut ca ei să înțeleagă aceasta. Creștinism nu este un drum în ceață, ci creștinism este o siguranță puternică și precisă! Sau: „Fundamentul pe care stau/ E Cristos și sîngele Său." Sau: „Eu știu în cine mă încred/ Eu știu ce are stabilitate,/ Față de totul ce aici,/ Ca praf și nisip se risipește."

Aș vrea acum să explic altfel. Siguranța creștină înseamnă a ști obiectiv că Dumnezeu există și că revelația Sa în Isus este adevărul, chiar dacă întreaga lume ar nega-o, că Isus a murit ca să ne împace cu Dumnezeu și a înviat ca să salveze pe păcătoși, chiar dacă nimeni nu s-ar folosi de această mîntuire. Dar siguranța creștină înseamnă și să ști în mod subiectiv că Dumnezeu există, că S-a descoperit în Isus, care a murit și a înviat, pentru că mi-am însușit-o personal, printr-un act de credință conștientă.

Și dacă 10000 de profesori ar afirma unui tînăr credincios că Isus nu a înviat, el le-ar putea spune: „Stimați 10000 de profesori! Eu știu că Răscumpărătorul meu este viu!" Și chiar dacă întreaga lume ar contrazice-o, credința spune: „Eu știu în cine am crezut!" Și dacă m-ați bombarda cu argumente științifice, v-aș răspunde: „Eu o știu mai bine!" Și dacă întreaga lume s-ar îndoi, atunci eu aș spune: „Eu am certitudine!" Prietenii mei, așa de sigură este credința creștină care ne întîmpină în Biblie.

**3. Aveți siguranță?**

Da, trebuie să vă întreb: Aveți o asemenea siguranță? Sau încă vă lipsește? Dacă ați spune: „Eu am crezut că sînt creștin, dar nu sînt. La mine totul este încă neclar!", atunci ar însemna că n-am vorbit degeaba. Îmi amintesc de o tabără de tineri pe care am avut-o în Olanda. Noaptea pe la două bate cineva în ușa camerei mele. Deschid și văd în fața mea tot grupul cu pricina. Întreb: „Ce vreți?" Unul din ei spune: „Noi am crezut că sîntem creștini. Dar acum am văzut că nu sîntem încă!" Și aceasta i-a făcut așa de neliniștiți, încît au dorit clarificare la ora 2 noaptea. Este deja enorm să recunoaştem că tot creştinismul nostru s-a depărtat mult de ceea ce ni se arată în Biblie cu o siguranţă slăvită.

Spurgeon, marele predicator englez, a exprimat odată lucrul acesta astfel: „Credinţa este al şaselea simţ". Vedeţi, noi avem cinci simţuri ca să cunoaştem această lume: văzul, auzul, pipăitul, gustul, mirosul. Acestea sînt cele cinci simţuri cu care putem cunoaşte această lume tridimensională. Cineva, care trăieşte numai cu aceste cinci simţuri, întreabă: „Unde o fi Dumnezeu? Nu-L văd. Şi nici pe Isus nu-L văd. Nu cred nimic din toate acestea!" Dar dacă ne dă Dumnezeu acum, prin Duhul Sfînt, iluminare, atunci căpătăm al şaselea simţ. Atunci putem nu numai să vedem, să auzim, să simţim, să gustăm şi să mirosim, ci putem cunoaşte şi cealaltă lume. Biblia spune: „Viaţa veşnică este aceasta: să te cunoască pe tine singurul Dumnezeu adevărat şi pe Isus Cristos, pe care L-ai trimis Tu". Aceasta o poate face simţul al şaselea!

Am fost de curînd în Essen să vizitez pe un mare industriaş. El îşi are biroul într-un mare imobil comercial, de unde se poate vedea jumătate de oraş. După ce am trecut prin cîteva anticamere, m-am găsit deodată în faţa lui. Ce vroiam să-i spun s-a rezolvat repede. Apoi am început să discutăm. El spune: „E interesant să primeşti odată în vizită un pastor!" „Sigur", răspund eu, „e foarte interesant!" Apoi el continuă: „Spuneţi-mi, am asistat uneori după război la conferinţe teologice, dar totuşi am impresia..." „Ei", îl ajut eu, „daţi-i drumul. Am nervi tari!" „Am impresia", spune el, „că creştinismul e totuşi o chestiune foarte neclară. Vedeţi, se ţin uneori conferinţe pe teme ca ‚Creştinul şi economia', ‚Creştinul şi înarmarea', ‚Creştinul şi dezarmarea', ‚Creştinul şi banii', ‚Creştinul şi biserica lui'. Dar nu mi s-a spus niciodată ce este de fapt un creştin. Se pare că acei oameni n-o ştiau nici ei înşişi!" Aşezat în acest birou somptuos, am parat lovitura: „ Vă înşelaţi!" Întrebare mirată: „Puteţi atunci să-mi spuneţi ce este un creştin?" „O, da", răspund eu, „aş vrea să v-o explic pe scurt şi clar. Nu e nimic neclar". „Ha", spune el cu un glas uşor batjocoritor, „unii spun că un creştin este cineva care n-a avut niciodată treabă cu poliția, iar alții spun că e unul care a fost botezat și îngropat creștinește!" Eu îi spun: „Domnule director general, o să vă spun ce este un creștin. Țineți-vă bine! Un creștin e unul care poate să spună din adîncul inimii: ‚Eu cred că Isus Cristos, Dumnezeu adevărat, născut de Tatăl din veșnicie, și Om adevărat, născut din fecioara Maria, e Domnul meu, care m-a mîntuit pe mine, om pierdut și osîndit'. Domnule director general, dvs. sînteți ‚om pierdut și osîndit'". Atunci el a dat din cap. Asta, el o înțelegea - și o recunoștea. Asta sîntem noi. „Bine", continui eu, „‚...Cel care m-a salvat pe mine, păcătos pierdut și osîndit, care m-a izbăvit și m-a eliberat de toate păcatele, de moarte și de puterea diavolului'. Domnule director general, ‚...care m-a izbăvit și m-a eliberat de puterea diavolului'!" El aprobă din cap. Despre aceasta știe ceva. Și eu continui: „‚...nu cu argint sau cu aur, ci cu sîngele Său scump și sfînt și cu suferința și moartea Sa fără vină, ca eu să fiu al Lui' Vedeți, cine poate să spună aceasta: ‚Eu sînt proprietatea lui Isus. El m-a răscumpărat de păcat, de moarte și de iad prin sîngele Său. Aceasta o știu!', acela e un creștin, domnule director general!" Atunci o clipă s-a făcut liniște în birou. Apoi mă întreabă: „Cum pot ajunge acolo?" Atunci i-am răspuns: „Auziți: am aflat chiar de la secretara dvs. că plecați în concediu. Vă trimit încă azi după-amiază un Nou Testament. O să-l luați cu dvs. și o să citiți în fiecare zi un pasaj din Evanghelia după Ioan și apoi o să vă rugați despre cele citite. Astfel veți ajunge acolo!"

Mă înțelegeți: poziția creștină, cum e descrisă în Noul Testament, comportă dubla siguranță că în mod obiectiv adevărurile biblice sînt vrednice de crezare și că în mod subiectiv eu pot să mi le însușesc prin credință și să fiu mîntuit! Aveți o asemenea siguranță? Eu unul n-aș putea trăi dacă n-aș ști că El m-a primit. Am întrebat într-o zi pe un tînăr: „Îl iubești pe Domnul Isus?" „Da". „Știi că El te-a primit și că Îi aparții?" „Nu sînt chiar sigur de asta. Mai e încă mult de luptat". „Ei bine", îi spun eu, „eu unul n-aș putea trăi așa. Eu trebuie s-o știu totuși, dacă El m-a primit!" Voi creștinilor nesiguri, care nu știți nici chiar dacă Dumnezeu există sau nu, care vă știți pînă la ultimul ban situația financiară, dar despre Dumnezeu nu știți mai nimic, voi nu sînteți deloc creștini! După Noul Testament creștini sînt cei ce pot spune: „Eu cred că Isus Cristos a devenit Domnul meu".

Trebuie să vă spun aici o istorioară drăguță, pe care poate că o știți. Genralul von Viebahn povestea cum odată, în timpul unei manevre, a traversat pădurea călare și și-a agățat haina într-un ciot, rupîndu-i un colț. Pentru un general aceasta nu este frumos. Cînd a ajuns seara la cantonament, vede pe cîțiva soldați așezați lîngă un zid. Oprește calul și întreabă: „Există un croitor printre voi?" Atunci unul se ridică, vine la el și-i spune: „Da, domnule general, eu sînt croitor". Atunci generalul von Viebahn îi ordonă: „Vino degrabă în camera mea de la han și coasemi haina". Atunci soldatul răspunde: „Dar nu știu să cos". „Cum nu știi să coși? Doar ești croitor!" „Îmi cer iertare, domnule general", spune el, „eu mă numesc Croitoru, dar nu sînt croitor". Iar generalul von Viebahn spunea așa de frumos cînd povestea despre aceasta: „Așa se poate spune despre cei mai mulți creștini. Cînd completează formularul, la rubrica religie ei scriu: creștin, protestant. Dar în realitate ar trebui să spună: ‚Eu mă numesc Creștin, dar nu sînt creștin'".

O, ce stare de plîns! Și ce periculoasă e această stare, pentru că atunci, de fapt, nu ești mîntuit!

Iar acum să fac un pas mai departe:

### 4. Cum se capătă această siguranță?

Mă veți întreba: „Cum se ajunge la o asemenea siguranță?" Ei bine, ar fi mult de spus, dar rugați-L pe Dumnezeu pentru aceasta! Începeți să citiți regulat în Biblie, în fiecare zi cîte un sfert de oră în liniște! Dar aș vrea acum să vă mai spun ceva foarte important: La siguranța credinței nu se ajunge prin rațiune, ci prin conștiință!

Deci vedeți, cînd se ajunge în discuția cu oamenii la creștinism, atunci ei încep: „Ei, domnule pastor, eu nu mai pot să cred. În Biblie sînt așa multe contradicții". „Contradicții?" întreb eu. „Da, se spune de exemplu că

Adam și Eva au avut doi fii, Cain și Abel. Cain l-a omorît pe Abel. Atunci a rămas numai el. Și apoi a plecat în altă țară ca să-și caute nevastă. Ei, dacă ei erau singurii oameni, atunci cum putea să-și găsească nevastă!? Domnule pastor, asta n-o pot înțelege". V-ați lovit și voi de obiecția aceasta? Am impresia că e argumentul cheie de care se slujesc oamenii de aici din Germania ca să scape de Dumnezeu. În general le răspund în felul următor: „E foarte interesant ce spuneți. Uitați aici o Biblie. Unde scrie de fapt că Cain a plecat într-o țară străină ca să-și caute nevastă?" Atunci ei încep să roșească. „Da", continui eu, „dacă negați întreaga Biblie, datorită căreia mii de oameni inteligenți au venit la credință, dacă credeți că sînteți mai inteligenți ca ei, trebuie să fi studiat profund Biblia. Arătați-mi locul unde scrie asta!" Se dovedește că ei nu știu. Le arăt atunci textul din Geneza. Acolo nu scrie deloc ce-au zis ei, ci: „Cain a locuit în țara Nod, la răsărit de Eden. Cain s-a împreunat cu nevastă-sa". Cine era nevasta lui? Se spune mai înainte că Adam și Eva au avut mulți fii și fiice. Ea era deci sora lui. Se scrie de fapt clar în Biblie că Dumnezeu a vrut ca toți oamenii să iasă dintr-un singur neam. Din pricina aceasta a trebuit la început ca frații și surorile să se căsătorească între ei. Mai tîrziu Dumnezeu a interzis căsătoriile consanguine. Este clar? E clar. Trag concluzia: „Obiecțiile dvs. s-au dărîmat ca un castel de cărți!" A ajuns acum omul la credință? Nici vorbă! Are deja pregătită o nouă întrebare: „Domnule pastor, spuneți-mi..." - și apoi îi dă drumul. Este evident că chiar dacă aș răspunde la o sută de mii de întrebări, acest om nu și-ar schimba deloc poziția. Credința nu vine prin rațiune, ci prin conștiință.

Unul dintre predecesorii mei din Essen a fost pastorul Julius Dammann. La el a venit odată un tînăr și i-a pus și lui întrebarea despre nevasta lui Cain și altele asemănătoare. Atunci Dammann i-a zis: „Tinere, Isus Cristos n-a venit să răspundă la întrebări sofisticate, ci ca să mîntuiască pe păcătoși! În ziua cînd te vei simți păcătos, poți să revii la mine!" Oamenii cu conștiința neliniștită, oameni care știu că: „Viața mea nu este în ordine. Nu pot s-o descurc singur!“, aceia pot învăța să creadă în Mîntuitorul. După aceea vine și rațiunea.

Am trăit odată o experiență pe care vreau să v-o povestesc. Intru într-o zi într-un salon de spital unde stăteau pe paturi șase bărbați. Cum intru în salon, mă primesc cu bucurie: „Ah, domnule pastor, ce bine că ați venit! Avem o întrebare“. „O“, replic eu, „O întrebare. Frumos! Ce întrebare?“ Văd imediat că mi-au pregătit o capcană. Unul din ei, sub privirea atentă a celorlalți, întreabă: „Credeți că Dumnezeu e atotputernic?“ „Da, cred!“ „Întrebare: Poate Dumnezeul dvs. să creeze o piatră care să fie așa de grea pe care El însuși să n-o poată ridica?“ Ați înțeles vicleșugul. Fie că spun da, fie că nu, concluzia e aceeași: Dumnezeu nu e atotputernic. Meditez o clipă: „Oare să-i explic?“ Apoi mi se pare că n-are nici un rost, ci îl întreb: „Tinere, vreau mai întîi să-ți pun o întrebare: Ai avut din pricina aceasta multe nopți albe?“ „Nopți albe?“ întreabă el cu o figură uimită. „Nu!“ Atunci îi explic: „Vezi, eu trebuie să-mi menajez forțele. De aceea nu pot răspunde decît la întrebări care le provoacă oamenilor nopți albe. Tinere, fii bun și spune-mi ce te împiedică să dormi?“ La asta răspunde prompt: „Ah, din pricina micii mele prietene. E însărcinată, și încă nu ne putem căsători“. „Așa“, spun eu, „deci din pricina aceasta ai nopți albe. Atunci hai să vorbim despre asta!“ „Da“, spune el mirat, „dar ce-are asta de a face cu creștinismul?“ „O“, spun eu, „chestiunea cu piatra nu are nimic de a face cu creștinismul, dar cealaltă problemă are. Vezi, ai devenit vinovat! Ai încălcat porunca lui Dumnezeu. Ai sedus pe fata aceasta. Și acum îți storci creierii cum să ieși din afacere cu păcate mai mari. Vezi, ești împotmolit în vinovăție și păcat. Singura ta șansă este să te întorci la Dumnezeul cel viu - să te pocăiești - și să spui: ‚Am păcătuit!‘ În clipa aceea Mîntuitorul te va putea ajuta“. Tînărul mă ascultă atent. Și dintr-odată ochii i se deschid: „Isus Se interesează de conștiința mea împovărată! Isus poate să mă ajute! El e salvarea pentru viața mea ratată!“

Înțelegeți? El vroia să facă apel la rațiune. Dar era cel mai prost lucru pe care-l putea face. Însă cînd i-a fost atinsă conştiinţa, dintr-odată s-a făcut lumină. Voi aţi înţeles? Noi ajungem la siguranţa mîntuirii nu răspunzînd la întrebări încuietoare şi spinoase, ci dînd dreptate conştiinţei şi spunînd: „Am păcătuit!" În clipa aceea ne apare Mîntuitorul răstignit şi noi ştim că păcatele ne sînt iertate şi că El ne-a primit. Calea mîntuirii trece prin conştiinţă şi nu prin raţiune.

Vedeţi: dacă cineva vrea să ajungă la siguranţa mîntuirii, atunci trebuie - dacă mă pot exprima astfel - să rişte ceva. Multe biserici au vitralii multicolore. Dacă v-aţi uita la ele în timpul zilei din afară, vi s-ar părea întunecate şi nu aţi distinge mare lucru din culori. Dar cînd intraţi în biserică, atunci dintr-odată culorile prind viaţă. La fel e şi cu credinţa creştină: Atîta vreme cît vreau s-o văd de dinafară, nu înţeleg nimic. Atunci totul e întunecat. Trebuie să intru înăuntru, adică să risc, să mă hazardez să fac pasul spre Isus! Trebuie să mă predau, să mă încredinţez acestui Mîntuitor! Atunci totul devine clar! Este un pas de la moarte la viaţă - şi atunci se înţelege într-o clipă întregul creştinism.

Domnul Isus a predicat odată, şi mii de oameni Îl ascultau. Dintr-odată El spune un cuvînt îngrozitor: „Aşa cum sînteţi, nu puteţi intra în Împărăţia lui Dumnezeu! Trebuie să vă naşteţi din nou! Natura voastră, chiar şi cea mai bună, nu poate intra în Împărăţia lui Dumnezeu!" Atunci se ridică cîţiva bărbaţi în picioare şi spun: „Hai să plecăm! E o minciună sfruntată ce spune Ăsta!" Şi pleacă. Cîteva femei, văzîndu-i ce fac, spun: „Bărbaţii pleacă. Atunci plecăm şi noi!" Şi aşa şi fac. Apoi este rîndul cîtorva tineri care spun: „Bărbaţii pleacă, la fel şi femeile. Haideţi să plecăm şi noi". Şi dintr-odată lumea începe să se împrăştie. Aceasta trebuie să fie groaznic. Îmi închipui cum ar fi dacă în timpul predicii mele ascultătorii ar începe la un moment dat să iasă unul cîte unul din sală. Aş rămîne doar cu o mînă de credincioşi. Aşa a fost la Isus. Groaznic! Dintr-odată Isus este singur. În timp ce vorbeşte, pleacă mii de oameni. Ei nu mai vor să-L asculte. Dar cei doisprezece ucenici sînt încă acolo. Dacă eu aş fi fost Domnul Isus, i-aş fi rugat: „Ah, mai rămîneţi barem voi! Voi, credincioșii Mei, nu Mă părăsiți!“ Totuși Isus reacționează altfel. Știți ce spune? El zice: „Voi nu vreți să vă duceți?“ În Împărăția lui Dumnezeu nu există constrîngere. Ea e singura Împărăție unde nu e poliție! Acolo domnește o deplină libertate de alegere! „Voi nu vreți să vă duceți?“ Așa le spune Isus ucenicilor Lui. I-ar fi atras așa ceva pe ucenici. Cînd pleacă 6000 de oameni, atunci ești tentat să pleci bucuros cu ei. Așa că ucenicii ar fi plecat bucuros, mai ales că Isus le lăsa posibilitatea aceasta: „Poftiți, plecați!“ El le deschisese ușa larg: „Puteți și voi să plecați! Și voi puteți să mergeți la pierzare! Și voi puteți să fiți nelegiuiți! Și voi puteți alerga spre iad! Cum vreți!“ Atunci stă Petru și se gîndește o clipă: „Încotro să merg? Încotro? Să trag la muncă toată viața ca un cal sau să mă tăvălesc în murdăria păcatului? Iar la sfîrșit e moartea și iadul. Asta n-are nici un sens!“ Atunci privirea îi cade pe Isus, și dintr-odată e absolut sigur de un lucru: de fapt numai o viață se merită trăită, aceea cu Isus! De aceea Îi zice: „La cine să ne ducem, Doamne? Tu ai cuvintele vieții veșnice și noi am crezut și am cunoscut că Tu ești Sfîntul lui Dumnezeu. La Tine rămînem!“

Prietenii mei, „așa se ajunge la siguranță. Cercetezi căile vieții și ajungi la concluzia: Isus e singura șansă pentru noi! O, vă doresc să primiți și voi o asemenea siguranță strălucită: „Noi am crezut și am ajuns la cunoștința că Tu ești Cristosul, Fiul Dumnezeului celui viu“.

În încheiere aș vrea să mă adresez acelora dintre voi care ați făcut primul pas în viața de credință, care v-ați dăruit inima lui Isus și care totuși spuneți: „Nu am siguranța mîntuirii. Cum ajung la ea? În viața mea văd încă atîta păcat!“ Eu vă spun: Credeți că cineva ar putea să aibă siguranța mîntuirii de abia cînd a ajuns fără păcat? Atunci trebuie să așteptați pînă ajungeți în cer! Eu am nevoie de sîngele lui Isus pentru iertarea păcatelor pînă în ultima zi, pînă la ultima suflare!

Cunoașteți istoria fiului risipitor. El s-a întors acasă și a spus: „Am păcătuit!“ Atunci tatăl îl primește și sărbătorește cu bucurie revederea. Acum, imaginați-vă scena următoare: A doua zi dimineața, fiul răstoarnă din greşeală ceaşca de cafea care cade pe duşumea şi se sparge. De cînd fusese la porci nu mai era obişnuit să mănînce la masă. Deci îi scapă din greşeală ceaşca jos. Cînd o vede spartă, trage o înjurătură: „Fir-ar să fie! Mi-a scăpat din mînă!“ Ce face tatăl atunci? Îl dă afară, spunîndu-i: „Pleacă iar la porcii tăi!“? Credeţi asta? Nu! Ci tatăl zice: „Ce-am primit e bun primit“. El va spune poate fiului: „Fiule, trebuie să încerci să fii mai atent. Vom lupta împreună ca să laşi ceştile de cafea pe masă, ca să nu mai înjuri şi să te obişnuieşti încetul cu încetul cu obiceiurile casei!“ - dar înapoi la porci nu-l trimite. Şi vedeţi, cînd un om se dă lui Isus, face descoperirea îngrozitoare că firea, natura veche încă nu a dispărut! Şi că sînt încă înfrîngeri! Dar dacă tu după convertire ai suferit o înfrîngere, atunci nu deznădăjdui imediat, ci cazi pe genunchi şi roagă-te trei propoziţii: În primul rînd: „Îţi mulţumesc Doamne că tot mai sînt al Tău!“ În al doilea rînd: „Iartă-mă prin sîngele Tău!“ Şi în al treilea rînd: „Eliberează-mă de vechea mea natură!“ dar mai întîi: „Îţi mulţumesc, Doamne, că sînt al Tău pentru totdeauna!“

Înţelegeţi: siguranţa mîntuirii constă în faptul că eu ştiu: „Am venit acasă şi duc acum lupta sfinţirii ca unul care a ajuns acasă, şi nu ca unul care de fiecare dată cînd a făcut o prostie e alungat de acasă. Cine predică că este necesară reînsuşirea zilnică a mîntuirii anunţă o veste înspăimîntătoare. Copiii mei n-au nevoie să se prezinte în fiecare dimineaţă la biroul meu şi să întrebe: „Tăticule, putem să fim astăzi iarăşi copiii tăi?“ Ei sînt copiii mei! Şi cine a devenit un copil al lui Dumnezeu, este un copil al lui Dumnezeu, şi-şi duce acum lupta pentru sfinţire ca şi copil al lui Dumnezeu!

Şi acum vă doresc din toată inima siguranţa strălucită a copiilor lui Dumnezeu!

## *Este creştinismul o chestiune personală?*

Tot mereu se aude propoziţia: „Religia este chestiune personală!“ E drept? Noi vrem să întrebăm: „Este creştinismul o chestiune personală?“ - sau şi mai bine: „Este poziţia de creştin o chestiune personală?“

Înainte de a răspunde la aceste întrebări, aş vrea să pun o contraîntrebare: Gîndiţi-vă la o monedă de cinci mărci. Ce se află imprimat pe ea? Un 5 sau un vultur? Amîndouă! Moneda de cinci mărci are două feţe. La fel este şi cu întrebarea: „Este creştinismul o chestiune personală?“ Răspuns: Ambele! Da şi nu!

O poziţie creştină corectă, vie are două laturi: una strict personală şi alta strict publică. Unde lipseşte una din cele două, ceva nu e în ordine!

Aş vrea să vă arăt acum ambele faţete ale unei poziţii creştine corecte, lucrate de Duhul Sfînt.

### 1. Poziţia creştină are o latură strict personală

Ca să vă explic aceasta, vreau să încep cu o istorie. Cineva mi-a zis odată că aş fi un „povestitor“. Atunci i-am răspuns: „Nu e nimic ruşinos în asta. Totdeauna mi-e tare teamă să n-adoarmă oamenii în biserică. Dar dacă le povestesc din cînd cîte o istorioară, asta îi ţine treji!“ În afară de asta doar întreaga noastră viaţă e ţesută din istorii - şi nu din teorii.

În regiunea Ravenberg trăia în veacul trecut un predicator cu numele de Johann Heinrich Volkening. Predicile lui au fost originea unei puternice mişcări de trezire, şi tot ţinutul din jurul Bielefeld-ului a fost transformat. Acest Volkening a fost chemat într-o seară la un ţăran bogat. El avea o gospodărie mare şi era un om cinstit şi harnic. Dar ura profund adunările de evanghelizare - ştiţi, el nega că e păcătos. El nu avea nevoie de un Mîntuitor mort pe cruce. El spunea: „Fac ce este bine şi nu-mi pasă ce zic alţii!“ - Într-o zi Volkening este chemat la el pentru că ţăranul era bolnav pe moarte şi vroia cina. Volkening se duce la el. El era un om înalt, ai cărui ochi de un albastru strălucitor reţineau în chip deosebit atenţia. Se apropie de patul bolnavului, îl privește îndelung fără să spună nimic și apoi zice: „Hinrich, sînt tare îngrijorat pentru tine. Drumul pe care l-ai urmat pînă aici nu duce la cer, ci drept în iad". Apoi se întoarce și pleacă. Țăranul cel bogat, roșu de mînie, urlă: „Ăsta-i pastor? Asta-i dragostea creștină?" Apoi vine noaptea. Țăranul, grav bolnav, stă treaz. Conștiința îl chinuiește: „Tu nu ești în drum spre cer, ci spre iad... Dacă ar fi adevărat!?" În memorie îi revin mai multe păcate. El nu I-a dat lui Dumnezeu cinstea cuvenită. Iar ocazional a știut să înșele pe alții într-un mod foarte viclean. În nopțile următoare îl cuprinde spaima. El nu mai e liniștit. Deodată, știe cît de multă vină este în viața lui și că n-are nici un drept să se socotească un copil al lui Dumnezeu. Acum ar vrea cu adevărat să se întoarcă. După trei zile își trimite din nou nevasta la Volkening ca să-l aducă. Este seara tîrziu, dar Volkening vine imediat. Țăranul îi spune cu o voce foarte neliniștită: „Pastore, cred că trebuie să mă întorc la Dumnezeu!" „Da", spune Volkening, „cu vîrsta omul se înțelepțește. Dar, pocăințe grăbite - pocăințe moarte! Trebuie ceva mai profund". Se întoarce și pleacă. Țăranul e cuprins de o mînie și mai mare. Asta v-ar fi înfuriat și pe voi, nu-i așa? În fond, n-ar fi trebuit ca Volkening să se arate puțin mai drăguț cu țăranul? Căci omul acesta era la doi pași de moarte. Dar Volkening trăia în intimitate cu Dumnezeu. El știa ce spunea. După trei zile, pe țăran îl cuprinde o disperare copleșitoare. El știe că va muri. Și se întreabă: „Ce loc au avut în viața mea dragostea, bucuria, pacea, răbdarea, bunătatea, facerea de bine, credincioșia, blîndețea, înfrînarea poftelor?" El disprețuise toată viața pe Mîntuitorul care a murit pentru el. Îl respinsese de ficcare dată pe Acela care, în dragostea Lui, i Se arătase. El stă ,la marginea iadului și e un om complet deznădăjduit. „Nevastă!" o roagă el, „adu-l pe pastor!" Ea răspunde: „Nu, nu mă mai duc. N-are nici un rost!" „Nevastă, adu-l! O să ajung în iad!" Atunci femeia se duce. Cînd vine Volkening, găsește un om care a înțeles versetul: „Nu vă înșelați. Dumnezeu nu Se lasă batjocorit. Ce seamănă omul aceea va și secera". Volkening se așează pe un scaun lîngă pat și întreabă: „Nu-i așa că mergi drept în iad?“ „Da, în iad mă duc!“ Atunci Volkening spune: „Hinrich, hai să mergem la Golgota! Isus a murit și pentru tine!“ Iar acum îi spune pe un ton binevoitor și prietenos cum salvează Isus pe păcătoși. Și pentru aceasta, trebuie ca mai întîi să ne dăm seama de propria stare de păcat, să nu mai tot repetăm: „Fac ce este bine și nu-mi pasă ce zic alții!“, și apoi să ne ținem numai de adevăr. Numai atunci ne poate Isus salva! Deodată țăranul înțelege: „Isus a murit pentru mine la cruce! El a plătit pentru păcatele mele! El poate să-mi dea singura justificare valabilă în ochii lui Dumnezeu!“ Și pentru prima oară se roagă țăranul cu adevărat: „Dumnezeule, ai milă de mine, păcătosul! Doamne Isuse, salvează-mă de iad!“ Volkening pleacă în tăcere. El lasă în urmă un om care cheamă pe Isus. Volkening e liniștit, pentru că în Biblie este scris de trei ori: „Cine va chema Numele Domnului va fi mîntuit!“ Cînd vine iarăși ziua următoare, află un om care a găsit pacea cu Dumnezeu! „Ei, cum e, Hinrich?“ Și Hinrich răspunde: „El m-a primit - prin har!“ S-a întîmplat o minune!

Vedeți, așa și-a trăit un țăran nașterea din nou. Și acum vreau să vă mai spun o istorie: Un om învățat a venit la Isus noaptea și I-a spus: „Doamne Isuse, aș vrea să discut cu Tine despre chestiuni religioase“. Domnul Isus îi răspunde: „N-are nici un rost să discutăm! Dacă nu se naște cineva din nou, nu poate vedea Împărăția lui Dumnezeu!“ „Cum se face asta?“ întreabă omul. „Poate omul bătrîn să intre a doua oară în pîntecele maicii sale și să se nască din nou?“ Dar Isus rămîne pe poziție: „Dacă nu se naște cineva din apă și din Duh, nu poate să intre în Împărăția lui Dumnezeu“. Aceasta este latura personală a poziției de creștin, anume că cineva ajunge la viață intrînd pe poarta cea strîmtă, că se naște din nou prin marea minune a lui Dumnezeu.

Acestea nu sînt chestiuni teologice lipsite de importanță ce vă spun eu vouă, ci e vorba de salvarea voastră veșnică. S-ar putea ca la căpătîiul vostru cînd o să muriți să nu stea nici un Volkening. Ați face deci bine să mă ascultați.

Naşterea din nou presupune că am sfîrşit prin a da dreptate lui Dumnezeu că sînt un om pierdut şi admit că inima mea este rea. Naşterea din nou presupune dorul după Isus, care e singurul Mîntuitor al lumii. Deasemenea ea presupune mărturisirea sinceră făcută Mîntuitorului: „Am păcătuit împotriva cerului şi împotriva Ta“. Ea presupune credinţa: „Sîngele Lui mă curăţeşte de orice păcat. El plăteşte pentru mine şi-mi dă neprihănirea care e valabilă în faţa lui Dumnezeu“. Naşterea din nou presupune predarea clară şi hotărîtă lui Isus. Şi ea presupune că Duhul Sfînt îţi spune: „Tu eşti acum primit!“ Biblia numeşte aceasta „pecetluire“. Fără naştere din nou nu intri în Împărăţia lui Dumnezeu! Dar cine a devenit copil al lui Dumnezeu o şi ştie. Dragi prieteni, dacă sînt pe cale să mă înec şi cineva mă trage afară din apă, atunci ştiu că sînt salvat, că sînt iarăşi pe pămînt tare şi pot respira iarăşi normal!

Vedeţi, aceasta e latura personală a poziţiei de creştin. Fiecare trebuie să treacă personal prin ea dacă vrea să aibe viaţa veşnică. Cînd mă uit înapoi şi mă gîndesc la modul cum am devenit proprietatea Domnului Isus, mi se pare ca o minune. Eu trăiam departe de Dumnezeu şi în toate păcatele. Totuşi Domnul Isus a intrat apoi în viaţa mea. Iar acum Îi aparţin şi aş vrea să am zece vieţi ca să-i avertizez pe oameni de pierzare şi să-i chem la Isus. Te rog: nu te odihni pînă nu ai trecut prin naşterea din nou şi nu ştii: „E ceva deosebit să fii al Mîntuitorului/ Eu al Tău Isuse şi Tu al meu/ Cu adevărat să zic aşa...“

Dar naşterea din nou nu e sfîrşitul, ci începutul vieţii personale de creştin. Apoi se continuă cu latura personală a poziţiei de creştin.

Din clipa convertirii mele am ştiut: „Acum trebuie neapărat să aud în fiecare zi glasul noului meu Prieten!“ Astfel am început să citesc în Biblie. Oamenii cred astăzi că numai un pastor citeşte Biblia. Aproape de locuinţa mea, în Essen, este o grădină publică. Îmi place să mă duc acolo în fiecare dimineaţă şi să-mi citesc Biblia, mergînd încoace şi-ncolo. Oamenii care locuiesc în apropiere mă observă. Şi de curînd cineva mi-a spus: „Vă văd mereu cum vă citiți breviarul". Acesta e citit de preoții catolici. El nu putea să-și închipuie că eu citesc o carte pe care orice laic putea la fel de bine s-o citească. Dar Biblia o poate citi oricine!

Cînd fac o tabără cu tinerii mei aici la Essen, atunci ne adunăm în fiecare dimineață înainte de micul dejun la un sfert de oră de reculegere. Cîntăm mai întîi o cîntare de dimineață, apoi citim o meditație pe ziua respectivă. Pe urmă indic un text biblic și fiecare se așează apoi într-un colț liniștit și-și citește pentru el textul. Și cei ce au făcut un început cu Isus, un început în viața de credință o fac și acasă, pentru că nu pot trăi fără să audă glasul Bunului Păstor și fără să vorbească cu El. Acum te rog: Inviorează-ți latura personală a poziției tale de creștin începînd să citești Noul Testament! Un sfert de oră liniștit dimineața sau seara!

Iar cînd închizi iarăși Noul tău Testament, împreună-ți mîinile și spune: „Doamne Isuse, acum trebuie să vorbesc cu Tine. Astăzi am atîtea de făcut. Ajută-mă să le duc cu bine la capăt! Păzește-mă de păcatele mele favorite! Dă-mi dragoste pentru alții! Dă-mi Duhul Sfînt!" Roagă-te! Vorbește cu Isus! El este aici! El te aude! De latura strict personală a unei poziții de creștin ține și faptul că un creștin vorbește cu Domnul lui.

Deunăzi ziceam unui domn care venise la credință: „Aveți nevoie zilnic de un sfert de oră liniștit cu Dumnezeu!" Atunci el a zis: „Pastore Busch, doar nu sînt pastor. El are timp pentru asta. Dar eu? Eu am îngrozitor de multe de făcut". I-am răspuns: „Ascultați-mă! N-o să ajungeți niciodată să le terminați, nu-i așa?" „Așa e!" a recunoscut el. „Vedeți", am spus eu, „asta-i pentru că nu aveți acel sfert de oră de reculegere. Dacă vă obișnuiți să vorbiți dimineața cu Isus, să citiți apoi cîteva versete din Biblie și apoi să vă rugați iarăși asupra lor, veți vedea că e o joacă să terminați cu treaba. Da, cu cît aveți mai mult de lucru, cu atît mai multă nevoie aveți de acel sfert de oră liniștit. Mai tîrziu acesta va deveni poate o jumătate de oră, pentru ca să aveți timp să aduceți înaintea Domnului tot ce vă preocupă. Dar dintr-odată totul merge mai bine. Vorbesc din experiență. Uneori așa mi se întîmplă și mie. De abia mă scol din pat că și sună telefonul. Apoi mă duc la poartă să iau ziarul. Apoi sună iarăși telefonul. După aceea vine cineva în vizită. Dar toată ziua sînt agitat. Nimic nu merge. Și dintr-odată îmi trece prin minte: „Păi sigur, dacă încă n-am vorbit cu Isus! Și nici El n-a avut ocazia să-ți vorbească! Nu e de mirare că totul merge pe dos!"

Înțelegeți, clipele de liniște petrecute în prezența lui Isus sînt deci unul din aspectele laturii strict personale ale vieții creștine!

Un alt aspect este așa numita răstignire a cărnii și a firii. În viața mea am vorbit multor oameni. Și de fapt toți se plîng de ceva. Soțiile se plîng de soții lor. Bărbații se plîng de nevestele lor. Părinții se plîng de copiii lor. Copiii se plîng de părinții lor. Dar ei nu se gîndesc că arătînd pe cineva cu degetul și zicînd: „El e de vină că nu sînt fericit!" de fapt arată cu trei degete spre ei înșiși. Crede-mă, dacă ai un sfert de oră cu Isus, atunci El o să-ți descopere că tu ești de fapt pricina nefericirilor tale. Căsnicia ta nu merge bine, pentru că nu trăiești sub privirile lui Dumnezeu. Afacerile nu-ți merg pentru că nu umbli înaintea lui Dumnezeu. Creștinii trebuie să învețe în fiecare zi să-și răstignească natura veche.

Vreau să vă spun o experiență personală pe care tocmai am făcut-o. Am participat zilele acestea la o săptămînă de vacanță cu cincizeci de colaboratori în lucrarea cu tinerii din Essen. A fost nespus de frumos. Eram așa de fericiți împreună, încît nici nu pot spune. Totul era așa de binecuvîntat. Și totuși, din cînd în cînd, au fost dificultăți. Dar înainte de a lua cina în ultima zi, s-a întîmplat că dintr-odată s-au ridicat unii și s-au dus la alții zicînd: „Te rog, iartă-mă pentru asta sau aia". Eu am trebuit să merg la trei inși și să le spun: „Iartă-mă că ți-am vorbit deunăzi așa de dur!" Atunci unul a răspuns: „Dar aveați dreptate!" „Totuși iartă-mă", l-am rugat eu. Înțelegeți: Îmi venea greu să mă smeresc înaintea unui tînăr de 20 de ani. Dar n-am avut liniște pînă n-am făcut-o.

Dacă ai un timp zilnic cu Isus, atunci înveți și să-ți

răstignești în fiecare zi natura veche. Și atunci vei vedea cum în jurul tău totul devine frumos. Asta ține de latura strict personală a vieții creștine. Iar dacă nu știi nimic de asta, încetează de a te mai numi creștin.

Vedeți, adesea merg pe stradă și cuget astfel: oamenii cu care mă întîlnesc sînt creștini, aproape toți plătesc impozitul bisericesc. Dacă aș opri acum pe cineva și l-aș întreba: „Scuzați! Sînteți creștin?“, atunci mi s-ar răspunde: „Desigur! Doar nu sînt musulman!“ Dar dacă aș întreba mai departe: „Spuneți-mi: Vi s-a întîmplat vreodată să nu puteți dormi de bucurie că sînteți creștin?“, atunci mi s-ar răspunde: „Ați înnebunit?“ Și așa e: creștinism fără bucurie de viața creștină! Se înjură cînd trebuie să plătească impozitul bisericesc. Dar de bucurie nici urmă. Din clipa însă cînd experimentezi nașterea din nou, afli ce înseamnă: „Bucurați-vă totdeauna în Domnul! Iarăși zic: Bucurați-vă!“

Prietenii mei, am spus de curînd tinerilor mei un cuvînt minunat din Biblie: „Dar pentru voi, care vă temeți de Numele Meu, va răsări Soarele neprihănirii“ - Acesta e Isus - „și tămăduirea va fi sub aripile Lui“. Ce frumos e! Și știți cum se spune mai departe? „Veți ieși și veți sări ca viței din grajd!“ Minunat exprimat! Rar găsesc creștini care, de bucurie că au Mîntuitor, „să sară ca viței“! Din ce pricină nu simțim această bucurie? Răspunsul e simplu: pentru că nu sîntem creștini adevărați. Mă gîndesc la scumpa mea mamă. La ea se vedea acea bucurie neînfrînată în Domnul. Și mă gîndesc la mulți alții pe care i-am cunoscut ca niște creștini radiind de bucurie. Înaintînd în vîrstă, aș dori și eu să experimentez tot mai mult bucuria Domnului. Da, dar pentru asta cineva trebuie să ia în serios viața de creștin și să nu aibă numai o spoială de creștinism!

Așa este deci prima latură a vieții creștine. „Este creștinismul o chestiune personală?“ Da, viața creștină este foarte personală.

Dar acum vine cealaltă față a monedei. O viață creștină adevărată și vie are și o latură publică, pe care oricine o poate vedea.

## 2. Viața creștină este o chestiune publică

Latura publică a poziției de creștin constă în primul rînd în faptul că cineva se alătură părtășiei celorlalți creștini. E foarte important ce spun acum: Adevărații creștini se alătură celor care vor și ei să fie mîntuiți!

În fiecare duminică este servici religios. De ce nu ești acolo? „Da“, răspunzi tu, „dar eu ascult programul religios la radio“. Nu vorbesc aici despre cei bolnavi. Ei se pot bucura de un servici religios transmis la radio. Dar creștinismul tău nu merge prea departe, dacă nu te atrage spre adevăratul servici religios, în adunarea creștinilor!

Pe la anul 300 după nașterea lui Cristos - e deci mult de atunci - asupra Imperiului roman domnea un om minunat cu numele de Diocleţian. El fusese sclav, dar mai tîrziu a fost eliberat și apoi a urcat scara socială pînă a ajuns împărat. Pe vremea aceea creștinismul era deja larg răspîndit. Împăratul Diocleţian știa că predecesorii lui persecutaseră pe creștini. El însă zisese: „Nu sînt așa de prost încît să persecut pe cei mai buni oameni. N-au decît să creadă ce vor. În împărăția mea să aibă fiecare ce religie vrea“. Era un punct de vedere ciudat pentru un împărat, dar unul foarte bun, căci prinții vor totdeauna să conducă și conștiințele. Acum, împăratul Diocleţian avea un regent mai tînăr, Galeriu, care urma să conducă după el. Și acest Galeriu spusese odată cam așa lui Diocleţan: „Ascultă, Diocleţian! Va fi un mare haos dacă se înmulțesc creștinii. Ei vorbesc neîncetat doar despre regele lor, Isus. Trebuie să facem ceva împotriva lor!“ „Ah!“ a răspuns Diocleţian, „lasă-mă în pace cu asta! De 250 de ani îi persecută înaintașii mei pe creștini și n-au reușit să-i extermine. Eu nici nu vreau să încep.“ Și aceasta era ceva înțelept din partea lui. Dar Galeriu a continuat să-l bată la cap: „Da, dar creștinii sînt ceva deosebit. Ei spun că ar avea un Duh Sfînt pe care alții nu-L au, și că ar fi mîntuiți, pe cînd ceilalți nu. Ăștia-s niște oameni trufași, aroganți. Tu trebuie să faci ceva împotriva lor!“ Totuși Diocleţian a continuat să-l refuze. Atacat iarăși de Galeriu, Diocleţian a cedat în cele din urmă: „Bine, dar ne vom mărgini să interzicem adunările creștine“. Astfel a fost dat un decret: „Poate să fie creştin oricine vrea. Dar creştinii nu au voie să țină adunări. Aceasta este interzis sub pedeapsa cu moartea“. Deci oricine avea dreptul să creadă ce vrea, dar numai ca o chestiune personală, fără a avea dreptul de a se strînge laolaltă! Atunci bătrînii lor s-au adunat ca să studieze situația: „Ce să facem? N-ar trebui mai bine să renunțăm? Doar oricine poate să facă ce vrea în casa lui. Nimeni nu va face nimic împotriva acestui lucru“. E foarte interesantă acum concluzia la care au ajuns: „A ne strînge împreună la rugăciune, cîntare, predicare, ascultare, aducere de jertfe, ține pur şi simplu de viața creştină. Noi vom continua deci ca mai înainte!“ Apoi au continuat să se adune în casele de rugăciune. Galeriu triumfa: „Vezi, Diocleţian. Ei sînt duşmani ai statului. Ei nu vor să se supună!“ S-a declanşat atunci una din cele mai crunte persecuţii pe care le-au suferit vreodată creştinii. Mulţi au cedat spunînd: „Doar şi acasă poţi să fii creştin! Noi nu mergem la adunări!“ - şi şi-au salvat viaţa. Dar Biserica creştină a fost de altă părere: „Oamenii aceştia sînt nişte apostaţi, unii care s-au lepădat de credinţă. Cine nu merge la adunările creştinilor este un apostat!“

Ar trebui să se spună aceasta şi despre creştinii de astăzi. Există mulţi asemenea apostaţi în creştinătatea de azi! Creştinii de atunci au avut dreptate cînd s-au opus decretului împăratului! În Biblie este scris foarte clar: „Să nu părăsim adunarea noastră, cum au unii obiceiul!“ Astăzi ar trebui să spunem: „cum au aproape toţi obiceiul“. De aceea voi spune tuturor care doresc mîntuirea finală: Alăturaţi-vă adunării acelora care vor în mod serios să fie creştini!

Există multe posibilităţi de strîngere laolaltă a credincioşilor: la biserică, în case de rugăciune, în cercuri biblice de casă, în grupuri de rugăciune, în grupuri de tineret. Vă rog din inimă, căutaţi părtăşia! Un francez mi-a spus odată: „Unora le place să mănînce heringi, altora să meargă la biserică!“ Nu, nu este aşa! Lucrul e mult mai serios: unii merg în iad, alţii se alătură creştinilor. Asta-i realitatea! Şi dacă vrei cu adevărat să-L urmezi pe Isus Cristos, atunci du-te la pastorul tău şi întreabă-l: „Unde mă pot alipi? Unde pot să aud mai mult despre Isus Cristos?" Şi apoi du-te acolo unde auzi cu adevărat despre Mîntuitorul! Nimeni nu poate să spună: „La noi nu se întîmplă nimic!" Peste tot sînt oameni care-L iubesc pe Domnul Isus. Poate că sînt puţini. Poate că adesea sînt un pic cam ciudaţi. Dar nu contează. Creştinismul tău este mort, dacă nu iei parte la părtăşia creştinilor!

O adunare creştină comportă în total patru elemente: mai întîi cîntarea, apoi învăţătura, rugăciunea şi jertfa. Acestea ţin de o adunare creştină. Asta au făcut-o deja primii creştini. Ele sînt exprimări ale vieţii noi pe care a dat-o Dumnezeu credinciosului.

Există numai un creştinism, acela unde este părtăşie, comuniune între credincioşi. În Biblie scrie chiar: „Noi ştim că am trecut din moarte la viaţă pentru că iubim pe fraţi". Asta înseamnă totuşi: Cine nu este atras spre ceilalţi creştini înseamnă că el este încă mort din punct de vedere spiritual!

Nu voi uita minunatul început al primei mele slujbe de pastor de la Bielefeld, unde am slujit într-o parohie ca ajutor de predicator. Nu erau decît o mînă de oameni la serviciul religios care se ţinea într-o sală parohială. Dar într-o sîmbătă seara, Dumnezeu a făcut să am în Casa poporului - o sală comunistă - o discuţie cu militanţi, cu liber cugetători pînă la ora 1 noaptea. La ora aceea administratorul ne-a dat afară. Ploua. Pentru prima oară erau adunaţi în jurul meu vreo sută de oameni, muncitori din parohia mea. Stăteam sub un felinar. Oamenii întrebau şi eu răspundeam. Am vorbit îndelung despre Isus, că El a venit dintr-o altă lume. Vorbisem mult despre faptul că ei sînt nefericiţi, că nu e adevărat că nu au păcat, că în fond credeau că există o veşnicie şi o judecată a lui Dumnezeu. Pe la ora 2 am spus: „Acum mă duc acasă, oameni buni. Mîine dimineaţă la 9,30 am servici religios. Ştiu că aţi veni bucuroşi, de nu v-ar fi teamă de ceilalţi". Erau toţi din Westfalia. În faţa mea stătea muncitorul B. Avea cam 35 de ani pe atunci şi era un adevărat westfalian. „Mie să-mi fie teamă?" a replicat el. „Nici vorbă!" Am spus: „Hai, fii calm. Dar să vezi ce-o să auzi la uzină luni dimineaţă, dacă ai fost duminică la biserică. Şi de asta ţi-e teamă!" „Nu mi-e teamă!" a zis el încă o dată. Iar eu i-a repetat: „Omule, tu ai veni aşa de bucuros, dar..." „Bine!" a spus el, „vin mîine dimineaţă - cu cartea de cîntări sub braţ!" Iar duminică dimineaţa - deci după cîteva ceasuri - acest westfalian merge voiniceşte pe străzi cu cartea de cîntări sub braţ şi vine la serviciul religios. În cartier fiecare se cunoştea cu celălalt. Luni seara vine la mine şi-mi spune: „Aţi avut dreptate. Cei de la fabrică s-au supărat grozav că am mers la biserică. Şi atunci am observat ce fel de teroare este asta. Noi strigăm: Trăiască libertatea! şi sîntem totuşi robi jalnici ai oamenilor. Le-am aruncat totul în faţă, inclusiv cartea lor de liberi cugetători. Spuneţi-mi acum mai mult despre Isus!" Acesta a fost primul care s-a convertit clar prin mine.

Înţelegeţi: Totul a început în duminica aceea de dimineaţă, cînd el s-a alăturat mîinii de oameni de la serviciul religios. El a perseverat, şi alţii i-au urmat exemplul: se deschisese o breşă. Dumnezeu a continuat apoi să acţioneze printre noi. Dar ceea ce mă frapase atunci era că momentul deciziei pentru aceşti muncitori a fost acela al venirii lor în contact cu credincioşii.

Vă implor, de dragul mîntuirii sufletelor voastre - eu nu fac propagandă pentru biserică, nici pentru slujitorii ei, ci e vorba în primul rînd de mîntuirea voastră, alăturaţi-vă comunităţii creştinilor!

Al doilea lucru care aparţine laturii publice a unei adevărate poziţii de creştin este faptul că fiecare credincios e chemat să mărturisească cu gura ceea ce a găsit în Cristos.

În Germania am ajuns într-o situaţie absurdă. Iată cum se raţionează: „Eu plătesc impozitul bisericesc şi astfel las în grija pastorului răspîndirea Evangheliei. Nu mai e treaba mea". Uneori îmi doresc să nu se mai plătească acest impozit pentru ca creştinii, bărbaţi şi femei, să ştie că nu e numai treaba pastorilor, ci şi a lor ca Numele lui Isus să fie făcut de cunoscut acolo unde se află ei: în servici, la birou, la şcoală. Ai mărturisit deja pe Isus, fie chiar şi printr-o expresie ca: „Cristos a înviat! Adevărat a înviat!" „E păcat să înjurăm! Este o rușine înaintea lui Dumnezeu spunerea bancurilor porcoase!"? Ai mărturisit vreodată: „Eu aparțin lui Isus!"? Atunci oamenii o să ciulească urechile. Și eu vreau să-ți spun ceva: cîtă vreme nu avem curajul de a mărturisi pe Mîntuitorul nostru, atîta vreme nu sîntem de fapt creștini adevărați!

Isus spune - ascultați-L bine: „Cine Mă mărturisește înaintea oamenilor, pe acela îl voi mărturisi și Eu înaintea Tatălui Meu care este în ceruri; dar de oricine se va lepăda de Mine înaintea oamenilor, Mă voi lepăda și Eu înaintea Tatălui Meu care este în ceruri". Va fi groaznic cînd odată în ziua judecății vor veni creștini și vor spune: „Doamne Isuse! Am crezut în Tine!" - iar Isus Îi va spune Tatălui: „Nu-i cunosc!" „Doamne Isuse, totuși eu am fost..." „Nu te cunosc! Vecinul tău nu a știut că aleargă spre iad! Nu l-ai avertizat niciodată, deși știai calea spre viață. Tu ai tăcut atunci cînd trebuiai să deschizi gura și să mărturisești pe Mîntuitorul!" Atunci vei răspunde poate: „Da, dar eu însumi eram așa de slab în credință!" Iar Domnul Isus îți va spune: „Atunci ar fi trebuit să-ți mărturisești credința ta slabă! Chiar și credința slabă are un Mîntuitor puternic! De fapt nu era nevoie să mărturisești credința ta slabă, ci pe Mine! Nu te cunosc!" - „Pe orișicine Mă va mărturisi înaintea oamenilor, îl voi mărturtisi și Eu înaintea Tatălui Meu care este în ceruri; dar de oricine care se va lepăda de Mine înaintea oamenilor, Mă voi lepăda și Eu înaintea Tatălui Meu care este în ceruri". Asta spune Isus și El nu minte. Cînd vom căpăta iarăși curaj ca să ne deschidem gura?

Trebuie să vă mai spun o istorioară. În urmă cu cîteva săptămîni am vorbit într-un oraș din ținutul Ruhr. Conferințele fuseseră organizate de tînărul meu prieten Gustav care conduce un atelier de reparații într-unul din garajele orașului. Acest Gustav devenise un martor bucuros și eficace al lui Isus Cristos, pentru că învățase să-L mărturisească pe Isus la momentul potrivit. Iată-l într-o luni dimineață în atelier. Fiecare povestește isprăvile făcute duminică. Unul spune: „ Ne-am îmbătat cu bere pînă ne-a ieșit pe ochi!" Altul spune istorii cu fete. „Și tu unde ai fost, Gustav?" este întrebat el. Pe atunci era încă ucenic. „Dimineața am fost la biserică", răspunde el. „Iar după amiază la cercul de tineret de la Weigle-Haus cu pastorul Busch". Atunci toți încep să-și bată joc de el, și micul ucenic stă acolo fără apărare! În timp ce toții ucenici, calfe și maistru îl atacau cum puteau mai bine, el se simte cuprins de o mare mînie și-și zice: „De ce au creștinii dreptul să se laude cu lucruri rușinoase și nu cu Mîntuitorul lor?!" Și chiar în clipa aceea se hotărăște să cîștige atelierul pentru Isus. Începînd cu ceilalți ucenici, a luat pe fiecare deoparte și i-a zis: „Tu mergi în iad! Hai, vino cu mine la Weigle-Haus în grupul nostru de tineri. Acolo auzi despre Isus!" Cînd a plecat din atelier, după ce și-a luat examenul de maistru, atelierul era schimbat! Eu însumi m-am convins de aceasta. Toți ucenicii făceau parte din grupul nostru de tineri. Trei din calfe erau în Uniunea creștină a tinerilor. În atelier nu mai îndrăznea nimeni să facă aluzii obscene. Dacă intra vreunul nou și vroia să înceapă o discuție murdară, era avertizat: „Taci că vine Gustav!" Ei căpătaseră respect față de el. Astăzi are o situație frumoasă în fruntea unui mare atelier de reparații auto. Dumnezeu l-a binecuvîntat, chiar și pe plan material.

Întreb încă o dată: Unde sînt astăzi creștinii care au curajul să deschidă gura ca să depună mărturie pentru Domnul lor?! În măsura în care o facem, creștem duhovnicește.

Este credința creștină o chestiune pur personală? Nu! Noi avem obligația față de lume de a mărturisi despre Isus! Încetează cu tăcerea ta jalnică! Altfel, în ziua judecății, Isus nu te va cunoaște!

Cînd în timpul celui de al treilea Reich mai mulți dintre tinerii mei de 16, 17 ani au fost înrolați în Arbeitsdienst (serviciul de muncă), le-am dat la toți o Biblie mică și le-am spus: „Fiți atenți! Cînd ajungeți acolo, puneți încă din prima seară Biblia pe masă, deschideți-o în fața tuturor și citiți-o. Asta va avea efectul unei bombe. Dar a doua zi totul va fi trecut. Dacă n-o faceți din prima zi, atunci n-o veți face niciodată!" Și băieții au făcut așa. În prima zi, Biblia a fost pe masă! „Ce citești acolo?" „Biblia!" A fost ca explozia unei grenade, căci în sînul creștinătății germane se citește orice porcărie, numai Biblia nu! Prietenul meu Paul - din păcate nu s-a întors de pe front - vede a doua zi, cînd deschide dulapul, că Biblia lui nu mai este acolo. Se uită în jur. Unul rînjește. Atunci rînjesc și ceilalți. „Mi-ați furat Biblia?" întreabă el. „Mmh" „Unde mi-ați pus-o?" „Ea este la plutonierul major". Atunci știe: o să aibă de luptat! După serviciul din seara aceea se retrage într-un colț liniștit și se roagă: „Doamne Isuse, Tu vezi că sînt singur aici și am numai 17 ani. Te rog, nu mă lăsa! Ajută-mă să Te pot mărturisi!" Apoi se duce la plutonierul major și bate la ușă. „Intră!" Plutonierul major stă la birou, pe care este Biblia lui Paul. „Ce vrei?" „Vă rog, domnule plutonier major, sămi dați înapoi Biblia mea!" „Aha!" El ia Biblia și o răsfoiește. „Aha, deci e a ta?! Nu știi că e o carte foarte periculoasă?" „Ba da, domnule plutonier major, știu. Biblia e periculoasă chiar și închisă în dulap. Chiar și atunci ea produce neliniște!" Bum! Plutonierul major se ridică de pe scaun. „Ia loc o clipă!" Apoi mărturisește: „Și eu am vrut odată să studiez teologia". „Atunci domnul plutonier major a căzut de la credință?" întreabă Paul. Urmează o discuție de necrezut, în care acest bărbat de vreo 40 de ani mărturisește băiatului de 17: „În fond sînt profund nefericit. Dar nu pot să dau înapoi, prețul e mult prea mare!" Iar băiatul răspunde: „Bietul de dvs.! Dar Isus ar merita orice jertfă!" Plutonierul major dă drumul băiatului cu cuvintele: „Ești un om fericit!" „Da, domnule plutonier major", confirmă Paul - și iese cu Biblia. Începînd cu acea clipă, nimeni din tabără nu a mai îndrăznit să-i spună vreun cuvînt!

Ah, unde sînt creștinii care au curajul să-și arate pe față convingerile?

Este poziția de creștin o chestiune strict personală? Da! Nașterea din nou și viața de credință au loc în intimitatea inimii.

Este poziția de creștin o chestiune strict personală? Nu! Creștinii se adună la părtășii, la serviciul religios, în cămine la grupuri de rugăciune, la studii biblice, la ora tineretului, la cercul femeilor, la cercul bărbaţilor. Creştinii deschid gura şi-L mărturisesc pe Domnul lor. Lumea ar trebui să vadă că Dumnezeu a aprins un foc pe pămînt în Isus!

## *Cînd e sfîrșitul lumii*

În urmă cu cîtva timp am avut o discuție cu un industriaș. El m-a bătut pe umăr și mi-a spus: „Domnule pastor, e bine că le spuneți tinerilor să aibă o purtare frumoasă!" Eu i-am răspuns: „Ca să fiu sincer, trebuie să mărturisesc că nu-mi fac mari iluzii despre aceasta! În Biblie scrie că inima omului e rea încă de cînd e tînără. Și tare mi-e teamă că îndemnurile nu ajută prea mult. Eu aș vrea cu totul altceva". „Da, ce anume?" „Aș dori mult ca acești tineri să devină proprietatea Domnului Isus și să fie acum și în veșnicie copiii lui Dumnezeu!" îi explic eu. „Ah", răspunde el, „domnule pastor, cum puteți să spuneți așa ceva! Să rămînem totuși cu picioarele pe pămînt!" Un cuvînt bun, nu-i așa? „Să rămînem cu picioarele pe pămînt!" Atunci am rîs tare și l-am întrebat: „De fapt pe care pămînt vreți să rămîneți, domnule director? Încă n-ați observat că de mult se clatină pămîntul de sub noi?" Cred că nu e nevoie să fii director în industrie ca să-ți dai seama că pămîntul de sub picioarele noastre a devenit extrem de nesigur. Asta-i teama care umple pe omul de azi. Toți tînjesc după siguranță, dar n-o află nicăieri. Unul își pune banii într-o bancă elvețiană, altul își construiește un buncăr în Bolivia. Siguranța trebuie să se afle undeva! Totuși simțim cu toții că la urma urmei ea nu există! De aceea nu e de mirare că întrebarea despre sfîrșitul lumii e tot mai actuală: „Cum e cu sfîrșitul lumii?" Da, este un semn al timpului nostru că întrebăm tot mereu: „Cînd e sfîrșitul lumii?"

Acum cîțiva ani a apărut o piesă de teatru de cunoscutul scriitor elvețian Dürrenmatt „Fizicienii". Piesa se termină cu aceea că unul din fizicieni face un prognostic foarte sumbru: este inevitabil ca omenirea să folosească într-o zi bomba atomică și să se distrugă astfel singură. Iată textual concluzia piesei: „Undeva în spațiu pămîntul radioactiv își continuă revoluția în jurul axei la nesfîrșit și inutil". Ai impresia că și vezi acest pămînt pustiu răsucindu-se în spațiu, fără viață și fără țel! Cînd un scriitor modern vorbește cu o sinceritate atît de brutală despre sfîrșitul lumii, merită să luăm aminte. Dar eu nu cred că are dreptate și că într-o zi pămîntul radioactiv se va răsuci în jurul axei lui fără nici un rost. Dacă i-aş spune asta domnului Dürrenmatt, el ar întreba: „De ce nu credeți? Nu e concluzia logică a ceea ce se petrece sub ochii noștri?“ Iar eu i-aş răspunde: „Pentru că în Biblie scrie altfel. Domnul Isus a spus: ‚Neamul omenesc nu va trece pînă la sfîrşit‘. Așa că nu se va întîmpla cum ziceți dvs, chiar dacă așa pare să fie“.

Bineînțeles că totul depinde de prognosticul de viitor pe care vrem să-l credem. Există două metode ilegale ca să se convingă cineva despre viitor.

O metodă e cea pe care a imaginat-o Joseph Goebells. Ea constă în a-mi imagina pur și simplu cum va arăta viitorul. Îl aud încă spunînd: „În cinci ani orașele noastre germane vor fi mai frumoase ca oricînd“. Metoda constă deci în a-mi proiecta propriile-mi imagini dorite în ceața care învăluie viitorul. Maeștri în această metodă sînt așa-numiții „Martori ai lui Iehova“. Cei mai în vîrstă dintre noi poate că-și mai amintesc: În 1925 au fost afișe la toate colțurile străzilor: „Milioane din oamenii care trăiesc acum nu vor muri.“ Acest slogan a provenit de la „Studenții în Biblie“. Și apoi în anii care au urmat, au fost mai mulți morți ca niciodată în istorie. Acești oameni și-au imaginat pur și simplu ceva roz pentru viitor. Mai tîrziu ei și-au schimbat numele în „Martori ai lui Iehova“. Și acum probabil că născocesc iarăși ceva.

Cealaltă metodă ilegală este că cineva se lasă sfătuit de prezicători. Mărturisesc că la asta nu mă pricep deloc. Și n-aş vrea să înțeleg nimic din ghicitorie, spiritism, astrologie, radiestezie, horoscop sau mai știu eu ce. Aş vrea să vă spun de ce nu vreau să știu nimic despre toate acestea. În Biblia mea scrie de cîteva ori cam așa: „Așa vorbește Domnul: dacă se duce cineva la cei ce cheamă morții și la ghicitori, îi voi nimici sufletul din mijlocul poporului Meu“. Deoarece însă pentru mine e un lucru atît de prețios să aparțin de poporul lui Dumnezeu și să fiu mîntuit, m-aş feri de contactul cu lucrurile acestea. Iar dacă cumva ai făcut-o, te rog, de dragul mîntuirii tale: du-te într-un loc liniştit, „cheamă-L pe Isus, mărturiseşte-ţi păcatul şi roagă-L să-ţi dea iertare!

Eu m-am hotărît să mă încred în Cuvîntul lui Dumnezeu din Biblie, deoarece în primul rînd este evident că el poartă pecetea adevărului. În al doilea rînd, oamenii din Biblie au spus: „Aşa vorbeşte Domnul!" Există deci o cale justă, corectă de a afla ceva despre viitor: Biblia vorbeşte cu noi despre viitor.

Cînd ultimul război a ajuns la punctul culminant, Gestapo-ul mi-a interzis să mai predic. Nu mai aveam voie să călătoresc ca să ţin conferinţe. Numai în Essen nu mi se interzisese încă. Şi chiar dacă ţineam în fiecare seară o oră de studiu biblic în vreo pivniţă din oraşul distrus de bombe, aveam totuşi mult timp la dispoziţie pe care l-am folosit studiind în amănunt Apocalipsa lui Ioan, ultima carte a Bibliei. Am fost captat în chip deosebit de marea actualitate a mesajului ei. Şi mi-am propus să împărtăşesc şi altora puţin din ceea ce am învăţat.

Acum aş dori să vă arăt ce spune Biblia precis despre viitor.

**1. Isus vine iarăşi**

Biblia o spune foarte clar: În punctul central al aşteptării creştinilor stă marele eveniment că Cristos cel dispreţuit vine iar în slavă!

Cînd S-a înălţat la cer, ucenicii stăteau acolo şi se uitau după El cum dispare în alte dimensiuni. „Un nor L-a ascuns de ochii lor". Şi deodată stau doi soli ai lui Dumnezeu lîngă ucenici şi spun: „Acest Isus va reveni în acelaşi fel cum L-aţi văzut mergînd la cer." Isus vine iarăşi! Din dimensiunea lui Dumnezeu va reveni Domnul Isus într-o zi în slavă în lumea noastră tridimensională! Aceasta e nădejdea creştinilor!

Trebuie acum să vă povestesc simplu cum mi s-a revelat acest mesaj oarecum străin. Acum vreo 35 de ani, am venit ca tînăr pastor într-o parohie de mineri la Essen. Între cei cam 12000 de mineri stăteam eu, tînăr de 27 de ani. Nimeni nu vroia să ştie nimic despre mesajul meu. În mijlocul parohiei se afla o piaţă mare, pustie şi tristă, înconjurată de blocuri de locuințe muncitorești. Într-un colț al acestei piețe rămăsese o căsuță mică în care am amenajat curînd o săliță, în care am început să țin studiu biblic. Era frumos cînd vedeam oamenii venind unul cîte unul: cîțiva mineri, comuniști și liber cugetători, care vroiau să audă ce-o avea de zis „popa", cîteva măicuțe, cîțiva copii, doi, trei tineri. Lucru curios totuși, această mică adunare care se încropise a avut darul să stîrnească toată populația parohiei. În cele din urmă am ajuns să fim deranjați de fiecare dată. Odată au aruncat cu pietre în geamuri. Atunci ne-am pus obloane. Altădată zornăiau pietrele aruncate în aceste obloane. Data următoare au jucat fotbal cu o conservă goală de tinichea drept în fața ușii săliței noastre, astfel că nu se mai putea înțelege înăuntru ce se vorbea. Altădată au defilat cu fluiere prin fața săliței noastre. Apoi au cîntat: „De nimica nu ne temem/ Nici de Dumnezeu, nici de-mpărat/ Căci noi înșine putem/ Viața să ne-o mîntuim!" Iar noi cîntam înăuntru: „Domnul mă iubește/ Și mă mîntuiește". Ce vremuri! Într-o zi a fost deosebit de greu. Parcă se dezlănțuise tot iadul cu diavolii lui. Și atunci s-a întîmplat ceva ciudat. Un obiect greu s-a lovit de ușă și a căzut jos cu zgomot. Mi-am zis: „Acum au aruncat o bombă!" Și apoi am auzit cum fugeau acei oameni. Nouă ni se făcuse inma cît un purice. Afară se făcuse liniște. Am deschis ușa și am văzut, pe jumătate într-o băltoacă, un crucifix mare de fier, pe care-l cunoșteam. Ei îl smulseseră de la un cămin catolic din apropiere și-l aruncaseră în ușa noastră, ca și cum ar spune: „Iată-L pe Cristosul vostru! În murdărie cu El!" Era o seară sumbră de noiembrie. Ploua. Iar pe pămînt, în balta de apă, zăcea crucifixul. Eu stăteam în picioare la marginea pieții pustii, înconjurată de locuințe și de puțuri de mină. În spatele meu stătea mica adunare, tremurînd de frică. Ochii noștri erau ațintiți asupra chipului Mîntuitorului răstignit care zăcea la picioarele noastre în noroi! M-am gîndit: „Dumnezeu ar fi avut mii de motive să lase lumea pe calea pierzării și totuși n-o face! El Îl trimite pe Fiul Său! Și acest Fiu al lui Dumnezeu face ceva nemaiauzit: El ia vina noastră asupra Lui și Se lasă pironit pe cruce. În loc ca omul să cadă acum cu fața la pămînt înaintea acestui Mîntuitor și să I se închine, el Îi ia chipul și-l aruncă în noroi. Așa scuipă omul pe Dumnezeu în palma întinsă!“ Dar știți: cel puțin oamenii aceia mai simțeau ură împotriva lui Isus. În zilele noastre oamenii nici măcar nu mai urăsc. Ei Îi aruncă crucea în noroi în mod conștient cu o deplină indiferență! M-a cuprins în seara aceea o mînie surdă. Mi-am zis: „Ce va face Dumnezeu acum? Acum trebuie să cadă foc din cer!“ Dar n-a căzut foc din cer. Doar ploaia cădea cu găleata. Iar chipul Mîntuitorului răstignit zăcea în noroi. De departe am auzit un rîs batjocoritor. Și atunci mi-a trecut dintr-odată prin minte: „Lucrurile nu vor rămîne așa, Fiul lui Dumnezeu, care Și-a dat viața pentru lume, nu va fi totdeauna disprețuit. Nu, nu va rămîne așa! ‚El nu vrea să-Și manifeste aici puterea și slava Lui‘. Dar vine ziua - și este foarte logic - , cînd lumea aceasta, care L-a disprețuit, va trebui să vadă că El a fost singura șansă pentru noi oamenii și că El e Împăratul lumii. El va veni iarăși în slavă!“ Și pe cînd stăteam acolo în ploaie, împreună cu mica mea adunare, cu piața tristă și cu crucifixul în băltoacă, pregătindu-mă să mă întorc în sălița noastră, m-am bucurat pentru prima oară cu adevărat de mesajul: Isus vine iar! M-am dus la pupitru, am deschis la Matei 24 și am citit: „Și vor vedea pe Fiul omului venind pe norii cerului cu putere și cu o mare slavă“. De atunci, n-am încetat să mă bucur.

Știți: cînd văd cum e disprețuit Mîntuitorul meu, Mîntuitorul, care mă salvează de la moarte, care iartă păcatele, care mîntuiește și face fericit pe cineva, atunci mă bucur că vine ziua cînd Îi va cădea de pe umeri haina disprețului și va reveni în slavă!

Cînd am intrat pentru prima oară în marea sală „Weigle-Haus“, casa noastră de tineret din Essen, era un singur tablou pe perete. În sala cea mare, în care se adună multe sute de tineri, atîrna un tablou cu a doua venire a Domnului Isus. În partea de jos se vede un oraș, deasupra norii, iar pe nori un cal alb. Și, pe cal e El, Împăratul cu mîna ridicată, care a fost străpunsă la cruce. Întorcîndu-mă spre predecesorul meu, pastorul Weigle, am spus: „E singurul tablou pe care l-ai agățat pe perete? Nu e cam curios pentru o casă de tineret? Eu unul aş fi ales altceva!" Atunci el mi-a explicat: „Dragă frate Busch, toată săptămîna tinerii sînt în birouri, în şcoli, în fabrici, în mină. Cînd Îl mărturisesc acolo pe Isus, primesc numai batjocură şi dispreț. Iar dacă nu vor să păcătuiască împreună cu ceilalți, sînt luați în rîs şi atacați. Atunci devin adesea descurajați. Şi cînd vin în această sală, tabloul are menirea să-i liniştească: „Că Isus biruește e pecetluit pentru veşnicie/ al Lui va fi tot pămîntul".

Cît de minunată e această mare nădejde am experimentat eu însumi în viața mea. În timpl celui de al treilea Reich am fost arestat la Darmstadt, după ce vorbisem despre Isus într-o mare adunare. Şedeam în maşină în spate lîngă comisarul SS. În jurul nostru stăteau sute de oameni. Omul SS de la volan a primit ordinul: „Dă-i drumul!" Dar motorul a refuzat să pornească. Era cu siguranță o maşină bună, dar motorul nu pornea. „Demarează odată!" striga comisarul. Dar motorul refuza. Şi iată că din mijlocul mulțimii, un tînăr a urcat pe treptele bisericii şi a început să cînte cu voce pătrunzătoare pe deasupra mulțimii: „Că Isus biruește e pecetluit din veşnicii/ Al Lui va fi tot pămîntul/ căci totul e după moartea Lui/ În mîna Lui predat/ După lupta de pe cruce,/ El S-a înălțat pe tron/ Da, Isus e biruitor!" Apoi a dispărut în mulțime. În sfîrşit motorul a pornit. Atunci spun comisarului: „Bietul de dvs. Eu sînt totuşi de partea învingătorilor!" El dă din umeri şi murmură: „Şi eu făceam odată parte din Uniunea creştină a tinerilor". „Aşa", spun eu, „şi astăzi arestați pe creştini? Îmi pare rău pentru dvs., n-aş vrea să schimb cu dvs.!" Apoi am plecat spre închisoare. Dar orizontul meu se lărgise: aveam înaintea mea glorioasa perspectivă a revenirii lui Isus.

Cu cît vremurile devin mai grele, cu atît mai importantă e aşteptarea venirii lui Isus.

Vedeți, această revenire a lui Isus în slavă pe acest pămînt va fi a treia venire a lui Isus.

El a venit prima oară ca Om. Atunci a stat ca prunc în

ieslea din Betleem, născut din Maria. Aceasta o sărbătorim la Crăciun, dacă știm cel puțin despre ce este vorba, și anume că Fiul lui Dumnezeu a devenit Om, ca să facă din noi copii ai lui Dumnezeu, ca să devină Fratele nostru.

Acum, astăzi Isus este prezent în duh. El a spus: „Iată, Eu stau la ușa inimii voastre și bat. Dacă aude cineva glasul Meu și deschide ușa, voi intra la el, voi cina cu el și el cu Mine". Înțelegeți de ce se face evanghelizarea? Noi vrem să-L ajutăm pe Domnul Isus ca să poată veni acum la voi. În Biblie scrie: „Dar tuturor ce L-au primit, le-a dat puterea să devină copii ai lui Dumnezeu". Voi trebuie să vă deschideți inima!

A doua venire a lui Isus va fi răpirea.

Și El vine a treia oară în slavă, aici pe acest pămînt. Vedeți: așa este logic. În clipa revenirii Sale vom fi trecut prin toate sistemele de guvernare: monarhie constituțională, monarhie absolută, democrație prezidențială și democrație populară, dictatură și mai știu eu ce. Și ne vom fi dat seama că toate nu valorează prea mult. Va trebui atunci ca Isus, Împăratul meu, să vină și să arate că El știe să guverneze!

**2. Ce precede revenirea lui Isus**

Biblia spune că istoria își va continua cursul o bucată de vreme peste veacuri. Dar apoi începe aproape pe neobservate o perioadă în care ea se va apropia de sfîrșit. Pentru această perioadă vreau să folosesc o expresie care nu se află în Biblie. Să o numim epoca sfîrșitului.

Biblia spune: vine o vreme de haos și confuzie globală, o epocă în care oamenii nu vor mai face față problemelor lor. În această perioadă se arată neputința și confuzia oamenilor. Domnul Isus Însuși a arătat patru trăsături caracteristice ale acestei perioade de sfîrșit.

El spune: această epocă a sfîrșitului e caracterizată prin haos politic. Isus o exprimă astfel: „Un popor se va ridica împotriva altui popor și o împărăție împotriva altei împărății". Nu a mai existat încă niciodată o epocă în care diplomații să fi ținut atîtea conferințe costisitoare ca în timpul nostru. Şi încă n-a existat o perioadă în care să se facă atîta înarmare cu banii popoarelor ca în zilele noastre. Cu sumele investite în armamentul atomic s-ar putea construi oraşe şi astfel să se rezolve problema locuinţelor. În loc de asta se spune: Trebuie să ne înarmăm. Cel mai mic stat trebuie să aibă bombă atomică! Şi totuşi dorinţa de pace a popoarelor n-a fost nici cînd aşa de mare ca astăzi. Nimeni nu mai vrea război. Dar fiecare se înarmează nebuneşte. Prin asta se recunoaşte haosul politic al epocii sfîrşitului.

A doua caracteristică pe care o numeşte Isus e confuzia pe tărîm economic. Isus spune: „Vor fi foamete şi vremuri grele". Sînt destule alimente pentru ca toţi oamenii să se sature. Şi totuşi n-au existat niciodată atîţia economişti cu studii ca în zilele noastre. Încă niciodată n-a fost aşa de complexă economia mondială. Şi totuşi, după relatările ONU, se pare că mai mult de jumătate din populaţia globului suferă de foame. Oare într-o societate aşa de înalt civilizată ca a noastră, în care există atîtea bunuri, n-ar trebui ca oamenii să se poată sătura? Dar asta nu ne reuşeşte. Confuzia şi haosul economic cresc!

A treia caracteristică pe care o numeşte Isus pentru epoca sfîrşitului, în care oamenii nu mai fac faţă problemelor, e haosul religios. Isus o exprimă astfel: „Vor zice: Iată, aici e Cristos, acolo e Cristos!"

De curînd un tînăr mi-a spus: „Ce să mai cred? Sînt romano-catolici, greco-catolici, reformaţi, luterani, uniţi, metodişti, baptişti, armata salvării, penticostali, Martorii lui Iehova, islamism, budism, etc. Ce să cred atunci?" Eu am rîs şi am spus: „Tinere, nu-ţi pierde curajul! O să fie şi mai rău! Aşa o prezice Biblia!"

Aceasta e caracteristica epocii sfîrşitului. Pentru că oameii nu se mai orientează după Cuvîntul lui Dumnezeu, diavolul îi dezorientează. Iar Dumnezeu o îngăduie. „Aici e Cristos, acolo e Cristos!" Confuzia şi învălmăşeala religioasă e îngrozitoare. Cînd văd adesea cum aleargă oamenii din oraşele mari de la o senzaţie religioasă la alta, atunci mi se ridică părul în cap. Apropo, vreau să profit de ocazie şi să-ţi spun că nici un evanghelist nu te poate mîntui. Dacă nu-L găsești singur pe Mîntuitorul, atunci ești sortit pierzării veșnice!

Iar a patra caracteristică a epocii sfîrșitului este: poporul risipit al lui Israel este adunat din nou în Palestina. Pentru mine unul din semnele cele mai uluitoare ale apropierii sfîrșitului este existența statului Israel. Unii spun că nu e un semn. Dar cînd m-am oprit recent la granița elvețiană și am văzut în fața mea o mașină cu însemnele statului Israel, atunci a trebuit să mă gîndesc: „Se împlinesc promisiunile biblice! Numerele de mașină o proclamă!"

Tatăl meu mi-a povestit că în anul 1899 li s-a oferit evreilor ca pămînt de azil insula Madagascar. Însă evreii au spus: „Nu! Noi avem o promisiune: în țara părinților noștri!" Dar întreaga lume a fost de părere: „Așa ceva e cu neputință!" Astăzi însă există un stat Israel.

Epoca sfîrșitului e deci caracterizată prin aceea că omenirea, cu tot progresul, devine tot mai confuză și nu-și mai poate stăpîni problemele. Neputința omenească se vădește. Cît timp durează această epocă, nu vă pot spune. Biblia nu ne dă date. Ea însă ne îndeamnă: „Vegheați!" Pavel spune despre ucenicii lui Isus: „Noi nu sîntem din aceia care dorm, ci sîntem fii ai zilei și ai luminii".

Dar cînd această epocă de confuzie a ajuns la culme, atunci, înainte de revenirea lui Isus, e perioada Anticristului pe care o voi numi timpul sfîrșitului. Noi trăim încă de pe acum confuzia epocii sfîrșitului. Și această confuzie strigă după omul cel puternic! Lumea strigă deja acum după omul puternic! Iar cînd confuzia a ajuns la culme, atunci vine omul puternic și mare care se numește salvatorul lumii. El nu e Cristos, ci Anticristos.

Atunci urcă din mare, așa spune Biblia, un dictator și ia în mînă domnia asupra lumii. Noi îl numim Anticrist. Sub el lumea se va mai unifica odată. Această perioadă a istoriei e caracterizată prin încăpățînarea oamenilor. E ultima încercare a lumii de a se salva singură cu politică și programe economice. Biblia descrie fascinant această ultimă dictatură. Ea folosește în legătură cu aceasta o vorbire simbolică. Trebuie să capeți lumină de la Duhul Sfînt, ca s-o înțelegi. Vreau să vă spun cum vorbește Biblia despre Anticrist, acest ultim tiran. Văzătorul Ioan ne spune: „Şi am stătut pe nisipul mării". Dintr-odată se urcă din mare o fiară, o bestie monstruoasă cu multe capete, diademe şi un bot uriaş care huleşte mult. Cum să înţelegem această imagine impresionantă?

Marea este imaginea lumii popoarelor. Cine a fost pe mare ştie cît de neliniştită e, ba chiar că nu se linişteşte niciodată. La fel nici lumea popoarelor nu se linişteşte niciodată. Permanent e agitată. Ultimul salvator mondial urcă de aici. Toţi marii politicieni din ultimele decenii au apărut pe scenă ca nişte salvatori. Ei toţi au urcat din marea popoarelor: micul corsican Napoleon, micul caporal din primul război mondial Adolf Hitler, cizmarul Stalin. Toţi sînt predecesori ai Anticristului. Ei vin de jos. Iar poporul exclamă fericit: „Unul din ai noştri!" Dar Mîntuitorul meu Isus Cristos nu vine din marea popoarelor, ci din lumea lui Dumnezeu. El e Fiul Dumnezeului celui viu!

Anticristul e numit fiară. Ce să însemne aceasta? Despre oameni se spune în Biblie: „Dumnezeu l-a făcut pe om după chipul Său..." Cu cît mă întorc mai mult spre Dumnezeu, cu atît mai uman devin. Cu cît întoarce omul mai mult spatele lui Dumnezeu, cu atît mai bestial devine. Marele duşman al creştinismului, Nietzsche, spune: „Cel mai nobil om e bestia cea mai blondă". El a înţeles asta. Anticristul va fi un om care se va fi lepădat total de Dumnezeu. El Îi va fi întors spatele şi este de aceea fiara fără inimă.

El este un animal „cu multe capete". Ce vrea asta să însemne? Asta vrea să spună că el nu e prost! Oamenii vor spune: „Are materie cenuşie!" El are şi un „bot de leu". Asta înseamnă: el va umple lumea cu propagandă. Am avut deja o senzaţie a acestui „botişor de leu" cînd l-am auzit urlînd în toate difuzoarele. O, pot să-mi închipui nivelajul făcut de propaganda nebună atunci cînd va veni Anticristul! Şi ea va cunoaşte succes deplin, această ultimă încercare a omului de a salva lumea fără Mîntuitorul lui, Domnul Isus, deci fără pocăinţă şi convertire. Şi toate problemele vor fi rezolvate. Vor fi rezolvate problemele politice, deoarece Anticristul crează o împărăție mondială. Și problemele economice sînt rezolvate. Toți primesc cartele de alimente. Vor fi rezolvate și problemele religioase. „Eu sînt salvatorul lumii", spune Anticristul, „deci mie să vă în-chinați!"

E neliniștitor să vedem cu cîtă repeziciune ne îndreptăm spre acest timp al sfîrșitului.

În timpul acestei perioade de sfîrșit, lumea întreagă va fi supusă Anticristului. Numai creștinii vor spune: „Noi nu ne închinăm!" Fiecare trebuie să poarte un semn pe frunte. Dar creștinii vor spune: „Nu! Noi avem un Mîntuitor - și acesta e Isus!" Și apoi urmează o persecuție. Există un cuvînt în Biblie care sună astfel: „Cine nu primește acest semn... acela nu poate nici să vîndă, nici să cumpere". Cu privire la aceasta, un exeget din Suabia pe nume Auberlen scria acum 150 de ani: „Nu înțelegem prea bine sensul acestor cuvinte, dar cînd vine clipa, împrejurările vor clarifica ideile". Și noi înțelegem deja aceasta, căci cunoaștem deja cîteva regimuri totalitare. Noi știm ce înseamnă aceasta. Un asemenea om nu mai capătă permis de ședere, cartelă de pîine, loc de muncă. El poate să creadă ce vrea. Dar e fără țară și fără drepturi. Și asta se întîmplă deja sub ochii noștri.

Cînd am citit aceasta, am fost zguduit și mi-am zis: „Și cînd te gîndești că există oameni care cred că Biblia este depășită. Nu, Biblia nu e depășită. Ci ideologiile noastre sînt demodate. Biblia ne călăuzește în viitor". Anticristul va tolera totul, în afară de mărturia adusă adevăratului Salvator și Eliberator, Domnul Isus Cristos. De aceea va exista încă o dată o mare persecuție a creștinilor.

Am povestit odată copiilor mei despre aceste lucruri. Atunci fata mea cea mică a început să plîngă. „Copilă", am întrebat-o eu, „de ce plîngi?" „Asta poate să se întîmple în orice zi", a răspuns ea suspinînd. „Da", am spus eu, „poate!" „Și ce se va întîmpla dacă nu voi putea rămîne credincioasă Domnului?" Atunci i-am explicat: „Asta ar fi groaznic. Dar tu ai nevoie de un singur lucru: să rămîi doar astăzi strîns legată de El!"

Acest timp al sfîrșitului poate să vină peste noi începînd

cu ziua de mîine. Atunci nu mai avem nici o şansă să-L găsim pe Isus. Atunci nu se mai ţin servicii religioase. Atunci clopotele vor fi topite şi prelucrate în statui spre slava Anticristului. Atunci se vor face muzee din biserici, în care vor fi expuse fotografii din vremea tinereţii Anticristului. Oamenii vor cere atunci în zadar un cuvînt de mîngăiere. Dar pentru că au respins pe singurul Mîngăietor, pe Isus, altul nu mai există. Am citit în profetul Ieremia: „Pentru că M-aţi lepădat, vorbeşte Domnul, nu mai este pentru voi nici un mîngăietor". Omul este atunci în toată nemîngăierea şi disperarea lui la discreţia oamenilor. Eu cred că creştinii se pot socoti fericiţi chiar dacă ar trebui să moară. Ei au un Mîngăietor în această perioadă groaznică!

Am fost mişcat citind cuvîntul lui Isus: „Oamenii îşi vor da sufletul de groază, în aşteptarea lucrurilor care au să se întîmple pe pămînt". Iar Apocalipsa lui Ioan spune: Anticristul va umple lumea cu muzică de fanfară şi cu steaguri. M-am gîndit: „Cum să împaci aceste două afirmaţii? Pe de o parte se vorbeşte despre teamă şi aşteptare, şi apoi totuşi de succese mari". De cînd am trăit însă anul 1933, ştiu că lumea poate fi plină de urale, muzică de fanfară şi steaguri - şi totuşi plină de teamă şi de aşteptarea lucrurilor care au să vină.

Dar cînd Anticristul se află în culmea puterii lui, cînd triumfă şi crede că a terminat-o cu Isus Cristos, atunci intervine Dumnezeu: Isus vine iarăşi în slavă! Despre Anticrist nu se mai spune mare lucru, căci Isus îl va nimici cu suflarea gurii Sale!

Cu cît mai întunecate vor deveni vremurile, cu cît se precizează mai mult contururile înspăimîntătoare ale confuziei omenirii şi ale domniei Anticristului, cu atît mai mult vor ridica capul oamenii care citesc Biblia. Ei aşteaptă reîntoarcerea lui Isus!

### 3. Ce se întîmplă după revenirea lui Isus

Şi aici Biblia nu trasează decît liniile mari. Ea spune mai întîi că Isus va domni o mie de ani pe acest pămînt ca Împărat. Probabil că şi aceasta e tot o vorbire simbolică şi înseamnă că Isus va domni o perioadă lungă. Eu cred că totul e logic. Mai întîi survine dezvăluirea confuziei omenești. Apoi urmează ultima încercare a încăpățînării omului de a salva lumea. Și apoi trebuie să domnească Împăratul meu! Și El poate să domnească! Mergeți numai în căminele unde domnește Isus. Da, există și azi cămine unde domnește Isus. Încă de la intrare veți simți: „Aici e o altă atmosferă!"

Am cunoscut odată o tînără pereche. Într-o zi el a venit la mine și mi-a spus: „Aș vrea să capitulez înaintea lui Dumnezeu. Pînă acum am fost un ateu. Am vorbit public împotriva Lui. Acum nu mai pot". Și apoi s-a descărcat. Mi-a mărturisit eșecul căsniciei lui. El spunea: „Vroiam să arăt lumii că și fără Dumnezeu poate exista o căsnicie fericită". Și acum totul se dusese de rîpă. Lîngă cadavrul primului lor copil s-au bătut. Și acum el recunoștea: „Dumnezeu este împotriva noastră. Ridic steagul alb". Înmormîntarea copilului pe care am ținut-o atunci a fost tulburătoare. Aici sicriul copilului. Într-o parte bărbatul cu ceata lui. În cealaltă parte tînăra femeie drăguță, strîngînd din dinți, cu anturajul ei. Două lumi, două partide - și între ei copilul mort. A durat apoi mai mult decît un an pînă ce femeia a ajuns la credința în Domnul Isus. Nu uit cum mi-a scris într-o dimineață de Paști: „A înviat și în inima mea!" Apoi s-au căsătorit - trăiau în concubinaj. Și acum au început din nou de la zero. Erau oameni independenți și inteligenți. Dar acum trăiau într-o armonie minunată. Soțul mi-a explicat într-o zi cum s-a făcut asta: „Vedeți: la noi altădată totul mergea prost". „Și acum de ce merge bine?" El a răspuns strălucind: „Pentru că acum Isus conduce la noi! Acum nu mai spune nevasta mea: ‚Eu conduc'. Și eu nu mai spun: ‚Eu conduc!', ci acum întrebăm: ce vrea Isus? Și atunci merge!" Atunci m-am gîndit: dacă Isus conduce deja aici în cămine așa de frumos, de bine, de minunat, ce va fi atunci cînd va fi El Împărat pe pămînt! Această Împărăție de o mie de ani va fi ceva minunat! Știți, Isus e Împărat! „O ce zi măreață/ Isus Cristos ca soare!"

După ce Isus a domnit, această omenire fericită este

pusă încă o dată la probă, dacă inimile sînt într-adevăr transformate. Diavolul va fi dezlegat, și atunci se va arăta că inima omului nu s-a schimbat în fond, și că omenirea a rămas aceeași. Biblia arată că va mai fi o ultimă revoltă împotriva lui Dumnezeu. Și apoi vine sfîrșitul lumii. Sistemul solar se va dezintegra. Cerul și pămîntul vor trece. Și apoi se spune: „Apoi am văzut un scaun de domnie mare și alb, și pe Cel ce ședea pe el. Și am văzut pe morți, mari și mici, stînd în picioare înaintea lui Dumnezeu. Niște cărți au fost deschise. Oricine n-a fost găsit scris în cartea vieții, a fost aruncat în iazul cu foc".

M-a întrebat cineva odată: „Cine stă atunci pe tron, dacă totul a trecut?" I-am răspuns: „Nu-ți fă griji de asta. Îngrijește-te mai degrabă de felul cum vei sta în fața acestui tron". Cineva poate să se piardă. Eu aș vrea mai degrabă ca acest adevăr groaznic să nu existe în Biblie. Dar în viața noastră există această posibilitate înspăimîntătoare: Noi putem fi pierduți pe veci!

Trebuie să vă spun aici o istorioară. Într-un castel scoțian s-a dat o recepție. Discuția a ajuns la creștinism. Invitații erau așezați în jurul căminului unde ardea un foc mare. Atunci un domn bătrîn și foarte elegant, adresîndu-se stăpînei casei, a spus: „Deduc din cuvintele dvs. că sînteți creștină. Credeți sincer tot ce scrie în Biblie?" „Da!" „Că morții înviază?" „Da!" „Și că toți vom fi judecați?" „Da!" „Și că cine nu e găsit scris în cartea vieții va ajunge în iad?" „Da, cred!" Atunci omul se scoală și traversează sala. Într-un colț este o colivie cu un papagal cu pene ondulate. El ia papagalul din colivie, se duce spre cămin și face o mișcare de parcă ar vrea să arunce pasărea în foc. Speriată, doamna îl apucă de braț și spune: „Ce faceți? Biata pasăre!" Atunci domnul rîde: „Vedeți, doamnă, vă e milă de pasărea aceasta. Și Cel pe care Îl numiți Dumnezeul dragostei ar arunca milioane de ființe în iad? Ciudată dragoste mai e și asta!" O clipă domnește tăcerea, apoi doamna spune: „Vă înșelați! Dumnezeu nu aruncă pe nimeni în iad. Noi înșine alergăm într-acolo. Dumnezeu vrea ca toți oamenii să fie mîntuiți, salvați!"

Biblia ne arată referitor la judecata lumii un tablou

zguduitor. Vedem scaunul de judecată al lui Dumnezeu: „Şi am văzut pe morţi, mari şi mici, stînd în picioare înaintea lui Dumnezeu“.

Cum respinge omul cu toată puterea acest mesaj al judecăţii! „Aceasta nu-i adevărat!“ Unul dintre tinerii mei prieteni a fost întrebat la fabrică de un coleg: „Crezi cu adevărat în Judecata de apoi?“ „Da, cred“. Celălalt şi-a bătut joc: „Fii atent! Cîţi oameni trăiesc acum pe pămînt? Şi cîţi au trăit pînă astăzi? Şi acum imaginează-ţi că fiecare din ei trebuie să fie judecat. Cît timp o să dureze?!“ La asta tînărul i-a răspuns: „Cînd o să vină acel ceas, vom avea tot timpul, pentru că nu vom mai avea altceva de făcut“.

Da, Dumnezeu are şi atunci timp pentru noi. Aici Dumnezeu ne arată pentru ultima oară că ne ia în serios cînd ne judecă pe fiecare în parte. Dumnezeu ne-a arătat că ne ia în serios cînd Fiul Său a murit pentru noi. Iar dacă tu nu-ţi iei viaţa în serios şi o iroseşti în păcat şi uşurătate, - Dumnezeu te ia în serios! Aceasta se va arăta în ziua judecăţii!

Istoria despre viitor din Biblie se încheie astfel: „Apoi am văzut un cer nou şi un pămînt nou, în care locuieşte neprihănirea“. Şi apoi Biblia ne zugrăveşte această lume nouă în culori suprarealiste care scot în evidenţă un singur lucru: Dumnezeu Şi-a atins scopul. Şi cei care se află în cartea vieţii, populează lumea cea nouă şi vor fi asemenea Lui, asemenea Fiului lui Dumnezeu! O lume fără poliţie, fără închisori, fără păcat, fără moarte, fără judecată, fără Satana, fără război, fără durere! Tu însuţi trebuie să citeşti aceste minunate capitole, Apocalipsa 21 şi 22. Sînt imagini suprarealiste, care ne depăşesc înţelegerea, căci noi nu cunoaştem decît lumea păcatului, a morţii şi a suferinţei! Eu aş vrea să fiu în această lume nouă a lui Dumnezeu! Tu nu?

**4. Ori - ori!**

Aş vrea acum să trag o concluzie la ceea ce v-am zis. Vedeţi: cu cît studiez mai mult acest tablou de sfîrşit al Bibliei, cu atît sînt frapat de faptul că la sfîrşit vor exista numai două feluri de oameni: salvați și pierduți. Iar dacă spui: „Mai nimeni în lume nu se preocupă de Isus!", atunci pot să-ți răspund: „Pot să fie foarte mulți pierduți!" Părinții noștri s-au rugat cu privire la Împărăția lui Dumnezeu: „De nu sînt mulți cei ce intră/ Ajută-mă să mă aflu printre cei puțini!" La sfîrșit există numai salvați și pierduți! Aici aș vrea să mai adaug ceva:

Mai întîi un cuvînt despre cei pierduți. Prietenul meu Paul Humburg a povestit odată: „Am avut un vis. Era în ziua judecății. Am auzit pe Isus spunînd celor pierduți: ‚Plecați de la Mine, blestemaților!' Așa scrie în Biblie! Și eu i-am văzut plecînd cu capul plecat, speriați, deznădăjduiți. Apoi am observat cum unul din ei îl întreba pe celălalt: ‚Ai văzut și tu?' ‚Da!' a răspuns acela, ‚și eu am văzut: mîna care ne-a respins era străpunsă! Ea a fost străpunsă la cruce și pentru noi, dar noi nu am ținut seama de ea. Iar acum sîntem pe drept pierduți!'"

Auzi: El a murit și pentru tine! E absolut indiferent dacă crezi sau ești ateu, dar trebuie să știi: Isus a murit pentru tine! Vino acum la acest Domn! Iar dacă spui: „Sînt păcătos!" atunci pot numai să-ți răspund: „El caută tocmai pe păcătoși! Ori, păcătoși sîntem toți!" Iar dacă spune cineva că e perfect, atunci minte de îngheață apele și e la fel de pierdut ca acela care spune că nu are nevoie de Mîntuitor! Ei sînt așa de pierduți că nici nu-și dau seama că sînt pierduți!

Și acum un cuvînt pentru cei salvați. Vedeți: în descrierea Bibliei despre lumea viitoare se spune că noua capitală Ierusalim are douăsprezece pietre scumpe ca temelie. Și pe aceste pietre scumpe stau numele celor doisprezece apostoli, martorii Evangheliei. Am încercat să-mi imaginez asta. Pe una „Petru", apoi „Ioan", „Iacov" iar pe alta scrie „Matei". Știți de unde provenea Matei? El era un traficant teribil, un specialist al pieții negre și al escrocheriei. Într-o zi, pe cînd sta să-și facă ocupația lui murdară, Isus trece pe lîngă el și-i spune să-L urmeze. Și atunci Levi, cum se numea el înainte, lasă totul baltă și merge după Isus. El vede apoi pe Mîntuitorul murind pentru el, și după aceea înviat și reîntors în lumea Lui invizibilă. El

Îl vede trimiţînd Duhul Sfînt.

Mai tîrziu prietenii lui îi spun: „Ai petrecut atîtea lucruri cînd erai cu Isus, de ce nu le scrii?" Şi asta a şi făcut. Aşa a apărut Evanghelia după Matei, pe care o avem în Biblie şi prin care milioane de oameni au găsit pe Isus. Noul lui nume, Matei - numele acestei lichele pe care a salvat-o Isus - stă în lumea cea nouă pe un loc proeminent. Atît de mare e harul lui Isus Cristos! Cu atîta putere salvează el!

Şi acest har vrea acum să-şi înceapă în tine lucrarea. Nu te împotrivi! E vorba de mîntuirea ta - pentru acum şi pentru veşnicie!

## *La ce bun să trăiești cu Dumnezeu?*

Tema noastră sună: „La ce bun să trăiești cu Dumnezeu?" Am putea să întrebăm și: „Se merită să fii creștin?" Aici aș dori mai întîi să spun un cuvînt din Biblie. În Epistola către Efeseni se spune: „Binecuvîntat să fie Dumnezeu, Tatăl Domnului nostru Isus Cristos, care ne-a binecuvîntat cu tot felul de binecuvîntări duhovnicești, în locurile cerești, în Cristos". Acest cuvînt vorbește în chip minunat despre binecuvîntarea bogată pe care o au creștinii în Isus. Dar înainte de a intra în miezul subiectului, trebuie să vă explic mai întîi două chestiuni prealabile. Prima este:

### 1. Să trăiești cu Dumnezeu nu e o iluzie

Da, o viață cu Dumnezeu nu e o închipuire sau o iluzie! Asta aș vrea să vă fac clar.

Un pastor într-un mare oraș are tot felul de contacte interesante. Recent întîlnesc un tînăr și-i spun: „Prietene, ce-ar putea ieși din tine dacă viața ta ar aparține lui Dumnezeu!" „Ah, pastore Busch", spune el, „rămîneți totuși cu picioarele pe pămînt! Doar nu există Dumnezeu!" La asta îi răspund: „Asta-i o noutate pentru mine!" Atunci el spune: „Fiți atent! Știți, oamenii s-au simțit odinioară foarte neputincioși față de forțele naturii, și atunci și-au închipuit că ar exista forțe mai mari care i-ar putea ajuta. Le-au dat diferite nume: Alah, Dumnezeu, Jehova, Buda sau mai știu eu ce. Dar între timp au constatat că totul nu era decît închipuire și că cerul e gol!" Așa mi-a ținut tînărul un discurs frumos. Cînd a terminat, i-am răspuns: „Ah, dragul meu, tu nu-L cunoști pe Isus!" „Isus?" întreabă el. „Isus - Ăsta-i unul din mulții întemeietori de religii". „Te înșeli! Dă-mi voie să-ți spun cine e Isus. De cînd Îl cunosc pe Isus, știu că Dumnezeu e viu! Fără Isus n-am ști nimic despre Dumnezeu!" Și apoi i-am arătat clar cine-i Isus.

Cine este Isus? Aș vrea să vă fac și pe voi să înțelegeți, folosindu-mă de o ilustrație.

Vedeți: În viața mea am trecut prin multe. Am fost deseori în închisoare, nu pentru că aş fi furat linguri de argint, ci din pricina credinţei mele. În al treilea Reich naziştii nu iubeau un pastor de tineri ca mine, şi aşa m-au ferecat în temniţe groaznice. Una din detenţii am petrecut-o într-o închisoare deosebit de rea. Toată clădirea era din beton, iar zidurile erau aşa de subţiri, încît se auzea dacă dedesupt unul tuşea sau la etajul trei cineva cădea din pat. Eu şedeam într-o carceră foarte îngustă, cînd am auzit că în celula de alături fusese adus un nou deţinut, tot un prizonier al Gestapo-ului. Omul trebuie să fi fost pradă disperării. Prin zidul subţire îl auzeam noaptea plîngînd. Îl auzeam cum se răsucea în pat. Adesea puteam să aud hohote de plîns înăbuşite. E groaznic cînd plînge un bărbat. Peste zi nu aveam voie să stăm pe patul îngust de lemn. Apoi am remarcat cum se plimba încolo şi încoace, doi paşi jumătate încolo, doi paşi jumătate încoace - ca un animal în cuşcă. Uneori gemea. Iar eu aveam pacea lui Dumnezeu în celula mea! Şi cînd auzeam cît de disperat era omul de alături, mi-am zis: „Trebuie să ajung la el! Trebuie să vorbesc cu el! În fond sînt un duhovnic!“ Apoi l-am sunat pe gardian. A venit. Eu i-am spus: „Auziţi! Alături de mine este un om pradă disperării! Eu sînt pastor, daţi-mi voie să mă duc la el. Aş vrea să vorbesc cu el!“ Atunci el răspunde: „O să întreb“. După o oră se întoarce: „Nu e permis!“ Astfel, n-am văzut niciodată pe omul din celula vecină. Şi deşi era la un lat de palmă de mine, nu ştiu cum arăta, că era bătrîn sau tînăr. Eu am simţit doar groaznica lui deznădejde. Puteţi să vă închipuiţi asta? Stăteam uneori înapoia zidului care ne despărţea şi mă gîndeam: „De-aş putea dărîma zidul şi să ajung la el!“ Dar nu puteam să fac nici cea mai mică spărtură, chiar dacă aş fi avut un ciocan.

Şi acum fiţi atenţi! Într-o asemenea situaţie, în care eram eu pe atunci, Se găseşte Dumnezeul cel viu, Creatorul cerului şi al pămîntului. Noi sîntem închişi în această vizibilă lume tridimensională. Dumnezeu e foarte aproape. Biblia spune: „Tu mă înconjori pe dinapoi şi pe dinainte“. Dumnezeu e la un lat de palmă de noi. Dar între noi şi El este zidul unei alte dimensiuni. Şi iată că la

Dumnezeu ajunge toată jalea acestei lumi. El aude blestemele celor înăcriţi, plînsul inimilor singuratice, durerea celor care sînt în doliu, oftatul celor care suferă nedreptate. Toate acestea pătrund pînă la inima lui Dumnezeu, aşa cum a pătruns la mine deznădejdea omului din celula alăturată. Şi acum gîndiţi-vă: Dumnezeu a putut să facă ceea ce eu nu am putut: Dumnezeu a sfărîmat zidul de la mijloc care este între noi şi El şi a venit în lumea noastră văzută - în Fiul Său Isus! Înţelegeţi: în Isus, Fiul lui Dumnezeu, a venit El la noi, în toată mizeria şi durerea acestei lumi! Şi de cînd L-am cunoscut pe Isus, ştiu că Dumnezeu e viu. Obişnuiesc să spun: de cînd a venit Isus, ateismul nu e altceva decît neştiinţă.

Acum trebuie să vorbesc despre acest Isus. Eu aş povesti în conferinţele mele numai despre Isus, dar atunci serile ar fi prea scurte pentru o temă atît de vastă şi minunată. Deci: Isus S-a născut la Betleem, a crescut şi a devenit bărbat. În exterior nu se vedea nimic din slava divină, şi totuşi oamenii erau atraşi spre El. Ei simţeau: în El vine la noi dragostea şi harul lui Dumnezeu!

Ţara Canaanului, în care a trăit Isus pe atunci în sînul poporului Său, era ocupată de trupe străine, anume de romani. În oraşul Capernaum comandant era un căpitan roman, un sutaş. Ştiţi: romanii credeau în general în mai mulţi zei, dar de fapt în nici unul. Şi unul din robii acestui căpitan, pe care el îl iubea mult, cade grav bolnav. El adusese doctori, dar nici unul nu-l putuse ajuta. Atunci îşi dă seama că o să moară. Şi brusc îi vine o idee: „Am auzit povestindu-se atîtea despre acest Isus. Oare l-ar putea ajuta? Mă duc la El!“ Şi aşa omul acesta păgîn, complet necredincios, se duce la Isus şi-L roagă: „Doamne Isuse, robul meu e bolnav. Nu poţi să-l faci sănătos?“ „Ba da“, răspunde Isus. „O să merg cu tine!“ Atunci căpitanul zice: „Ah, nu-i nevoie să mergi cu mine. Eu cînd dau o poruncă, atunci se execută imediat. Tu nu ai nevoie decît să spui un cuvînt, şi robul meu e sănătos“. Cu alte cuvinte acest căpitan roman păgîn spune: „Tu poţi să faci imposibilul! Tu eşti Însuşi Dumnezeu!“ Atunci Isus Se întoarce şi spune mulţimii care-L urmează: „Nici în Israel n-am găsit o credință atît de mare!" Asta înseamnă: „O asemenea credință ca la acest ateu n-am găsit în toată Biserica". Înțelegeți: acest căpitan păgîn a priceput că Dumnezeu a venit la noi în acest Isus!

Tu trebuie să cunoști istoria despre Isus! Te rog fierbinte să-ți procuri un Nou Testament. Citește Evanghelia după Ioan, apoi celelalte Evanghelii etc. Sînt istorisiri minunate despre Isus! Nu cunosc nici o revistă ilustrată care să aibă așa istorii frumoase cum se află în Noul Testament.

Totuși Isus, Fiul lui Dumnezeu, n-a venit în lume numai ca să vindece pe un asemenea rob și să dovedească faptul că Dumnezeu există. El vroia mai mult. El a venit ca oamenii să primească pacea cu Dumnezeu!

Vedeți: între Dumnezeu și noi este nu numai zidul unei alte dimensiuni. Între Dumnezeu și tine, între Dumnezeu și mine se ridică și un cu totul alt zid. Și acesta e zidul vinei noastre, al păcatelor și greșelilor noastre! Ai mințit vreodată? Da? Atunci ai pus o piatră între Dumnezeu și tine! Ai trăit o zi fără Dumnezeu, fără să te rogi? Da? O altă piatră! Necurăție, adulter, furt, nesfințirea zilei de duminică, precum și miile de mărunțișuri, toate încălcările poruncilor: De fiecare dată am adăugat o piatră! Cum am colaborat toți la înălțarea acestui zid care desparte pe om de Dumnezeu! Dar Dumnezeu este un Dumnezeu sfînt! Înțelegeți: cînd spun „Dumnezeu", atunci apare imediat și problema păcatelor și a vinei mele. Această problemă trebuie să fie rezolvată! Dumnezeu ia foarte în serios orice păcat! Cunosc oameni care spun: „Cum trebuie să Se bucure Dumnezeu că eu cred încă în El!" Dar asta nu ajunge! Și „dracii cred în Dumnezeu!" Ei nu sînt atei. Ei știu foarte bine că Dumnezeu există. Dar ei nu au pace cu Dumnezeu! Pace cu Dumnezeu am doar atunci cînd zidul păcatelor și greșelilor mele dintre Dumnezeu și mine e dărîmat. Și pentru aceasta a venit Isus! Pentru aceasta S-a lăsat omorît pentru noi pe cruce! El știa: cineva trebuie să poarte osînda Dumnezeului celui sfînt asupra păcatelor - fie oamenii, fie Eu. Înțelegeți, fie Wilhelm Busch, fie Isus! Și atunci El, Fiul nevinovat al Dumnezeului celui viu, Isus Cristos, a purtat osînda mea! Și de asemenea osînda ta!

Aş vrea acum să-ţi zugrăvesc înaintea ochilor pe Domnul Isus pe cruce. Pentru mine este cel mai scump tablou din lume. Acolo atîrnă Cel prin care Dumnezeu a nimicit zidul care ne despărţea de El ca să vină în lumea aceasta de mizerie. Acolo e pironit Cel despre care se spune în Biblie: „Dumnezeu a aruncat toate păcatele noastre asupra Lui". El poartă pe umeri într-un fel toate pietrele păcatelor noastre! Acolo atîrnă Cel care face ceea ce nici unul din noi nu poate face: El îndepărtează pietrele păcatelor noastre! Tu însuţi trebuie s-o citeşti în Biblie! Acolo pe cruce devine realitate profeţia lui Isaia: „Pedeapsa, care ne dă pacea, a căzut peste El".

Aş vrea să vă explic şi altfel: Am un prieten drag în Elveţia, cu care am făcut călătorii minunate. Oriunde am fi mîncat de amiază, trebuia apoi să plătim costul mesei. Şi atunci ziceam: „Unul trebuie să plătească! Cine are portmoneul cel mai bine garnisit?" Răspunsul era clar. Eu puteam să spun prietenului meu: „Hans, plăteşte tu acum!" Dar înţelegeţi: cineva trebuie să plătească! Pentru vina noastră înaintea lui Dumnezeu, pentru păcatele şi fărădelegile noastre, trebuie cineva să plătească! Fie crezi în Isus, care a plătit pentru tine - fie trebuie să plăteşti tu însuţi odată! Vedeţi, de aceea este Isus aşa de important pentru mine! Eu mă prind de El, căci a plătit pentru mine!

Şi acum acest Isus nu a rămas în moarte. Nu! Şi aceasta e minunat! Trei zile după moartea lui Isus un om a stat într-o adîncă meditaţie. El se întreabă: „Ei, de fapt ce este cu Isus? Acum e mort. Am văzut cum L-au pus în mormînt şi au rostogolit o piatră grea la gura mormîntului. Era El Fiul lui Dumnezeu, sau nu?" Omul se numea Toma. Şi în timp ce se tot întreba: „De fapt ce este cu Isus?" atunci vin dintr-odată prietenii lui, plini de bucurie: „A înviat Domnul! Ce faci mutra asta de înmormîntare? E viu!" „Cine a înviat?" „Isus!" „Asta nu se poate!" „Ba da, am văzut mormîntul gol, putem să jurăm! Şi apoi, L-am întîlnit!" „Se poate oare aşa ceva", se gîndeşte Toma, „ca cineva să învieze din morţi? Dacă asta-i adevărat, atunci El e Fiul lui Dumnezeu, atunci Dumnezeu S-a pronunțat pentru El!" Dar Toma e sceptic: „De atîtea ori am fost înșelat în viața mea. Eu nu mai cred dacă nu văd!" Pe drum încoace, o conductoare de tren cu care am discutat despre Isus mi-a spus: „Eu cred numai ce văd!" Cam așa a gîndit și Toma. Și apoi el explică celorlalți: „Dacă nu voi vedea în mîinile Lui semnul cuielor, și dacă nu voi pune degetul meu în semnul cuielor, și dacă nu voi pune mîna mea în coasta Lui, nu voi crede". Orice ar fi spus ucenicii, Toma repeta mereu: „Nu cred". După opt zile se află iarăși laolaltă cu prietenii lui. Și dintr-odată apare Isus. „Pace vouă!" Și întorcîndu-Se spre Toma îi spune: „Adu-ți degetul încoace, și uită-te la mîinile Mele; și adu-ți mîna, și pune-o în coasta Mea; și nu fii necredincios, ci credincios". Atunci bietul îndoielnic cade în genunchi și strigă: „Doamne Isuse, Domnul meu și Dumnezeul Meu!"

Înțelegeți acum de ce spun că a trăi cu Dumnezeu nu e o închipuire! Dumnezeu nu e ceva vag: „Trebuie să fie pe undeva un Dumnezeu, dar cum este El, asta nu se știe." Nu! Ci: că există o viață cu Dumnezeu se bazează pe faptul că Fiul lui Dumnezeu a venit, a murit pentru mine și a înviat din morți. De aceea pot să am acum informații foarte precise despre Dumnezeu.

Deci, una din chestiunile prealabile la subiectul nostru: „La ce bun să trăiești cu Dumnezeu?" sună: o viață cu Dumnezeu nu e o închipuire, o iluzie!

Și acum vreau să răspund la a doua chestiune prealabilă, anume la întrebarea:

**2. Ce trebuie să facem pentru a trăi cu Dumnezeu?**

Ah, de cîte ori mi-au spus oamenii: „Pastore Busch, de fapt sînteți un om fericit. Dvs. aveți ceea ce eu nu am". La aceasta eu răspund: „Nu vorbiți prostii! Aceasta o puteți avea și dvs.! Isus e și pentru dvs. aici". Și apoi venea întrebarea: „Da, dar ce trebuie să fac ca să trăiesc cu Dumnezeu?" La aceasta Biblia răspunde foarte clar: „Crede în Domnul Isus Cristos!"

De te-aș putea conduce și pe tine la această credință!

Dar trebuie mai întîi să explic ce înseamnă de fapt „a crede“. Unii oameni au o noțiune complet falsă despre credință. Unul se uită la ceas și spune: „Acum este exact 7,20. Aceasta o știu cu precizie“. Altul, care nu are ceas, spune: „Cred că e 7,20“. Și oamenii socotesc că a crede este un asemenea lucru nesigur. Nu-i așa? Ce înseamnă „a crede“ cînd spune Biblia: „Crede în Domnul Isus Cristos!“? Aș vrea să vă explic printr-o experiență.

Am ținut odată conferințe în Oslo, capitala Norvegiei. Într-o sîmbătă după-amiaza am vrut să iau avionul ca să mă întorc în țară, deoarece urma să predic deja ziua următoare într-o mare adunare din Wuppertal. De la sosirea mea la aeroport, lucrurile au început să meargă pe dos. Avionul avea o oră întîrziere din cauza ceții. În sfîrșit am decolat în direcția Copenhaga, unde urma să schimbăm avionul. Cînd ne aflam deasupra Copenhagăi, deodată pilotul a sucit volanul și a luat-o spre Suedia. Prin difuzoare ne-a anunțat că orașul Copenhaga se află complet în ceață, astfel că nu puteam ateriza acolo. Așa se face că acum zburam spre Malmo. Eu nu vroiam să merg la Malmo în Suedia. Ce să fac acolo? Eu vroiam să ajung la Düsseldorf! Trebuia să predic doar la Wuppertal! În cele din urmă am ajuns la Malmo. Acolo am văzut că aeroportul era plin de oameni. Avioanele continuau să sosească, aeroportul acesta fiind singurul în toată regiunea care să nu fie în ceață. Cum Malmo nu dispunea decît de instalații reduse, nu mai exista nici un singur loc de șezut în tot aeroportul. Eu mă împrietenisem cu un negustor austriac. Ne întrebam: „Ce se va întîmpla? Aici trebuie să stăm în picioare pînă mîine dimineață! N-o să ne mai putem ține pe picioare!“ Toată lumea înjura, întreba, bombănea și vocifera, ca totdeauna în asemenea împrejurări. Deodată am auzit prin difuzoare: „Pleacă acum un avion spre sud. Nu știm dacă el va putea ajunge la Hamburg, Düsseldorf sau Frankfurt. Dar cine vrea să ajungă în sud poate să urce!“ Aceasta a fost o chestiune nesigură. Lîngă noi strigă imediat o femeie: „Aici nu mă urc! Mi-e frică!“ Eu spun: „Doamnă dragă, nici nu trebuie să o faceți, rămîneți afară!“ Și austriacul meu spune: „Un zbor în ceață! Și nici nu știi unde o să aterizezi!" În acest moment cînd femeia asta urlă și austriacul mă face nesigur, trece pilotul în uniforma lui albastră pe lîngă mine. Îi văd fața: o față plină de seriozitate, concentrat la maxim. Poți observa la el că își știe responsabilitatea. Pentru el aceasta nu e o joacă. Atunci îi spun prietenului meu austriac: „În acest om putem să ne încredem, nu este un om ușuratic!" Și atunci ne-am urcat! Din clipa în care ne-am urcat, de cînd am luat ultimul picior de pe pămînt și cînd s-a închis ușa avionului, am fost dați în mîna acestui om. Dar noi am avut încredere. Eu i-am încredințat viața mea. Noi am aterizat în Frankfurt, și a mai durat toată noaptea pînă am fost acasă. Dar am ajuns la țintă! Și aceasta înseamnă „a crede"! A crede înseamnă să te încrezi în cineva.

Cum ajung să trăiesc cu Dumnezeu? „Crede în Domnul Isus Cristos". Aș vrea să spun astfel: „Urcă-te la Isus Cristos!" Înțelegeți: cînd m-am urcat în avion aveam sentimentul că austriacul meu ar fi rămas bucuros cu un picior pe aeroport și cu celălalt în avion. Dar aceasta e cu neputință! El putea să rămîmă afară - sau să se încredințeze cu totul pilotului! Așa este și cu Isus. Tu nu poți trăi cu un picior fără Isus și cu celălalt să te urci la El. Deci: Asta-i cu neputință! Crede în Domnul Isus, o viață cu Dumnezeu e posibilă, doar cînd risc totul cu El. Eu trebuie să-I spun: „Ia-mi viața, Tu Isuse/ Ție Ți-o predau pe veci".

Și acum vă întreb: c'ui aș putea să mă încredințez mai bine decît Fiului lui Dumnezeu? Nici un om din lume nu a făcut atît de mult pentru mine ca Isus! El m-a iubit atît de mult încît a murit pentru mine. Și pentru tine! Așa ca El nu ne-a iubit nimeni. Și El a înviat din morți. Să nu-I încredințez viața mea Lui, Celui care a înviat din morți? Sîntem nebuni dacă nu o facem! În clipa însă, cînd Îi dau viața mea lui Isus, am intrat în viață cu Dumnezeu. Există un verset de cîntare, care îmi este foarte drag: „Cui altuia să mă predau/ O Împărat, care pe cruce ai murit?/ Ție îți dăruiesc viața și sîngele/ toată inima-mi Ți se revarsă./ Ție-Ți jur pe drapelul crucii/ ca luptător și ca supus.“ Ah, de-ai vrea să vorbești și tu așa!

Acum, după ce am spus toate acestea, trebuie să mai fac un mic adaus. Dacă vrei să-ți dai viața lui Isus și să urci la El, dacă vrei să te încredințezi Lui, atunci spune-I-o. El e aici. El e lîngă tine! El te aude! Spune-I: „Doamne Isuse, Îți dau viața mea!“ În ziua cînd am pus capăt necredinței și vieții mele stricate, cînd m-am întors la Isus și L-am primit, atunci m-am rugat: „Doamne Isuse, acum îți dau viața mea. Nu pot să-Ți promit că o să mă fac bun. Pentru aceasta trebuie să-mi dai o altă inimă. Eu am un caracter rău, dar ceea ce sînt Îți dau totul Ție. Fă ce vrei din mine!“ Acesta a fost ceasul din viața mea cînd m-am urcat cu amîndouă picioarele la Isus și am dat volanul vieții mele în mîna Aceluia care ne-a răscumpărat cu sîngele Său.

Dacă vrei să progresezi în această viață cu Dumnezeu atunci, cum am repetat adeseori, trebuie să-ți pui pe inimă trei lucruri: Cuvîntul lui Dumnezeu, rugăciunea și părtășia.

Vezi, tu nu poți să aparții lui Isus și apoi să nu mai auzi nimic despre El. Trebuie să ai o Biblie sau un Nou Testament și în fiecare zi să citești foarte liniștit un sfert de oră în ea. Ceea ce nu înțelegi lasă așa cum este, nu insista asupra chestiunii. Dar cu cît citești mai des, cu atît mai mult se va lumina textul și vei vedea măreția lui Dumnezeu. Inima mea devine largă de bucurie la gîndul că aparțin acestui Mîntuitor minunat și că am privilegiul să-L vestesc. Nu numai că poți avea viață din Dumnezeu, ci poți să dai din ea și mai departe.

După Cuvîntul lui Dumnezeu vine rugăciunea. Isus te aude! Nu e nevoie să-I ții cuvîntări frumoase. Ajunge, dacă ești gospodină, să spui: „Doamne Isuse! Azi e o zi mai rea; soțul meu e prost dispus, copiii nu ascultă, am rufe de spălat, îmi lipsesc zece mărci. Doamne Isuse, Îți aduc toate necazurile mele și Ți le predau Ție. Fă ca inima mea să fie plină de bucurie pentru că am viață din Dumnezeu! Și ajută-mă să trec cu bine prin toate! Doamne Isuse, Îți mulțumesc că pot să mă încred total în Tine!“ Înțelegeți: eu pot să-I spun lui Isus tot ce am pe inimă.

Şi-L pot şi ruga: „Doamne Isuse, fă ca să Te cunosc mai bine şi să-Ţi aparţin tot mai mult!“

Al treilea lucru care aparţine unei vieţi cu Dumnezeu este părtăşia. Deci: ne strîngem laolaltă cu cei care vor să aparţină şi ei lui Isus. Deunăzi cineva mi-a spus: „Eu vreau să cred, dar nu înaintez!“ Atunci l-am sfătuit: „Ai nevoie de contact cu alţi credincioşi!“ La aceasta a obiectat: „Dar ei nu îmi sînt simpatici!“ „Da“, i-am răspuns eu, „atunci nu mai e nimic de făcut. Dacă vrei să fii în ceruri cu ei, atunci trebuie să o exersezi deja de aici de pe pămînt. Dumnezeu nu poate ciopli creştini speciali pentru tine.“

Tînăr fiind, am cunoscut un director de bancă din Frankfurt, un domn în vîrstă care îmi povestise mult din anii lui de tinereţe. Cînd şi-a luat bacalaureatul, tatăl lui îi spusese: „Iată atîţia şi atîţia bani, şi acum poţi să faci o excursie prin toate capitalele Europei.“ Închipuiţi-vă: un băiat de 18 ani primeşte o asemenea ofertă. V-ar place şi vouă, nu? Bătrînul domn îmi relata: „Ştiam că acum nu îmi era greu ca să mă afund în păcat şi ruşine în marile oraşe. Dar eu vroiam să fiu al lui Isus. De aceea am pus şi Noul Testament în bagaj. Şi în fiecare zi, înainte de a ieşi din cameră din hotel, vroiam să fi auzit glasul lui Isus şi să fi vorbit cu El. Şi oriunde mă duceam, vroiam să caut creştini. Am întîlnit pretutindeni ucenici ai lui Isus: în Lisabona, în Madrid, în Londra, în... Cel mai greu a fost în Paris. Acolo am întrebat în dreapta şi în stînga după vreunul, care aparţinea şi el lui Isus. În cele din urmă am fost îndrumat spre un cizmar: ‚Acela citeşte Biblia!‘“ Şi atunci distinsul tînăr a coborît treptele spre atelierul cizmarului şi l-a întrebat: „Îl cunoaşteţi pe Isus?“ Ca răspuns ochii cizmarului au strălucit. Atunci tînărul i-a spus: „Pot să vin în fiecare dimineaţă la dvs, ca să ne putem ruga împreună?“ Aşa de importantă era pentru el al treilea lucru, părtăşia cu cei care doreau cu seriozitate să fie creştini.

Aceasta am vrut să clarific mai întîi: o viaţă cu Dumnezeu nu e o iluzie, de cînd a venit Isus. Şi: cum primesc eu o viaţă cu Dumnezeu? „Crede în Domnul Isus!“ Şi ajung acum la întrebarea care constituie însăşi tema noastră propriu-zisă:

### 3. Ce ai de la o viaţă trăită cu Dumnezeu?

Prieteni dragi, dacă aş vrea să vă descriu tot ce se poate avea dintr-o viaţă cu Dumnezeu şi din părtăşia cu Isus, n-aş mai termina pînă la Crăciun şi nici atunci n-aş fi gata! Atît de mult poţi avea.

Nu uit niciodată ce mi-a spus tatăl meu chiar înainte de a muri la vîrsta de 53 de ani - era unul din ultimele sale cuvinte - „Wilhelm, spune tuturor prietenilor şi cunoscuţilor mei cît de fericit m-a făcut Isus şi cum m-a mîntuit - în viaţă şi în moarte!“ Ştiţi, cînd cineva se află în agonie, atunci nu se mai laudă, nu mai vorbeşte ca să se afle în treabă. Iar dacă cineva spune în ultimele răsuflări: „Cît de fericit m-a făcut Isus - în viaţă şi în moarte“, credeţi-mă, aceasta îţi atinge cele mai profunde coarde ale sufletului. Însă cum vei reacţiona tu pe patul de moarte?

Cînd eram încă tînăr pastor, în ţinutul Ruhr-ului s-a petrecut o scenă frumoasă: fusese organizată o mare adunare, în cursul căreia un om foarte cultivat ţinuse un discurs de două ore ca să dovedească că nu există Dumnezeu. El îşi etalase toată erudiţia. Sala era plină de oameni şi de fum de ţigară. Aplauzele izbucneau din toate părţile: „Ura! Nu există! Putem face tot ce vrem!“ Cînd vorbitorul a terminat, cel care prezida adunarea s-a ridicat spunînd: „Dezbaterea este deschisă. Cei care vor să ia cuvîntul să se anunţe!“ Desigur că nimeni nu mai avea curajul s-o facă. Fiecare îşi zicea: „Pe un om aşa de învăţat nu-l poţi contrazice.“ Desigur că erau mulţi acolo care nu erau de acord, dar cine avea curajul să se urce pe estradă în faţa miilor de oameni care aplaudau zgomotos? Şi totuşi! Se anunţă un glas din fundul sălii! Este o bunică bătrînă cu o bonetă neagră, originară din Prusia orientală, cum sînt multe în ţinutul Ruhr-ului. Omul care prezida întrunirea îi zice: „Bunico, vrei să spui ceva?“ „Da“, răspunde bunica, „aş vrea să spun ceva!“ „Ei, atunci pofteşte în faţă!“ O femeie curajoasă! Cam prin anul 1925 s-a petrecut aceasta. Bunica se duce deci în faţă spre estradă, se urcă la pupitrul vorbitorilor și începe: „Domnule orator, ați vorbit timp de două ceasuri despre necredința dvs. Dați-mi voie să vorbesc acum cinci minute despre credința mea. Aș vrea să vă spun ce a făcut pentru mine Domnul meu, Tatăl meu ceresc. Vedeți: cînd eram tînără, bărbatul meu s-a accidentat în mină și mi l-au adus mort acasă. Am rămas singură cu trei copii mici. Pe atunci ajutoarele sociale nu acordau mai nimic. Aș fi putut să deznădăjduiesc văzînd trupul neînsuflețit al bărbatului meu. Și vedeți: începînd de aici Dumnezeul meu a intervenit și m-a mîngăiat, așa cum nici un om n-o poate face. Ce mi-au spus oamenii a intrat pe o ureche și a ieșit pe cealaltă. Dar El, Dumnezeul cel viu m-a mîngăiat! Și atunci I-am spus: ‚Doamne, acum trebuie să fii Tu Tatăl copiilor mei' (Era emoționant cum povestea bătrîna femeie!) Adesea seara nu știam de unde să găsesc bani pentru a da de mîncare copiilor mei a doua zi. Și atunci am spus iarăși Mîntuitorului meu: ‚Doamne, Tu îmi cunoști necazul. Ajută-mă!' Apoi bătrîna femeie se întoarce spre vorbitor și spune: ‚El nu m-a părăsit niciodată. Am trecut prin multe clipe grele, El însă nu m-a părăsit niciodată!' Dar Dumnezeu a făcut încă și mai mult pentru mine. El a trimis pe Fiul Său, pe Domnul Isus Cristos. El a murit pentru mine, a înviat și m-a spălat cu sîngele Său de orice păcat! Da", a continuat ea, „acum sînt o femeie bătrînă. Curînd voi muri. Și vedeți, El mi-a dat și o nădejde sigură a vieții veșnice. Cînd o să închid ochii aici pe pămînt, o să mă trezesc în cer, pentru că aparțin lui Isus. Toate acestea a făcut El pentru mine! Și acum vă întreb, domnule vorbitor, ce a făcut necredința pentru dvs?" Atunci vorbitorul se ridică în picioare, o bate pe bunică pe umeri și spune: „Ei, unei femei așa de bătrîne nu vrem să-i luăm credința. Pentru oameni bătrîni e tocmai ce le trebuie!" Ar fi trebuit să vedeți reacția acestei bunici! Dînd energic cu mîna spune: „Nu, nu! V-am pus o întrebare, domnule vorbitor, și trebuie să-mi răspundeți! V-am spus ce a făcut Domnul meu pentru mine. Acum spuneți-mi ce a făcut necredința pentru dvs?" Tăcere încurcată. Bunica era o femeie înțeleaptă ...

Astăzi, cînd Evanghelia este atacată din toate părţile, vă pun şi eu întrebarea: ce avantaj vă aduce necredinţa voastră? Nu am deloc impresia că prin ea oamenii au pace în inimă şi că au devenit fericiţi. Nu, prietenii mei!

Ce ai deci dintr-o viaţă cu Dumnezeu? Vreau să v-o spun foarte personal: n-aş fi putut suporta viaţa, dacă n-aş fi avut prin Isus pacea cu Dumnezeu! Au fost ceasuri cînd mi se părea că o să mi se frîngă inima. Astăzi am auzit că prin apropiere s-a petrecut un tragic accident care a îndoliat două familii. Dacă am înţeles bine au fost călcaţi nişte copii. Aşa de repede poate veni o nenorocire! Şi dintr-odată se evaporă toată îngîmfarea. Nu mai poţi decît să întinzi mîna în întuneric şi să întrebi: „Nu e nimeni aici care să mă poată ajuta?" Vedeţi: în cele mai grele clipe ale vieţii se arată ce face Isus pentru ai Săi! Cînd m-am căsătorit am spus soţiei mele: „Soţie, îmi doresc şase fii care să cînte toţi la trompetă." Vroiam să am acasă propria mea fanfară. Într-adevăr, am avut şase copii! Patru fete şi doi băieţi. Dar pe cei doi băieţi nu-i mai am. Pe amîndoi mi i-a luat Dumnezeu într-un mod groaznic, mai întîi unul şi apoi celălalt. Nu pot să înţeleg. Am avut o viaţă întreagă ca pastor de a face cu băieţi tineri - şi propriii mei băieţi ... Îmi aduc aminte că în ziua cînd am aflat de moartea celui de-al doilea, umblam de colo - colo cu senzaţia că mi se împlîntase un cuţit în inimă. Apoi au venit oamenii care au exprimat condoleanţe şi cuvinte de mîngăiere. Dar ei nu vorbeau inimii, nu prindea. Totuşi eram pastor de tineri şi ştiam: în seara aceasta trebuie să mă duc la Casa tineretului şi să anunţ plin de bucurie Vestea cea bună în faţa a 150 de tineri. Dar inima mea sîngera! Apoi mi-am deschis Noul Testament şi am citit: „Isus a spus: Vă dau pacea Mea!" Ştiam că ceea ce promite, o şi împlineşte. Aşa că L-am rugat: „Doamne Isuse, nu vreau să înţeleg acum de ce ai procedat cu mine aşa, dar dă-mi pacea Ta! Umple inima mea cu pacea Ta!" Şi El a făcut-o! Da! A făcut-o! Pot să v-o mărturisesc aici.

Va veni ziua cînd şi tu vei avea nevoie de El, cînd nici un

om nu te va putea mîngăia. E minunat: căci în ziua aceea, cînd vei vedea că nimeni nu te poate ajuta, vei aprecia cu atît mai mult că cunoşti pe Isus, care ne-a răscumpărat cu sîngele Său pe cruce şi a înviat. Lui poţi să-I spui; „Doamne, dă-mi pacea ta!" Ca un şuvoi puternic curge în inima ta pacea pe care o dă El! Aceasta e valabil şi pentru cel mai greu ceas din viaţa noastră, cînd sîntem pe patul morţii. Atunci nu te mai poate ajuta nici un om. Va trebui să dai drumul chiar şi celei mai dragi mîini. Cum va fi aceasta? Tu vei merge înaintea lui Dumnezeu! Vrei să apari înaintea Lui cu toate păcatele tale? Ah, dacă ai putea apuca mîna tare a Mîntuitorului şi ai şti: tu mi-ai iertat toată vina!" - atunci ai putea muri în pace!

Ce ai de la o viaţă trăită cu Dumnezeu? Vreau să-ţi enumăr: pace cu Dumnezeu, bucurie în inimă, dragoste pentru Dumnezeu şi pentru aproapele, astfel încît îţi poţi iubi vrăşmaşii şi toţi cei care mă calcă pe nervi, mîngăiere în nenorocire, astfel că pentru mine e soare în orice zi, o nădejde sigură a vieţii veşnice, Duhul Sfînt, iertarea păcatelor, răbdare - ah, aş putea continua încă multă vreme.

Închei cu un verset pe care îl iubesc foarte mult:

„E ceva să fii al Mîntuitorului
Eu al Tău, Isuse, şi Tu al meu
Să pot spune cu adevărat şi fără îndoială
Că El e Mijlocitorul, Domnul şi Slava mea
Iar eu moştenirea şi proprietatea Sa".

E ceva deosebit să fii al Mîntuitorului! Eu vă doresc această bogăţie, această fericire!

## *Wilhelm Busch*

s-a născut în 1897 în Wuppertal-Elberfeld, a copilărit în Frankfurt a. M. și a absolvit acolo și bacalaureatul. Ca tînăr locotenent în timpul primului Război mondial a devenit credincios. El a studiat teologia în Tübingen, a fost mai întîi pastor în Bielefeld, după aceea într-o regiune minieră și apoi zeci de ani pastor pentru tineri în Essen. Pe lîngă acestea mai ținea evanghelizări prin țară și în lume. Credința și angajamentul lui în lupta Bisericii l-au adus adesea în timpul celui de-al treilea Reich în închisoare. După al doilea război mondial a fost iarăși neobosit pe drum cu mesajul despre Isus. În anul 1966, la întoarcere de la o evanghelizare în Sasnitz (Rügen) a fost luat de Domnul său acasă.